자존감도둑

자존감도둑

자기비난, 완벽주의에 무너지지 않는 건강한 자기애 처방전

이준용 지음

은행나무

차례

1부

자존감도둑에 대해 알기

2부
자존감도둑 몰아내기

3부

진짜 내 모습을 찾아가기

9장 자존감도둑에서 벗어난 사람들의 이야기

원인은 내 안의 자존감도둑

"난 이 정도밖에 안 돼."

"나는 실패할 거야."

"나는 사랑받을 자격이 없어."

당신의 마음속에서도 이런 목소리가 들리나요?

우리 안에서 들려오는 이런 부정적인 목소리는 도둑처럼 살금살금 다가와 자존감을 훔쳐갑니다. 저는 이것을 '자존감도둑'이라고 부릅니다. 자존감도둑은 우리가 살아오며 겪었던 부정적인 경험들이 마음속에 쌓여 만들어진 생각의 덩어리입니다. 자존감도둑은 부모님의 질책에서, 때로는 학창 시절의 상처에서, 혹은 사회에서 받은 부정적 평가에서 시작되었을 수 있습니다.

자존감이 떨어진 사람에게 그저 "너는 할 수 있어!", "긍정적으로 생각해봐!"와 같이 말한다면 오히려 더 큰 좌절감을 안겨 줄 수 있습니다. 이런 말들만으로는 자존감도둑이 만들어낸 깊은 상처와 왜곡된 신념을 제대로 다룰 수 없기 때문입니다. 저는 정신건강의학과 전문의로서 많은 내담자들과 함께 자존감도둑을 마주하고 극복해왔습니다. 그 경험을 바탕으로 자존감 저하로 고통받는 많은 분들이 마음속 자존감도둑을 발견하고, 그것이 어디서 왔는지 이해하며, 구체적으로 어떻게 맞서 싸워야 하는지 알리기 위해 이 책을 썼습니다.

자존감도둑의 목소리는 마치 나 자신의 생각을 가장해 끊임없이 속삭입니다. 하지만 이제 그 목소리는 진실이 아님을, 그리고 당신은 자존감도둑이 말하는 것보다 훨씬 더 가치 있는 존재임을 알게 될 것입니다. 자존감도둑으로부터 자유로워져 진정한 자신을 만나고 싶은 당신을 이 책으로 초대합니다.

자존감도둑이 태어나는 순간

자존감 저하의 원인은 크게 두 가지로 나눌 수 있습니다. 하나는 실제로 주변에 자신을 비난하거나 가스라이팅하는 사람이 있는 경우입니다. 주로 자기애적 인격장애가 있는 사람(나르시시스트)이 주변에 있을 때 자존감 저하가 발생합니다. 또 다른 하나는 객관적으로는 자존감이 저하될 만한 상황이 아닌데도 지속적으로 부담감을 느끼거나 자책하게 되는 경우입니다.

전자의 경우에는 나를 가스라이팅하는 사람과의 관계를 다룰 필요가 있습니다. 반대로 후자의 경우에는 관심의 렌즈를 외부에서 내부로 돌릴 필요가 있습니다. 두 경우 모두 내가 매일 행하는 일과 성취를 자존감도둑이 빼앗아간다는 공통점이 있습니다. 자존감이 올라갈 만한 일을 스스로 해냈음에도 불구하고 자존감도둑이 나타나 내 자존감의 곳간을 비웁니다.

예를 들어, 수업시간에 발표를 끝마치고 사람들로부터 박수를 받는 상황을 상상해봅시다. 동기 한 명이 다가와 내 발표가 너무 멋졌다고 칭찬까지 해줍니다. 처음에는 기분이 좋습니다. 그런데 불현듯 마음속에서 이런 생각이 떠오릅니다.

'저 사람들은 말로만 저러는 거야. 아마 속으로는 내 실수를 비웃고 있겠지. 나처럼 발표를 못하는 사람은 없어. 정말 최악이야.'

이런 생각이 드는 순간 기분은 급속도로 곤두박질칩니다. 이처럼 자존감도둑은 마음속 어딘가에 도사리고 있다가 자존감이 높아질 만한 일이 있으면 내 생각을 가장한 말을 내뱉고 자존감을 사정없이 앗아갑니다. 이런 상황에서는 사람들로부터 칭찬을 아무리 많이 받아도 그것을 온전히 받아들이지 못합니다. 아무리 많은 성취를 이루고 칭찬과 인정을 받아도 내면에 자존감도둑이 존재하는 한 자존감이 올라가지 않습니다.

자존감도둑은 어린 시절부터 겪어온 경험 중 부정적인 비난, 생각, 감정 등이 선택적으로 마음속에 들어와 생긴 생각의 덩어리입니다. 부정적인 말은 어린 시절 부모님의 말투, 눈빛, 행동에서 왔을 수도, 학창 시절 친구나 선생님으로부터 왔을 수도 있습니다. 자존감도둑은 어느 순간 마음속에 들어와 마치 나 자신의 생각인 것처럼 가장해 나를 공격합니다.

자존감도둑은 나를 발전시키기 위해 비난하고 요구한다고 말합니다. 그러나 정작 자존감도둑의 말 속에는 비난을 위한 비난밖에 없습니다. 내 몸 안에 들어온 바이러스가 내가 아니듯 자존감도둑도 외부에서 들어온 것일뿐 진짜 내 마음이 아닙니다. 우리는 자존감도둑과 싸우고 이를 내 마음속에서 몰아낼 수 있습니다. 백신이 바이러스를 없애듯, 마음속에서 자존감도둑을 없애거나 영향력을 줄이기만 해도 우리의 자존감을 높일 수 있습니다.

심리도식치료를 바탕으로 한 자존감 저하 대처법

유튜브 채널 〈멘탈탄탄〉을 시작한 지 얼마 안 되어 자존감에 대한 영상을 올렸습니다. 그런데 댓글을 보면서 이 영상이 도리어 잔혹한 낙관주의로 작용했을 수 있겠다는 생각이 들었습니다. 이후 유튜브 〈닥터프렌즈〉에 출연할 기회가 생겼고, 거기서 '자존감도둑'이라는 제목으로 자존감 저하의 뿌리가 깊은 분들을 위해 실제 정신건강의학과 진료실에서 쓰고 있는 자존감 상담 기법을 소개했습니다. 이후 그동안 자존감을 어떻게 올려야 하는지 몰랐는데 도움이 되었다는 이야기부터, 현재 상담을 받고 있는데 자신이 지금 어떤 과정에 있는지 알게 되었다는 등 많은 분들로부터 다양한 반응을 확인할 수 있었습니다. 이후 유튜브 영상만으로는 긴 호흡의 내용을 전달하는 데 한계가 있다고 느꼈고, 이 주제를 책에서 보다 긴 호흡으로 심도 있게 다루고 싶다는 생각이 들었습니다. 더욱 많은 분들에게 자존감과 관련된 올바른 정보를 전달하고 도움을 드리고 싶었습니다.

현재 정신건강의학과 전문의인 저 역시 정신건강의학과에서 수련받기 전 의대생일 때에는 정신치료, 상담치료에 대한 막연한 느낌만 있었을 뿐 구체적으로 이 치료가 어떻게 진행되는지 잘 알지 못했습니다. 아마도 정신과 진료나 상담을 받아보지 않은 분들이 이와 비슷한 상황이리라 생각합니다. 자존감이 저하된 것 같긴 한데 어떻게 해야 하는지 몰라 막막하고 우울한 기분에 사로잡힌 채 단순히 자신의 능력 부족을 탓하거나 자책하고 있을 것입니다.

자존감도둑이라는 개념은 정신치료 기법 중 하나인 '심리도식치료'의 개념들을 보다 이해하기 쉽도록 변형해 만든 것입니다. 심리도식치료는 실제 임상에서 활발히 연구되고 있으며 그 효과 또한 입증된 상담기법으로, 성격장애를 비롯해 다양한 정신건강의 어려움을 가진 경우에 적용할 수 있는 치료 방식입니다. 실제로 제가 진료실에서 만나온 수많은 내담자들에게 적용해보았을 때 상당수가 이 치료법을 잘 받아들이고 공감했습니다. 비록 처음에는 이 치료법이 생소하고 낯설게 느껴질 수 있지만 그림을 그려 차분히 설명해드리면 그 자리에서 금세 이해할 수 있을 정도로 쉬운 것도 장점입니다.

자존감이 낮아져 있을 때 어떻게 대처해야 하는지, 실제 정신건강의학과 진료실에서 자존감 문제에 어떻게 접근하는지, 이 책에서 그 방법을 찾을 수 있을 것입니다. 또한 이 책에 제시된 방법을 직접 자신에게 적용해보고 마음속에 자리 잡은 자존감도둑의 존재를 인식하며, 이를 쫓아내버릴 수 있을 것입니다. 그 시도가 혼자서 잘 되지 않는다 해도 괜찮습니다. 가까운 정신건강의학 전문가나 상담사를 찾아 혼자가 아닌 함께 싸워나갈 수 있습니다. 부디 희망을 끈을 놓지 않고 편안한 마음을 가지기 바랍니다.

이 책의 구조

이 책은 크게 3부로 구성되어 있습니다. 1부(1~3장)는 자존감도둑의 이해, 2부(4~6장)는 자존감도둑 다루기, 3부(7~9장)은 자존감도둑이 줄어든 이후의 회복과 성장을 다룹니다.

1부에서는 자존감도둑에 대해 전반적으로 알아갑니다.

1장에서는 마음속의 자존감도둑을 소개하며, 요구형·처벌형·죄의식형이라는 세 가지 유형의 자존감도둑이 각각 어떤 형태로 문제를 일으키는지 사례를 통해 설명합니다. 2장에서는 자존감도둑의 형성 과정을 다루며, 외부 경험이 내면화되는 네 가지 방식 그리고 각 유형별 자존감도둑이 어떤 환경에서 주로 발달하게 되는지 설명합니다. 3장에서는 자존감도둑의 작동 방식, 대인관계에 미치는 영향, 그리고 내면의 지도를 통해 우리 마음의 전반적인 구조를 살펴봅니다.

2부에서는 자존감도둑을 실제로 다루는 방법을 제시합니다.

4장에서는 자존감도둑을 인식하는 과정을 5단계에 걸쳐 소개합니다. 5장에서는 출처별·유형별로 자존감도둑을 논리적으로 반박하는 방법을, 6장에서는 감정적 작업을 통한 치유 방법을 소개합니다.

3부에서는 자존감도둑이 줄어든 이후의 회복과 성장 과정을 다룹니다.

7장에서는 진정한 나를 찾아가는 과정과 자기대화 등을 통해 상처받은 어린 나를 위로하는 방법을 소개합니다. 8장에서는 자존감도둑으로부터의 회복 여정을 6단계로 정리하였습니다. 9장에서는 다양한 사례를 통해 실제 자존감도둑을 극복하는 과정을 이해할 수 있게 하였습니다.

이 책을 통해 독자 여러분이 자존감도둑의 영향에서 벗어나, 나 자신의 성취와 존재 가치를 있는 그대로 바라볼 수 있게 되기를 희망합니다. 우리는 모두 태어날 때부터 가치 있는 존재이며, 이를 온전히 받아들일 때 진정한 자아를 만날 수 있습니다.

주의사항

❖ 이 책을 읽는 과정에서 어린 시절에 겪은 트라우마 기억이 떠오르거나, 감정적으로 과도한 우울감, 긴장감이 든다면 책 읽기를 멈추는 것이 좋습니다. 내 안에 큰 트라우마로 남아 있는 기억이 있다면 그것에 접근하는 과정 자체가 이미 상당한 부담일 수 있습니다. 책 읽기를 중단하는 기준은 타인의 말이 아닌 자신의 판단입니다. 이 경우 정신건강의학과 전문의나 심리상담사의 도움을 받아 안전한 환경에서 보다 점진적으로 치료를 진행하는 것이 효과적입니다.

❖ 이 책에 소개된 사례들은 여러 사례를 조합하거나 각색, 혹은 쉬운 이해를 위해 가상으로 설정한 것입니다. 신원을 특정할 수 있는 정보는 변경 혹은 제외하되, 보다 많은 분들이 공감할 수 있도록 친숙하고 보편적인 상황을 설정하는 것에 역점을 두었습니다.

자존감도둑
자가진단

자존감은 자신의 가치에 대해 스스로 내리는 주관적 평가입니다. 그렇기에 사회학자 모리스 로젠버그Morris Rosenberg는 자존감이 높다는 것은 자신을 수용, 존중하고 좋아하며 스스로 가치 있는 인간으로 느끼는 것이라고 이야기합니다. 자존감은 자신에 대한 주관적 평가이기에 자존감도둑의 유무와 유형에 영향을 받을 수밖에 없습니다. 따라서 현재 자신의 자존감이 어느 정도인지 평가해보는 것은 자존감도둑의 존재를 알기 위한 첫 번째 단계라고 볼 수 있습니다.

✢ 로젠버그 자존감 척도 Rosenburg Self-Esteem Scale, RSE

1965년 모리스 로젠버그가 고안한 로젠버그 자존감 척도는 현재 가장 많이 쓰이는 자존감 평가 척도입니다. 설문지를 보며 마음속에 떠오르는 대로 체크해보세요.

	문항	전적으로 동의하지 않는다	동의하지 않는다	동의한다	전적으로 동의한다
1	전체적으로 볼 때 나는 자신에 대해 만족하고 있다.	1	2	3	4
2	때때로 나는 전혀 좋은 데가 없다는 생각을 한다.	4	3	2	1
3	나는 좋은 점을 많이 가지고 있다고 생각한다.	1	2	3	4
4	나는 다른 사람들처럼 잘 할 수 있다.	1	2	3	4
5	나는 자랑할 만한 것이 별로 없다.	4	3	2	1
6	나는 때로는 아무 쓸모가 없다는 느낌이 든다.	4	3	2	1
7	나는 다른 사람과 마찬가지로 나 자신이 가치가 있다고 느낀다.	1	2	3	4
8	나는 나에 대해서 좀 더 존중하는 마음을 가져야 한다고 생각한다.	4	3	2	1
9	대체적으로 따져보면 나는 실패자라는 쪽으로 기울게 된다.	4	3	2	1
10	나는 나에 대해 긍정적인 태도를 가지고 있다.	1	2	3	4

출처: Rosenberg, M. (1965). 《Society and the Adolescent Self-image》 Princeton, N.J.: PrincetonUniversity Press.

이제 자신이 체크한 숫자들을 모두 합해보세요. 이 척도는 40점 만점으로 점수가 높을수록 자존감이 높다는 것을 뜻하고, 낮을수록 자존감이 저하되어 있다고 볼 수 있습니다. 일반적으로 총점이 20점 미만인 경우 자존감이 저하되었다고 생각할 수 있습니다. 자세한 채점 기준은 아래와 같습니다.

✓ 20점 미만 낮은 수준의 자존감
✓ 20점 이상~30점 미만 평균 수준의 자존감
✓ 30점 이상 높은 수준의 자존감

로젠버그 자존감 척도에서 낮은 점수가 나왔다면, 당신의 마음속에 자존감도둑이 존재할 가능성이 높습니다. 자존감도둑은 우리의 자존감을 훼손하는 내면의 부정적 목소리로, 크게 세 가지 유형으로 나눌 수 있습니다. 끊임없이 높은 기준을 요구하는 '요구형', 실수나 실패를 엄격하게 처벌하는 '처벌형', 그리고 지속적인 죄책감을 불러일으키는 '죄의식형' 자존감도둑입니다.

이 평가는 이러한 자존감도둑이 내면에서 얼마나 강하게 존재하고 있는지 측정하기 위해 설계된 것입니다. 각 문항을 신중히 읽고, 자신의 생각과 감정에 가장 부합하는 번호에 표시해봅니다.

본 평가도구는 현재 연구 검증 단계에 있으므로 그 결과는 참고 자료로만 활용하는 것이 좋습니다. 다만, 이 평가의 진정한 가치는 절대적인 점수보다는 변화의 추이를 관찰하는 데 있습니다. 책을 처음 접했을 때 그리고 완독 후에 각각 평가를 실시해 자존감도둑들의 영향력 변화를 추적해보기를 권장합니다. 이를 통해 자신의 성장 과정을 더욱 명확하게 파악할 수 있을 것입니다. 또한 보다 정확한 평가가 필요하다고 판단하는 경우 정신건강의학과 전문의나 심리치료사와 상담할 것을 권장합니다.

	문항	전혀 그렇지 않다	아주 드물게 그렇다	가끔 그렇다	자주 그렇다	거의 그렇다	모든 경우 그렇다
1	모든 일에서 최고가 되어야 한다는 강한 압박감을 느낀다.	1	2	3	4	5	6
2	완벽하게 준비되지 않으면 시작조차 하지 않으려 한다.	1	2	3	4	5	6
3	결과가 조금이라도 기대에 못 미치면 나 자신이 쓸모없게 느껴진다.	1	2	3	4	5	6
4	하나의 목표를 달성해도 만족감보다는 다음 목표에 대한 부담감이 더 크다.	1	2	3	4	5	6
5	'쉬면 안 된다'는 생각이 강해 휴식을 취하는 것이 불편하다.	1	2	3	4	5	6
6	주변에서 "충분히 잘했다"는 말을 들어도, 부족한 점이 보여 만족하지 못한다.	1	2	3	4	5	6
7	최고가 아닌 결과는 의미가 없다고 생각한다.	1	2	3	4	5	6
8	성취에 지나치게 집중한 나머지 건강, 대인관계, 휴식 등은 소홀하게 된다.	1	2	3	4	5	6
9	누군가 내 '진짜 모습'을 알면 실망하고 떠날 거라는 두려움이 든다.	1	2	3	4	5	6
10	작은 문제만 생겨도 '내가 부족해서 이렇게 된 거야'라며 필요 이상으로 자책한다.	1	2	3	4	5	6
11	사소한 실수도 내 부족함을 증명하는 것처럼 느껴진다.	1	2	3	4	5	6
12	누군가 나를 함부로 대해도 '내가 부족하니 당연한 일'이라고 여기곤 한다.	1	2	3	4	5	6
13	칭찬을 들어도, 사실은 잘하지 못했는데 상대가 예의상 하는 말이라고 여긴다.	1	2	3	4	5	6

문항		전혀 그렇지 않다	아주 드물게 그렇다	가끔 그렇다	자주 그렇다	거의 그렇다	모든 경우 그렇다
14	주변에서 아무리 "네 탓이 아니야"라고 말해도 좀처럼 위로가 되지 않는다.	1	2	3	4	5	6
15	내가 태어나지 않았더라면, 가족이나 주변 사람들이 훨씬 편했을 것이라고 생각한다.	1	2	3	4	5	6
16	내 모습이 부끄럽고 수치스럽게 느껴진다.	1	2	3	4	5	6
17	내 감정이나 욕구를 표현하면 다른 사람들이 상처받을까 봐 걱정된다	1	2	3	4	5	6
18	다른 사람들이 나 때문에 불편함이나 부담을 느낄까 봐 지나치게 신경 쓴다.	1	2	3	4	5	6
19	다른 사람의 기분이 안 좋아지면 내 잘못인 것 같다.	1	2	3	4	5	6
20	다른 사람의 부탁을 거절하면 그 사람을 실망시킨 것 같아 마음이 불편하다.	1	2	3	4	5	6
21	내 문제나 걱정거리를 다른 사람과 나누면 그들에게 부담을 주는 것 같아 죄책감이 든다.	1	2	3	4	5	6
22	다른 사람들이 나를 도와주려고 할 때 그들의 시간을 뺏는 것 같아 미안하다.	1	2	3	4	5	6
23	내가 성공하거나 인정받으면 다른 사람들이 상대적 박탈감을 느낄까 봐 걱정된다.	1	2	3	4	5	6
24	선택이나 결정이 다른 사람들에게 부정적인 영향을 미칠까 봐 과도하게 걱정한다.	1	2	3	4	5	6

한번 채점해봅시다. 먼저 1번부터 8번 문항까지의 총점을 구합니다. 1번부터 8번 문항은 요구형 자존감도둑의 존재를 알아보는 질문입니다. 총점에 따라 자신의 내면에 요구형 자존감도둑이 어느 정도로 있는지 파악할 수 있습니다.

✓ 20점 미만	요구형 자존감도둑이 거의 없음
✓ 20점 이상 ~ 28점 미만	요구형 자존감도둑이 약하게 있음
✓ 28점 이상 ~ 36점 미만	요구형 자존감도둑이 강하게 있음
✓ 36점 이상	요구형 자존감도둑이 매우 강하게 있음

9번부터 16번 문항의 총점을 구합니다. 9번부터 16번 문항은 처벌형 자존감도둑의 존재를 알아보는 질문입니다. 총점에 따라 자신의 내면에 처벌형 자존감도둑이 어느 정도로 있는지 파악할 수 있습니다.

✓ 17점 미만	처벌형 자존감도둑이 거의 없음
✓ 17점 이상 ~ 22점 미만	처벌형 자존감도둑이 약하게 있음
✓ 22점 이상 ~ 27점 미만	처벌형 자존감도둑이 강하게 있음
✓ 27점 이상	처벌형 자존감도둑이 매우 강하게 있음

17번부터 24번 문항의 총점을 구합니다. 17번부터 24번 문항은 죄의식형 자존감도둑의 존재를 알아보는 질문입니다. 총점에 따라 자신의 내면에 죄의식형 자존감도둑이 어느 정도로 있는지 파악할 수 있습니다.

✓ 20점 미만	죄의식형 자존감도둑이 거의 없음
✓ 20점 이상 ~ 26점 미만	죄의식형 자존감도둑이 약하게 있음
✓ 26점 이상 ~ 32점 미만	죄의식형 자존감도둑이 강하게 있음
✓ 32점 이상	죄의식형 자존감도둑이 매우 강하게 있음

자존감도둑 설문지에서 한 종류의 자존감도둑이 과도하게 우세할 수도 있고, 혹은 두세 가지 종류의 자존감도둑이 복합적으로 우세할 수도 있습니다. 중요한 것은 이러한 자존감도둑의 존재를 인식했으니 이제 이 각각의 도둑들에 어떤 특징이 있는지 파악하고 이들을 내 마음속에서 몰아내기 위해 어떤 방법을 써야 하는지 아는 일입니다.

이 큐알코드는 앞서 소개한 '자존감도둑 설문지'와 챗GPT를 바탕으로 새로이 고안한 '자존감도둑 판독기'입니다. 앞서 소개한 내면의 자존감도둑 설문지를 보다 간편하게 해볼 수 있으며, 자존감도둑에 대해 학습한 챗지피티를 통해 자신의 생각 중 자존감도둑이 하는 말을 구분해볼 수 있습니다.

1부

자존감도둑에 대해 알기

1장

자존감도둑을
가지고 있는 사람들

내 안에서 들려오는
또 다른 목소리

"너는 더 많은 것을 해야 해"

"공부해야 하는 것은 아는데, 책상에 앉으면 너무 긴장이 돼요. 아무것도 못 하겠어요."

20대 후반 수험생 준호 씨는 후드티에 야구모자를 눌러쓰고 긴장된 듯 천천히 진료실 문을 열었습니다. 2~3분간 주저한 끝에 겨우 말을 꺼낸 준호 씨의 목소리가 미세하게 떨렸습니다. 그의 긴장과 초조함은 어디서 시작된 것일까요.

준호 씨는 의사 집안의 둘째 아들로 태어났습니다. 의사인 아버지는 항상 아이들에게 노력하면 안 되는 것이 없다고 강조하곤 했습니다. 늘 새벽 일찍 일어나 출근하고 늦게 퇴근하며 일 중독자처럼 사는 아버지는 자기관리에도 철저한 편이었습니다.

양육은 전업주부인 어머니 몫이었는데, 어머니는 특히 자녀들의 성적에 관심이 많았습니다. 시험 날이면 어머니는 준호 씨의 시험지를 보며 틀린 문제를 지적했습니다. 어느 날 준호 씨는 시험에서 한 문제만 틀리고 나머지 문제를 다 맞아 기쁜 마음에 어머니에게 시험지를 보여주었습니다. 그런데 준호 씨에게 돌아온 말은 잘했다는 칭찬이 아닌 한 문제는 왜 틀린 것이냐는 추궁이었습니다. 어머니는 준호 씨를 급기야 전교 1등을 놓치지 않던 누나와 비교했습니다.

"너는 어떻게 된 것이 누나처럼만 좀 하면 안 되니!"

이상이 생긴 것은 중학교 3학년 1학기 기말고사 때였습니다. 시험장에 들어서면서부터 가슴이 두근거리더니 잘 모르는 문제가 나오자 머리가 하얘졌습니다. 공부량은 많았지만 시험만 보면 과도한 긴장을 하는 탓에 아는 문제도 틀렸습니다. 그렇게 성적은 나날이 떨어졌습니다. 어머니는 긴장하는 것도 다 실력이라고, 긴장도 잘 조절할 줄 알아야 한다고 다그쳤습니다.

이후 부모님은 준호 씨에게 원하는 대학으로 진학하라고 했습니다. 하지만 준호 씨의 머릿속에는 누나가 의대에 갔을 때 부모님이 매우 자랑스러워하시던 모습이 어른거렸습니다. 당연히 의대에 가야 한다는 생각이 들었습니다. 그렇게 맞이한 수능시험 날, 첫 교시 국어에서 모르는 문제가 나온 이후 당황해버린 준호 씨는 다음 과목들은 어떻게 풀었는지 기억조차 잘 나지 않을 정도로 긴장한 채 시험을 마쳤습니다. 결국 목표했던 의대에는 지원도 하지 못하고 성적에 맞춰 공대로 진학했습니다.

준호 씨는 공대에 진학했지만 앞으로 어떤 진로를 선택해야 할지 막막했습니다. 주변에서 변리사 연봉이 높다는 이야기를 듣고 준호 씨는 변리사 시험 준비를 시작했습니다. 첫 번째 변리사 시험 때 준호 씨는 가슴이 너무 두근거리며 머리가 하얘지는 경험을 했습니다. 결국 공부한 것을 다 쓰지도 못하고 시험장을 빠져나왔습니다. 두 번째 해에는 시험을 석 달 앞두고 두통, 어지럼증 등이 심해져 독서실에 앉아 있는 것도 힘들 정도가 되었습니다. 결국 두 번째 해에는 신체적 불편감으로 시험을 포기하는 상황이 되었습니다.

준호 씨는 올해 세 번째 변리사 시험을 준비하고 있습니다. 작년처럼 너무 긴장하지 않으려 하지만 마음처럼 잘 되지 않습니다. 작년에 고생하는 준호 씨를 본 부모님은 꼭 변리사가 되지 않아도 괜찮다고 말합니다. 그러나 준호 씨의 귀에 이제 부모님의 말은 들어오지 않습니다. 말씀은 저렇게 하시지만 자신이 성공하지 못하면 결국 사랑받지 못할 것이라고 생각합니다. 지금 준호 씨가 가장 두려워하는 것은 이번 시험에서도 합격하지 못해 쓸모없는 사람이 되고 마는 것입니다. 식사하고 잠을 잘 때도 지속적으로 압박감을 느낍니다. 경쟁자들은 지금 안 먹고 안 자고 공부에만 매진하고 있을 텐데 내가 이렇게 쉬어도 될까, 하는 생각이 준호 씨를 괴롭힙니다. 하루에 네댓 시간 자는 것이 전부이지만 잠을 더 줄여야 할 것 같습니다. 지친 몸을 생각해서라도 이번에는 컨디션 관리부터 해야지, 하는 생각도 있지만 결국 불안한 마음이 이깁니다. 시험이 다가오자 점차 두통과 어지럼증이 생기기 시작합니다. 이대로 가면 작년처럼 시험도 보기 전에 쓰러질 것 같지만, 그렇다고 쉴 수도 없습니다. 결국 이렇게 병원을 찾게 되었습니다.

"너는 나쁜 사람이야"

"저는 그냥 제가 싫어요. 이유는 모르겠어요, 제가 전부 다 싫어요. 힘들어하는 모습도 싫어요. 그렇다고 죽을 용기도 없어요. 죽지도 못하는 자신이 너무나 한심해요. 차라리 태어나지 말았어야 했는데 왜 태어나서 이렇게 다른 사람들에게 피해만 주고 있을까요? 제가 과연 살 가치가 있을까요?"

대학생인 20대 초반 유빈 씨는 진료실 문을 열자마자 90도로 인사하고 의자에 앉았습니다. 고개를 푹 숙인 얼굴은 앞머리가 눈을 가리고 있습니다. 한쪽 귀에 있는 세 개의 피어싱이 눈에 보였습니다. 내원 사유를 묻는 질문에 유빈 씨는 한참을 머뭇거렸습니다. 그리고 작은 목소리로 말했습니다.

"제가 여기에 이렇게 와도 될지 모르겠어요. 그런데 너무 힘들고 죽고 싶다는 생각을 많이 해요. 남들도 다 힘들 텐데 저만 이렇게 유난 떠는 것 같고… 제가 이상한 것 같아요."

유빈 씨는 어린 시절부터 자신이 살아 있는 것이 남들한테 도움이 되지 않는다는 생각이 반복적으로 들었다고 했습니다. 자신에게 장점이라고는 도무지 찾을 수 없고, 단점투성이인 것 같아 이런 자신이 싫었습니다. 남자친구가 자신을 좋아한다고 해도 이런 자신을 왜 좋아하는지 의문이었습니다. 그저 듣기 좋으라고 하는 소리 같았습니다. 마찬가지로 동성 친구들도 이런 보잘것없는 자신과 왜 만나주는지 이해가 가지 않았습니다.

시험을 못 보거나 실수를 하면 자책했습니다. 자책이 심해지다 보면 벌을 받아야 한다는 생각에 손목에 자해를 하기도 했습니다. 자해를 하면 잘못을 한 자신에게 벌을 주었다는 생각에 마음이 잠시나마 가벼워졌습니다. 그러나 곧 자해라는 나쁜 행동을 했다는 사실에 자책감이 들며 악순환이 이어졌습니다. 이대로는 안 되겠다 싶어 요즘은 자해를 하고 싶을 때 피어싱을 합니다.

상담을 진행하면서 그녀의 이야기를 더 들을 수 있었습니다. 어린 시절부터 부모님 사이에 불화가 많았고, 아버지는 술을 마시고 들어온 날이면 사소한 것에 꼬투리를 잡아 어머니와 유빈 씨를 혼냈습니다. 유빈 씨는 아버지가 술을 마시고 오는 날이면 두려움에 떨곤 했습니다.

아버지는 유빈 씨에게 매번 "너는 도대체 공부도 못하고 뭐 하나 잘하는 것이 없냐, 쓸모없는 것"이라고 말했습니다. 공부를 하면 한다고 혼나고, 공부를 안하면 안 한다고 혼나고, 대답을 하면 한다고, 대답을 안 하면 안 한다고 혼났습니다. 어머니는 아버지 때문에 힘든 마음을 유빈 씨에게 하소연하며 풀었습니다. 그녀는 자신이 태어났다는 사실 자체가 부모님에게 잘못이라는 생각이 들었습니다. 자신의 존재만 사라지면 부모님도 다 잘 지내실 것 같았습니다.

학교에서는 조용한 학생이었습니다. 사춘기가 되자 친구들 사이에 그룹이 생겼고, 유빈 씨는 어느 그룹에도 끼지 못한 채 점차 따돌림의 대상이 되었습니다. 그녀는 친구가 없고, 부모님도 자신을 막 대하는 이유가 자신이 못나서라고 생각했습니다. 다니던 초등학교에서 좀 멀리 떨어진 중학교에 진학하며 따돌림은 줄어들었지만, 자신에게 잘 대해주는 친구도 언젠가 돌아서서 자신을 비난할지도 모른다는 생각에 항상 긴장하며 지냈습니다.

지금 그녀는 대학에 진학해 기숙사에서 살고 있습니다. 그러나 여전히 삶은 고통의 연속이고, 자신은 실수투성이라고 생각합니다. 누군가 다가오면 결국 보잘것없는 자신의 모습에 실망하고 떠날 것 같습니다. 그래서 혼자 있는 것이 외롭기는 해도 편합니다. 이런 힘든 마음을 어딘가에 털어놓는 것도 이번이 처음이라고 말했습니다.

"너는 너무 이기적이야"

20대 중반의 지은 씨는 항상 상냥하게 웃는 표정이었습니다. 아무 근심 없을 것 같은 밝은 표정이었던 그녀에게 병원에 오게 된 이유를 묻자 곧 눈물이 흘러내렸습니다. 말없이 울기를 한참, 지은 씨는 힘겹게 이야기를 꺼냈습니다.

1남 2녀 중 맏이로 태어난 지은 씨에게는 아래로 2살 터울의 여동생, 3살 터울의 남동생이 있었습니다. 부모님은 어린 시절부터 싸움이 잦았는데, 결국 지은 씨가 초등학교 4학년 되던 해 이혼했습니다. 그녀는 동생들과 같이 어머니와 자랐습니다. 홀로 세 남매의 생계를 책임져야 했던 어머니는 온갖 일을 했고, 지은 씨는 힘들어하는 어머니의 모습을 보며 자신이 부모님 말을 잘 듣고 가족들을 도와주었으면 어머니가 이혼하지 않고, 이렇게 힘들어하시지도 않았을 것이라는 생각을 계속 했습니다.

부모님이 이혼한 후부터 초등학교 저학년인 두 동생을 돌보는 것이 그녀의 역할이었습니다. 한창 친구들과 놀고 싶을 나이인 초등학교 4학년, 그녀는 어머니에게 친구 집에서 놀고 오면 안 되냐고 물었다가 꾸지람을 들었습니다. 어머니는 동생들은 어떻게 하냐며, 안 그래도 힘든데 좀 도와주면 안 되냐며 지은 씨를 나무랐습니다. 지은 씨는 자신이 원하는 대로 행동하면 어머니가 힘들어진다고 생각했습니다.

지은 씨는 살아오면서 자신이 무엇을 원하는지 물어보는 사람을 만나지 못했습니다. 그녀는 집안 사정을 생각해 대학에 가지 않고 바로 취직했습니다. 번 돈은 어린 동생들의 생활비로 썼습니다. 가족들은 이런 지은 씨의 희생을 당연하게 여겼습니다. 돈이 떨어지면 반복적으로 전화해 당연한 듯 돈을 요구했습니다. 가족들을 위하는 일이기는 했지만 그녀의 마음속에는 계속 불만이 쌓여갔습니다.

　지은 씨에게 가족들은 소중한 존재임과 동시에 부담스럽고 힘든 존재입니다. 취직 후 5년이 지나도록 혼자 여행 한 번 못 가고, 허리 재활을 위해 필요한 필라테스 수업 등록을 하면서도 죄책감을 느꼈습니다. 돈은 동생들과 어머니를 위해 써야 하는 것인데, 너무 자신만 생각하는 이기적인 행동을 한 것 같아 죄책감이 들었습니다. 그리고 어느 순간부터 계속 허무한 마음이 들고 몸이 안 좋아졌습니다. 전에 없던 두통이 생기고, 가슴이 무언가로 막힌 것처럼 답답한 느낌이 들었습니다. 내과에 가보았지만 내시경이나 혈액검사에 큰 이상이 없다는 이야기를 듣고, 정신건강의학과 내원을 권유받았습니다.

요구형
자존감도둑

눈에 보이지 않는 자존감도둑이 내 마음속에 있다는 것을 어떻게 알 수 있을까요? 앞서 살펴본 세 명의 사연에는 공통점이 있습니다. 바로 자존감도둑으로 인해 일상에서 큰 어려움을 겪고 있다는 것입니다. 자존감도둑은 타인의 부정적인 말이나 태도, 행동 등이 선택적으로 마음속에 들어와 생긴, 자신에 대한 부정적인 생각 뭉치입니다. 다르게 말하면 우리가 살아오며 경험한 나에 대한 비난이나 과도한 요구들이 내면화된 것이 자존감도둑입니다. 우리는 모두 살아온 경험이 다르기 때문에 자존감도둑의 모습도 개인마다 다를 수밖에 없습니다.

자존감도둑은 크게 세 가지 유형으로 나누어볼 수 있습니다. 요구형 자존감도둑, 처벌형 자존감도둑, 죄의식형 자존감도둑이 그것입니다.

　먼저, 요구형 자존감도둑을 만나볼까요. 그는 현실과 상관없이 본인이 정한 이상적인 기준을 만들어놓고 끊임없이 나를 채찍질합니다. 요구형 자존감도둑을 가지고 있다는 것은 만족할 줄 모르는 상사와 24시간 같이 생활하는 것과 같습니다. 앞서 살펴본 준호 씨의 경우가 그러합니다. 요구형 자존감도둑이 주로 하는 말은 아래와 같습니다.

"넌 언제나 최고여야만 해."
"완벽하지 않은 것은 아무런 가치가 없어. 실수는 용납될 수 없어."
"깡마르지 않으면 아무도 널 좋아하지 않을 거야."
"모든 일을 완벽하게 해낼 때까지는 절대 쉬면 안 돼."
"만약 이 일을 성공적으로 마무리 짓지 못한다면 너는 회사에서 잘릴 거야."
"1등이 아니면 의미 없어. 아무도 2, 3등은 기억하지도 못 해."
"쉬는 건 시간 낭비야. 모든 순간을 생산적으로 보내야 해."

　혹시 위에 적힌 말들이 당연하다고 느껴지나요? 당연하게 느껴지는 말들이 많을수록 내 안에 요구형 자존감도둑이 들어앉아 영향력을 끼치고 있을 확률이 높습니다. 이 자존감도둑은 삶의 각기 다른 영역에서 완벽함을 요구하며, 그에 따라 서로 다른 모습으로 우리의 삶에 영향을 줍니다.

가장 흔한 것은 성취지향적인 요구형 자존감도둑입니다. 이 자존감도둑은 끊임없이 남들보다 앞서기를 요구하고 모든 일에서 빈틈없는 완벽함을 강요합니다. 시험은 무조건 만점, 석차는 오직 1등만을 인정합니다. 최상위권 대학에 진학하고, 졸업 후에는 대기업이나 선망받는 직장에 취직해야 합니다. 여기서 그치지 않고 완벽한 배우자를 만나 결혼하고, 아이를 낳고, 경제적으로도 성공해야 한다고 재촉합니다. 스스로를 완벽주의자나 일 중독자라고 느낀다면, 이런 성취지향적인 요구형 자존감도둑이 내 안에 있을 가능성이 높습니다.

외모에 집착하는 요구형 자존감도둑도 흔합니다. 이 자존감도둑은 커리어나 경제적 성취보다 외적인 모습에 집중합니다. 뛰어난 외모가 아니면 그 누구에게서도 받아들여질 수 없다고 믿게 만듭니다. 체중과 체형에 대해서도 지속적으로 압박합니다. 마른 몸매가 아니면 사람들이 비난할 것이며, 사랑받을 자격이 없다고 속삭입니다. 이런 자존감도둑의 영향을 받다 보면 반복적인 성형수술이나 위험한 수준의 다이어트로 이어질 수 있습니다. 때로는 거식증이나 폭식증 같은 문제가 생기기도 합니다.

현실에 근거하지 않은 끊임없는 요구

요구형 자존감도둑의 특성을 좀 더 자세히 들여다볼까요?

이 자존감도둑의 요구는 일반적인 수준을 한참 벗어나 현실과 동떨어진, 지나치게 과도한 것이 특징입니다. 물론 현실에 기반한 적절한 요구는 나의 성장에 도움이 됩니다. 내가 가진 자원, 체력, 능력, 경험을 고려한 목표는 좋은 자극입니다. 그러나 한계를 넘어선 무리한 요구는 도리어 나를 망가뜨립니다. '무조건 100점', '반드시 1등', '언제나 남들보다 뛰어나야 해'와 같은 요구는 늘 이뤄낼 수 있는 목표가 아닙니다. 그 누구도 항상 최고일 수는 없습니다. 하지만 요구형 자존감도둑의 과도한 요구는 그 무엇도 고려하지 않은 채 오로지 완벽할 것만을 요구합니다.

더 큰 문제는 자존감도둑의 요구가 끝이 없다는 점입니다. 하나를 이루면 곧바로 더 큰 다음 목표가 기다리고 있습니다. 겨우 이뤄낸 성취도 가볍게 무시한 채, 쉴 틈을 주지 않고 다음 과제를 우리에게 들이밉니다.

일반적으로 한국 사회가 개인에게 부여하는 요구들에도 이런 특성이 있습니다. 학교에 들어가면 좋은 성적을 받아야 하고, 좋은 성적을 받으면 좋은 대학을 가야 하고, 좋은 대학을 가면 좋은 직장에 취직해야 하고, 좋은 직장에 취직하면 좋은 배우자를 만나야 하고, 결혼을 하면 아이를 낳아야 하고, 아이를 낳으면 그 아이를 또 좋은 학교에 보내야 하고…. 이처럼 끝없는 돌림 노래가 끝나면 결국 인생에서 남은 날들이 얼마 남지 않는 상황이 됩니다.

지나친 부담과 압박 그리고 자존감 하락

내면에 요구형 자존감도둑이 있을 때 느껴지는 대표적인 감정은 **지나친 부담과 압박**입니다. 자존감도둑과 함께하는 한 자신이 항상 부족하게 느껴집니다. 요구형 자존감도둑은 현실적인 상황과 무관하게, 이상적이고 완벽하기만 할 것을 요구하기 때문입니다. 이는 마치 100미터 높이의 외나무 다리를 아무런 안전장치 없이 건너는 느낌과 같습니다. 한 치의 실수도 용납되지 않는, 완벽한 균형만이 허용되는 상황입니다.

이 부담과 압박은, 내가 좋아서 혹은 내가 원해서 하는 일이 주는 설렘과는 다릅니다. 기분 좋은 흥분이라기보다 불안에 가깝습니다. 목표를 이루지 못해도 내가 좋아서 하는 일이었다면 아쉽고 속상한 마음이 들 것입니다. 그러나 요구형 자존감도둑의 압박감 아래에 있다면, 원하는 바를 이루지 못했을 때 내 존재 자체가 부정당하거나 쓸모없게 느껴질 것 같은, 깊은 두려움을 느끼게 됩니다.

중요한 시험을 앞두고 적당한 긴장감을 느끼는 것은 자연스러운 일입니다. 그러나 요구형 자존감도둑이 있으면 이 긴장이 감당하기 힘들 만큼 커집니다. 과도한 긴장과 부담은 오히려 능력 발휘를 방해합니다. 머리가 하얘지고 아무 생각이 나지 않는 것은 물론, 가슴 두근거림, 호흡곤란, 두통, 소화불량 등 다양한 신체 증상이 나타날 수 있습니다. 심한 경우에는 공황장애 증상을 경험할 수 있습니다.

요구형 자존감도둑이 있는 사람들은 번아웃이 쉽게 오는 편이며 반대로 부담감을 과도하게 느껴 해야 할 일을 회피하거나 포기하는 경우도 있습니다. 일단 일을 시작하면 엄청난 압박감에 짓눌릴 것을 알기에 아예 그 상황을 회피하는 것입니다. 예를 들어, 요구형 자존감도둑이 있는 사람이 시험을 본다면, 쉬지 않고 시험 준비를 하다가 번아웃이 와서 중간에 포기하기도 합니다. 반대로 시험 공부를 계속 미루다가 포기할 수도 있습니다. 그 외에 음주나 흡연, 위험한 성관계, 자해, 게임 중독, 약물 중독, 지나친 수면 등의 회피적인 행동을 할 수 있습니다.

앞서 소개한 사례 중 요구형 자존감도둑을 가진 준호 씨의 사례로 돌아가보겠습니다. 준호 씨의 자존감도둑은 현실적인 한계는 전혀 고려하지 않은 채 완벽만을 요구합니다. 깨어 있는 모든 순간을 공부에 바쳐야 하며, 식사나 수면 시간조차 시간 낭비로 여깁니다. 잠시라도 쉬고 싶은 마음이 들면 '경쟁자들은 지금도 공부하고 있어!'라며 준호 씨를 몰아세웁니다. 준호 씨에게 시험에서의 실패는 자신의 존재 가치를 부정당하는 위기로 다가옵니다. 이러한 압박 속에서 준호 씨는 충분한 휴식도 취하지 못한 채 점차 소진되며 집중력이 떨어집니다. 작년처럼 또 다시 시험을 치르지 못하게 될까 봐 불안하지만, 자존감도둑의 목소리가 들려오는 한 마음 편히 쉴 수조차 없습니다.

처벌형
자존감도둑

처벌형 자존감도둑은 자신을 끊임없이 증오하고 학대하는 내면의 목소리입니다. 종일 곁에 붙어 인신공격을 퍼붓는 가혹한 상사와도 같습니다. 이 자존감도둑은 이렇게 우리를 몰아세웁니다.

"네 진짜 모습을 알면 모든 사람이 실망하고 떠날 거야."

"네가 태어나지 않았더라면 모든 게 더 나았을 텐데. 너는 존재 자체가 문제야."

"네가 하는 선택은 하나같이 다 잘못됐어."

"사람들이 너를 나쁘게 대하는 건 당연한 일이야."

"넌 정말 형편없어. 잘하는 게 하나도 없어."

"너 같은 사람은 행복해질 자격조차 없어."

이러한 말들이 마음에 와닿는다면, 당신의 내면에도 처벌형 자존감도둑이 자리 잡고 있을 가능성이 큽니다. 이러한 말들의 중심에는 근거 없는 평가절하와 극단적인 혐오가 깔려 있습니다. 물론 현실은 그렇지 않습니다. 이 세상에 존재 자체가 잘못된 사람은 없으며, 한 사람의 모든 선택이 전부 잘못일 수도 없습니다.

처벌형 자존감도둑의 말은 이처럼 논리도, 근거도 빈약하며 극단적으로 편향되어 있습니다. 그러나 그 말들이 지닌 강렬함과 위협적인 어조 때문에 우리는 이를 곱씹어볼 겨를도 없이 비난을 있는 그대로 받아들이게 됩니다.

처벌형 자존감도둑이 드리운 그림자

처벌형 자존감도둑이 우리 마음에 드리우는 가장 깊은 그림자는 **수치심**과 **자책감**입니다. 이는 마치 짙은 안개처럼 우리의 존재와 감정, 욕구를 비정상적인 것으로 덮어버립니다. 내면에 드리워진 이 어둠은 자신의 존재 자체를 부끄럽게 여기도록 만들고, 타인에 대한 회피로 이어집니다. 특히 타인이 다가올수록, 처벌형 자존감도둑이 실제라고 믿게 만든 자신의 결함들이 드러날까 두려워 불안감이 커집니다.

자존감도둑은 우리의 모든 행동에서 비난할 거리를 찾습니다. 심지어 타인의 중립적인 시선이나 말까지도 그 이면에는 나를 비난하는 내용이 있을 것이라고 오해하며 왜곡합니다. 주변 사람들이 아무리 "네 잘못이 아니야"라고 위로해도, 그 말은 자존감도둑에게 가로막혀 마음속 깊은 곳까지 닿지 못합니다.

이러한 부정적 감정이 깊어지면, 자기혐오를 넘어 자해나 자살 시도로까지 이어질 수 있습니다. 또는 이 고통스러운 감정에서 벗어나기 위해 음주, 흡연, 위험한 성관계, 약물 등 파괴적인 행동으로 도피하기도 합니다.

처벌형 자존감도둑 앞에서는 어떠한 객관적인 사실도 그 의미를 잃습니다. 내가 이룬 모든 성취나 노력은 평가절하되고, 모든 일은 왜곡되어 내 잘못으로 바뀝니다. 자존감을 쌓으려고 해도 쌓을 수 없게 만드는 것, 그것이 바로 처벌형 자존감도둑입니다.

앞서 소개한 유빈 씨의 사례는 이러한 처벌형 자존감도둑의 영향력을 선명하게 보여줍니다. 자존감도둑은 그녀의 모든 경험을 부정적으로 물들입니다. 따돌림과 같은 복잡한 사회적 현상도 오직 유빈 씨의 잘못으로만 해석됩니다.

자존감도둑에게 현실적인 사실 관계는 중요치 않습니다. 자존감도둑은 유빈 씨에게 "너에겐 장점이 하나도 없어, 사람들이 너의 보잘것없는 진짜 모습을 알면 다들 떠날 거야"라고 말합니다. 심지어 부모님의 갈등도 유빈 씨의 부족함으로 인한 것이라고 말합니다. 현재 좋은 관계를 맺고 있는 연인이나 친구들과의 긍정적인 순간조차 '그들이 진짜 나를 모르기 때문'이라며 불신하게 만듭니다. 결국 유빈 씨는 영원히 진정한 관계를 맺지 못할 것이라는 부정적 믿음에 사로잡히게 됩니다.

죄의식형
자존감도둑

마지막으로 소개할 자존감도둑의 유형은 죄의식형 자존감도 둑입니다. 이 도둑은 앞서 살펴본 요구형 자존감도둑과 처벌형 자존감도둑의 특성을 모두 가지고 있습니다. 죄의식형 자존감 도둑은 우리의 기본적인 욕구마저 이기적인 것이라며 비난합니 다. 나보다 타인의 욕구를 우선해야 한다고 강요하며, 그러지 않 을 때마다 죄책감이라는 채찍을 휘두릅니다. 죄의식형 자존감 도둑이 주로 하는 말은 다음과 같습니다.

"네가 하고 싶은 대로 하다니, 너무 이기적이야. 다른 사람들은 생 각하지도 않니?"

"남들이 원하는 게 네 욕구보다 더 중요해. 그렇게 생각하지 않으면 너 나쁜 사람이야."

"넌 다른 사람들을 위해 희생해야 해. 그들을 책임져야 해."

"다른 사람들을 행복하게 하는 게 네 의무야. 그들을 기쁘게 하고 보살펴야 해. 그러지 못한다면 너는 이기적이고 나쁜 거야."

"남들이 원하는 대로 하지 않으면 아무도 너를 좋아하지 않을 거야. 그들의 말을 따르지 않으면 결국 너는 혼자가 될 거야."

타인에 대한 과도한 책임과 압박

죄의식형 자존감도둑이 있는 사람들은 타인을 중심으로 하는 삶을 살아갑니다. 항상 다른 사람을 만족시켜야 한다는 과도한 **책임과 압박**에 시달리며, 이를 충족시키지 못했다고 느낄 때마다 극심한 자책에 빠집니다. 결국 자신의 욕구는 억누른 채 타인이 원하는 대로만 행동하게 됩니다. 이들은 겉으로 보기에 무난하고 남을 잘 챙기는 사람으로 보입니다. 식사 메뉴 하나를 고를 때도 자신의 좋아하는 것은 제쳐두고 다른 사람이 좋아할 만한 것을 선택합니다.

이들에게는 자신과 타인에 대한 시간관념이 다르게 작동합니다. 타인을 위해 쓸 수 있는 시간은 무한대이지만 자신을 위해 쓸 수 있는 시간은 0으로 수렴합니다. 거절을 하지 못해 과도한 업무를 떠안다가 결국 번아웃에 이르기도 합니다. 남에게 폐를 끼치는 것을 극도로 꺼리기 때문에 도움이 필요할 때조차 부탁

하지 못하고, 무언가를 받는 것조차 불편해합니다.

언뜻 보면 이런 타인 중심적 성향이 미덕으로 보일 수 있습니다. 하지만 장기적으로는 심각한 문제를 초래합니다. 기본적인 욕구마저 지속적으로 억누르다 보면 어느 순간 쌓였던 불만을 감당하기 어려워질 때가 옵니다. 이때가 되면 참았던 감정이 상대방에게 분노로 터져 나오거나, 손절하며 관계를 송두리째 단절해버리기도 합니다. 더 큰 문제는 '나'라는 존재에 집중하지 못하기 때문에 정작 자신이 무엇을 원하는지조차 모르는 경우가 많다는 점입니다. 그래서 '네가 하고 싶은 대로 해'라는 말이 이들에게는 가장 어려운 과제가 됩니다.

죄의식형 자존감도둑은 흔히 말하는 'K장녀'*의 특성과도 비슷합니다. 장녀들은 맏이라는 위치와 여성의 성역할이 중첩되어 이중의 책임을 짊어집니다. 동생들을 돌보아야 하고 가정 내에 불화가 있으면 중재자 역할을 합니다. 이 과정에서 정작 자신의 욕구는 철저히 외면한 채 경제적·정서적 책임을 지고 살아갑니다. 스스로의 삶을 살고 싶어도 가족에 대한 죄책감이 발목을 잡아 결국 자신을 희생하는 쪽을 선택합니다. 더 안타까운 것은 이런 희생이 당연시되어 어떤 인정이나 보상도 받지 못한다는 점입니다. 착한 사람이 되어야 한다는 강박인 '착한 아이 증후군'도 죄의식형 자존감도둑의 예로 볼 수 있습니다.

* 〈정신의학신문〉-「K장녀를 아시나요?」, 2022년 7월 13일 게재, https://www.psychiatricnews.net/news/articleView.html?idxno=33282

앞서 소개한 지은 씨의 사례는 이를 잘 보여줍니다. 어린 시절부터 자신의 욕구를 표현할 때마다 죄책감을 느끼도록 하는 환경에 노출되었고, 그 결과 그녀의 마음속에는 강력한 죄의식형 자존감도둑이 자리 잡고 있습니다. 이제 그녀는 자신이 무엇을 좋아하고 원하는지 생각하는 것조차 어렵습니다. 늘 타인의 기분에 맞추고 그들을 위해 자신을 희생하며 살아왔지만, 그 과정에서 쌓인 보이지 않는 불만은 결국 가슴 통증이라는 신체적인 증상으로 나타났습니다.

내 안에 존재하는
자존감도둑의 유형

지금까지 살펴본 세 가지 유형의 자존감도둑은 개개인의 삶 속에서 매우 다양한 모습으로 나타납니다. 어떤 사람은 한 가지 유형이 특히 두드러지게 나타나고, 또 어떤 사람은 여러 유형이 복합적으로 작용합니다. 마치 사람마다 성격이 다르듯, 자존감 도둑의 모습도 개인에 따라 독특한 양상을 보입니다.

예를 들어 직장인 진수 씨의 경우, 요구형 자존감도둑이 가장 큰 영향을 미칩니다. 업무에서 완벽을 추구하고 높은 기준을 설정하며 자신을 끊임없이 몰아세웁니다. "이 정도로는 부족해", "더 완벽하게 해내야 해"라는 목소리가 항상 그의 머릿속을 맴돕니다. 하지만 흥미로운 점은 목표를 달성하지 못했을 때 자신을 심하게 비난하거나 자책하지는 않는다는 점입니다. 이는 진

수 씨에게는 처벌형 자존감도둑이 크지 않기 때문입니다.

반면 대학생 지수 씨의 경우는 상황에 따라 세 가지 유형의 자존감도둑이 번갈아 나타납니다. 시험 기간에는 요구형 자존감도둑이 "모든 과목을 A+로 받아야 해"라고 다그치고, 성적이 기대에 미치지 못하면 처벌형 자존감도둑이 "넌 정말 쓸모없는 사람이야"라고 몰아세웁니다. 힘들어서 누군가에게 도움을 청하고 싶을 때면 죄의식형 자존감도둑이 나타나 "다른 사람들에게 짐이 되지 마"라고 가로막습니다.

두 가지 유형이 주로 작용하는 경우도 있습니다. 네 살배기 아이를 키우는 혜원 씨는 요구형 자존감도둑과 죄의식형 자존감도둑 사이에서 늘 괴로워합니다. "지금 하는 영어, 체육, 미술로는 부족해. 다른 아이들은 이것보다 더 많이 하는데", "이대로 가다가는 다른 아이들보다 뒤처질 거야"라는 요구형 자존감도둑이 그녀를 다그칩니다. 하지만 잠시 아이를 어린이집에 맡기고 쉬려고 할 때면 "이런 식으로 아이를 방치하다니, 이기적인 엄마야"라는 죄의식형 자존감도둑이 그녀를 괴롭힙니다. 완벽한 엄마가 되어야 한다는 압박과 자신을 위한 시간조차 가질 자격이 없다는 죄책감이 그녀의 삶을 옥죄고 있습니다.

이처럼 자존감도둑은 개인마다 다른 모습으로 나타납니다. 우리는 자존감도둑이 가지는 이러한 다양한 패턴을 이해할 필요가 있습니다. 내 안의 자존감도둑이 주로 어떤 유형으로 나타나는지, 어떤 상황에서 어떤 목소리를 더 강하게 내는지 알면 그것에 대처하는 효과적인 방법을 찾을 수 있기 때문입니다. 이제 이러한 자존감도둑들이 어떻게 우리 마음속에 자리 잡게 되었는지 살펴보겠습니다.

2장

자존감 도둑은
어디서 오는가?

아이를
비추는 거울

한 아이가 세상에 태어납니다. 아이는 세상에 태어나면 빈 그릇과 같은 상태입니다. 그 그릇에는 긍정적인 것도 부정적인 것도, 당연히 자존감도둑도 존재하지 않습니다. 세상과 자신에 대한 구분도 없고, 언어도 없는 상태입니다. 생후 며칠이 지나면 시력이 좋아지며 주변이 보입니다. 배가 고파서 울면 먹을 것이 들어오고, 속이 불편하면 누군가가 등을 두드려주고, 졸리면 누군가가 재워주는 경험을 합니다. 시간이 지나 점차 인지능력이 좋아지면 그 누군가가 부모(혹은 주 양육자)라는 것을 알게 됩니다.

아이는 부모라는 거울에 비친 자신을 바라보며 자신에 대한 이미지를 만들어나갑니다. '아이에게 부모는 온 우주'라는 말처럼 부모는 아이를 비춰주는 유일한 거울입니다. 부모라는 거울이 왜곡되어 있다면 아이는 자신에 대해 왜곡된 이미지를 가지게 됩니다. 부모가 나를 사랑스럽게 여기면 자신을 사랑스러운 존재라고 생각하고, 나를 미워하면 미운 존재라고 생각합니다. 긍정적인 혹은 부정적인 메시지가 아이라는 빈 그릇에 차곡차곡 쌓입니다. 그중 자신에 대한 부정적인 내용들이 마음속에 뭉쳐 이내 자존감도둑이 됩니다.

아이가 성장할수록 형제, 조부모, 친척 등 자신을 비추는 거울이 많아집니다. 초등학교에 입학하면 또래, 선후배, 선생님 등이 생기며 그들이 바라보는 나에 대한 이미지가 마음속에 들어옵니다. 이 시기 아이는 미성숙하여 아직 어른만큼 합리적인 사고를 하지 못합니다. 어릴수록 세상을 자의적으로 왜곡해 받아들일 가능성이 높습니다. 또한 외부에서 주어진 주관적인 평가를 비판 없이 내재화하기 쉽습니다.

아이는 이제 사춘기에 들어갑니다. 본능적으로 부모에 대한 거부감이 생기고, 또래라는 거울의 영향력이 커집니다. 이 시기에 따돌림 혹은 관계에서 거절받는 경험을 하게 된다면 이는 아이의 내면에 큰 영향을 미칩니다. 또래의 괴롭힘이나 비난하는 말과 행동이 선택적으로 내 마음속에 들어와 쌓입니다. 아이는 관계에서 오는 단절과 실패를 자신의 탓으로 돌리기도 합니다. 자신이 사회성이나 외모가 부족해서 아니면 좋은 사람이 아니어서 그러한 부정적 경험을 하게 되었다고 해석합니다. 이처럼 자신에 대한 비난이 내재화되고 부정적 해석이 쌓이며 마음속 자존감도둑은 더욱 영향력을 넓혀갑니다.

　이외에도 아이는 성장함에 따라 선생님, 운동 코치, 주변 어른, 대중매체에서도 영향을 받습니다. 그에 따라 자신에 대한 이미지를 계속 형성하여 나갑니다. 그중에는 긍정적인 인식도 있지만 부정적인 인식도 있습니다. 이 중 자신에 대한 부정적인 인식들이 내면에 지속적으로 쌓이며 자존감도둑을 더 키워나갑니다.

부정적 경험이
내면으로 들어오는 방식

자존감도둑은 텅 빈 그릇 같은 우리의 마음 안에 자신에 대한 부정적인 생각이 쌓이며 만들어집니다. 이때 부정적인 경험이 내재화되는 방식을 이해하면 자존감도둑의 뿌리를 찾는 데 도움이 됩니다.

첫째는 **직접적인 내재화**입니다. 부모님, 선생님, 친구와 같은 중요한 사람으로부터 직접 들은 부정적인 말들이 마음속에 각인되는 것입니다. '귀에 못이 박힌다'는 표현처럼, 자신을 향한 부정적 언어 표현을 많이 경험한 경우 그 대상의 목소리가 마음속에 그대로 들어옵니다. 이렇게 내면으로 들어온 말들은 그 사람이 없는 상황에서도 마치 녹음 파일이 재생되듯 내 마음속에서 반복해서 울립니다.

예를 들어 유빈 씨에게는 "너는 도대체 공부도 못하고 뭐 하나 잘하는 것이 없냐. 쓸모없는 것"이라는 아버지의 말이 내재화되었습니다. 유빈 씨는 새로운 일을 시작할 때마다 이 말이 떠올라 고통받습니다. 유빈 씨뿐만 아니라 우리 모두 가끔 어떤 일을 할 때 부모님의 잔소리가 자동적으로 떠오르는 경우가 있습니다.

직접적인 내재화의 경우, 자존감도둑의 출처를 알아내는 방법은 의외로 수월합니다. 바로 자존감도둑이 하는 말을 가만히 들어보는 것입니다. 그리고 이 말의 말투, 억양, 내용 등을 보며 내가 누구한테 이런 말을 많이 들었는지 떠올려봅니다. 이때 생각나는 사람이 있다면 그가 내게 한 말들이 내면의 자존감도둑 형성에 많은 영향을 끼쳤다고 추측할 수 있습니다.

둘째는 간접적인 내재화입니다. 아이는 주 양육자의 눈빛, 억양, 몸짓 등 비언어적인 표현에도 민감하게 반응합니다. 자존감도둑이 있는 것은 분명한데 선생님이나 부모님한테 직접적인 비난을 들은 적이 없다는 분들도 있습니다. 이런 경우에 그 '비난의 말'을 자세히 들여다보면 명시적 형태의 언어로 무시받지는 않았지만, 다만 상대방이 자신을 대하는 태도나 말의 미묘한 뉘앙스로 부정적인 메시지가 전달되어 생겨난 것임을 알 수 있습니다. 예를 들어 원하는 대로 행동을 하지 않았다고 투명인간 취급을 받는 등의 비언어적인 처벌이 이에 해당합니다.

준호 씨의 사례가 전형적입니다. 어머니는 준호 씨가 성과를 내도 칭찬하지 않고 부족한 점만 지적했습니다. 이런 관계 패턴속에서 준호 씨는 자신의 성취가 늘 부족하다고 느꼈고, 더 많은 인정을 받기 위해 끊임없이 노력해야 한다는 자존감도둑이 생겼습니다. 이는 직접적인 말이 아닌 부모의 행동을 통해 형성된 것입니다.

이처럼 간접적인 내재화의 경우에는 직접적인 내재화와 달리 관계의 패턴들을 살펴보는 것이 좋습니다. 적절한 보상이 주어지지 않았거나, 무시나 미묘한 뉘앙스로 표현된 처벌이 있는지 보는 것도 중요합니다.

셋째는 **모델링**입니다. 인간은 직접적인 대화를 통해서도 학습하지만 타인의 행동을 모방하며 학습하기도 합니다. 그렇기에 부모님이 자존감도둑을 가지고 있는 경우 부모님의 행동이나 사고방식이 모델링을 통해 자녀에게 들어올 수 있습니다. 요구형 자존감도둑을 갖고 있어 완벽주의적인 면이 있는 부모를 둔 경우, 부모의 행동을 자연스럽게 내면화할 수 있습니다.

준호 씨의 아버지는 완벽한 자기관리와 직장생활로 인정받았지만, 일과 성취에만 집중한 나머지 일과 삶의 균형은 무너진 삶을 살았습니다. 쉼 없이 무언가를 해야 한다는 강박으로 살았던 것입니다. 준호 씨는 아버지의 이런 모습을 보며 자연스럽게 같은 패턴을 내면화했고, 휴식조차 죄책감을 느끼며 끊임없는 성취를 추구하게 되었습니다.

마지막은 **어린아이의 자기애적 해석**입니다. 아이들은 일어난 일을 객관적으로 바라보는 능력이 부족해서 모든 상황을 자신을 중심으로 해석하는 경향이 있습니다. 자신의 통제를 벗어난 일들까지 자신의 책임으로 받아들이는 경우가 흔합니다. 부모의 이혼이나 따돌림과 같은 사건도 '내가 부족해서 생긴 일'이라고 여깁니다.

이는 일종의 오해입니다. 자신의 책임이 아닌 일에 과도한 책임감을 느끼고, 그것을 만회하기 위해 자신을 더욱 몰아세웁니다. 이러한 어린 시절의 자기애적 해석은 자존감도둑의 씨앗이됩니다.

지은 씨의 경우가 대표적입니다. 어린 시절 부모님의 이혼을 경험하면서, 자신이 더 착한 아이였다면, 공부를 더 잘했다면, 혹은 더 예뻤다면 부모님이 이혼하지 않았을 거라 믿었습니다. 이런 왜곡된 책임감은 지은 씨 안에 죄의식형 자존감도둑을 만들었고, 이는 그녀가 자신의 욕구를 희생하면서까지 어머니를 위해 살아가게 만들었습니다.

이처럼 자존감도둑은 직접적인 내재화, 간접적인 내재화, 모델링, 아이의 자기애적 해석 등 다양한 방식으로 우리 내면에 자리 잡습니다. 이러한 내재화 방식을 이해하는 것은 자존감도둑의 원인을 파악하고 이를 다루는 데 도움이 됩니다. 이제 조금 더 구체적으로 요구형·처벌형·죄의식형 자존감도둑이 각각 어떻게 만들어지는지 살펴보겠습니다.

과도한 기대와
요구형 자존감도둑

요구형 자존감도둑은 우리에게 압력을 가할 수 있는 사람들과의 관계에서 생겨나기 쉽습니다. 학업이나 외모에 과도한 기대를 가진 부모, 지나치게 의욕적인 교사나 코치가 주된 원인을 제공합니다. 여기에 '마른 체형이 예쁘다'거나 '명문대에 가야 성공한다'는 식의 사회적 통념과 미디어의 영향도 한몫합니다.

이들이 제시하는 목표는 아이의 현실과 동떨어져 있습니다. 100점, 1등, 최상위권과 같은 이상적인 목표만을 내세웁니다. 아이가 지금 어느 정도 공부를 한 상태인지, 그 목표를 이루는 데 필요한 자원이 주변에 있는지 등은 고려하지 않은 채 '이번 시험에서 꼭 1등을 해야 한다'는 식으로 무작정 목표만 할당합니다.

아이는 아직 판단력이 충분히 발달하지 않은 시기이므로 어른이 하는 말을 절대적 진리로 받아들이고 그 목표를 달성하고자 노력합니다. 그러나 자신의 실력과 너무 큰 차이가 나는 목표, 주어진 시간에 비해 터무니없이 과도한 목표는 이루어내기 어렵습니다. 하지만 아이는 그 원인이 자신에게 있다고 생각하기 쉬우며 목표 자체가 높다는 생각은 잘 하지 못합니다. 아이는 자신에게 요구된 목표를 내재화하여 무엇이든 잘 해내고 많은 것을 성취해야 한다는 생각에 사로잡힙니다.

이런 관계에서는 흔히 부모나 선생님이 계속해서 새로운 목표만을 내세웁니다. 잘한 점은 칭찬하지 않고 부족한 점만 지적합니다. 칭찬은 단순한 격려 이상의 의미가 있습니다. 칭찬은 아이에게 자신이 얼마나 목표에 가까워졌는지, 지금 하고 있는 노력이 충분한지를 가늠하게 해주는 중요한 신호입니다. 칭찬이 없는 관계에서는 아이 스스로 자신의 노력이 충분한지, 언제쯤 목표에 도달했다고 볼지 등을 판단할 수 없습니다.

아이는 자신의 부족한 부분을 찾아 고치고, 어떻게 해서든 최고가 되면 칭찬이나 인정을 받을 수 있지 않을까 생각합니다. 그리고 이런 경험들이 쌓이면서 아이의 내면에는 끊임없이 높은 기준을 제시하는 요구형 자존감도둑이 자리 잡습니다. 그 결과 아이는 마치 망망대해를 항해하는 것처럼 끝을 알 수 없는 모호한 여정을 하는 듯한 상태가 됩니다.

언어적·신체적 공격과
처벌형 자존감도둑

처벌형 자존감도둑은 주로 언어적·신체적 공격을 받은 경험에서 비롯됩니다. 부모나 가족, 또래집단, 주변 어른 등에 의해 신체적 학대, 정서적 학대, 성적 학대를 받은 경우 처벌형 자존감도둑이 생깁니다.

한 사람의 정체성은 자신의 성향이나 욕구와 밀접한 관계를 맺고 있습니다. 따라서 성향에 대해 비난받거나 기본적인 욕구에 대해 거부당했을 때 부정적 정체성이 만들어집니다. 특히 주변 사물과 상황에 대해 객관적인 시각을 갖기 어려운 아이들은 부모 등 주변의 말을 비판 없이 받아들이고 스스로 비난받아 마땅한 사람이라고까지 생각합니다. 아이는 비난받지 않고 싶은 마음에 자신의 성향조차 바꾸려 하지만 타고난 기질은 잘 변화하지 않죠. 이에 좌절하고 자책의 굴레에 빠집니다. 이 과정을 반복하면서 아이는 자신에 대한 비난을 내재화하고 이것이 처벌형 자존감도둑을 만듭니다.

처벌형 자존감도둑이 생기는 또 다른 경우는 부모가 개인 혹은 부부 간 문제를 아이 탓으로 돌리는 경우입니다. 부모가 부부 간 불화를 아이가 태어났기 때문이라고 하거나 아이 양육 때문에 이혼하기 어려워졌다는 식의 말을 한다면 이는 아이의 존재 자체를 부적절하게 만드는 행위입니다. 자신을 세상에 태어나게 한 사람으로부터 환영받지 못하는 경험은 아이의 존재 기반을 흔드는 공격으로 내재화됩니다.

아이는 부모가 자신을 부당하게 대해도 부모를 미워하기 어렵습니다. 아이는 부모나 양육자 없이 혼자 살아갈 수 없기 때문에 생존을 위해 전적으로 의지할 수밖에 없는 부모를 부정적으로 인지하는 순간 의지할 대상을 잃어버리는 셈입니다. 아이 입장에서는 의지할 대상을 잃어버리는 두려움을 겪으니 스스로 나쁜 사람이 되는 편을 택합니다. 그나마 그것이 덜 공포스럽기 때문입니다. 자신이 못나서 부모님이 화를 내는 것이라고 생각하면 스스로 나쁜 사람이 되긴 하겠지만 의지할 부모님은 남으니까요.

성추행, 성폭행, 성적 학대 같은 성폭력 또한 처벌형 자존감도둑이 나타나는 데 강력한 영향을 끼칩니다. 성폭력은 피해자의 신체적·심리적 경계를 심각하게 침범하여 자신에 대한 통제감과 신뢰감을 상실하게 만듭니다. 피해자는 자신을 지키지 못했다는 생각에 자기비난에 빠지거나, 자신의 신체가 더럽혀졌다고 여겨 수치심을 느끼기도 합니다. 가해자는 피해자의 입을 막기 위해 '이건 너의 잘못'이라며 피해자를 가스라이팅하고 그 말은 피해자에게 내재화됩니다. 그 영향으로 처벌형 자존감도둑이 생기는데, 실제 상담을 해보면 성폭력으로 인한 자존감도둑이 제일 강력한 축에 속합니다.

청소년기에 겪는 집단 따돌림과 괴롭힘도 처벌형 자존감도둑을 형성하는 데 강력한 영향을 미칩니다. 청소년기, 특히 초등학교 고학년에서 중학교 초기에는 정서적으로 아직 성숙하지 않은 상태에서 또래 관계의 중요성이 급격히 증가합니다. 이 시기에 아이들은 또래와의 관계를 통해 자아정체성을 형성하며 발달해나갑니다.

인생에서 사회적 민감성이 가장 높은 이 시기에 집단 따돌림이나 괴롭힘을 경험한 아이들은 자신에 대한 부정적인 인식을 갖게 됩니다. 가해자들은 종종 피해자의 성격이나 외모를 이유로 자신의 행동을 정당화하며, 이는 피해자로 하여금 자신에게 문제가 있다고 믿게 만듭니다. 이러한 믿음은 강력한 처벌형 자존감도둑의 형성으로 이어질 수 있습니다.

극단적인 집단 따돌림이나 괴롭힘뿐만 아니라 갑작스럽게 친구관계가 소원해지는 경우에도 비슷한 원리로 처벌형 자존감도둑이 생길 수 있습니다. 이는 청소년기의 사회적 관계 변화가 얼마나 민감하게 자기인식에 영향을 미치는지 보여줍니다.

타인에 대한 과도한 몰입과
죄의식형 자존감도둑

죄의식형 자존감도둑은 어린 시절 다양한 가족 환경과 경험을 통해 형성됩니다. 다음 세 가지 종류의 가족 환경과 경험 속에서 아이는 스스로 자신의 욕구와 감정은 억압한 채 타인의 욕구와 감정에만 과도하게 집중하는 경향을 보입니다.

첫째, 부모가 우울증과 같은 정신질환이나 만성적 신체 질환을 앓고 있는 경우입니다. 만약 주변에 부모를 돌봐줄 만한 적절한 사람이 없으면 아이가 부모를 돕는 역할을 맡습니다. 주변 어른이나 사람 들의 압력을 받으며 자신의 욕구는 무시하고 아픈 부모를 돌보는 데 집중하게 되죠. 그러지 않으면 죄책감에 시달리기 때문입니다. 이로 인해 아이는 자신의 욕구를 인식하거나 표현하는 능력을 발달시키는 데 어려움을 겪습니다.

이와 비슷하게 부모의 이혼이나 불화로 한쪽 부모가 아이에게 감정적으로 의존하거나 자신의 불만을 하소연하는 경우가 있습니다. 이때에도 아이는 정서적으로 가까운 부모를 안정시키기 위해 자신의 욕구를 희생하고 부모의 감정을 돌봅니다.

둘째, 한쪽 부모가 가정 생활에 있어 주도적 역할을 하고 다른 쪽이 지속적으로 자신의 감정과 욕구를 희생하며 살아가는 경우입니다. 아이는 부부 간 이러한 관계 양상을 은연중에 내재화합니다. 그리고 희생적인 부모처럼 자신의 감정을 억압하고 타인을 위해 사는 것이 바람직하다고 인식합니다.

셋째, 부모가 아이에게 과도하게 높은 사회적 기준을 요구하는 경우입니다. 아이를 아이답게 두지 않고 나이보다 더 성숙하게 행동할 것을 요구하면 아이는 흔히 말하는 '애 어른'이 되어 사회적으로나 정서적으로 어른 역할을 수행합니다. 이때 부모가 타인을 돌보고 자신의 욕구를 억제하는 행동을 칭찬하거나, 반대로 자신의 욕구를 표현하는 행동을 비난함으로써 아이에게 과도한 성숙함을 요구하면 죄의식형 자존감도둑이 자라납니다. 자존감도둑은 아이가 자신의 욕구와 감정을 표현하는 것을 이기적이라고 비난합니다. 결국 아이는 자신의 욕구 자체를 살피거나 인식하는 것은 소홀히 한 채 타인의 욕구만 우선시하는 타인지향적인 사람으로 자랍니다.

3장

자존감도둑은
어떻게 작동하는가?

우리가 자존감도둑에
휘말리는 이유

앞서 우리는 자존감도둑이 무엇이고 어떻게 형성되는지 살펴
보았습니다. 많은 사람들이 자존감도둑이 자신의 삶에 부정적
인 영향을 미친다는 사실을 알면서도 그 영향력에서 벗어나지
못합니다. 왜 이런 일이 발생할까요? 이번 장에서는 자존감도둑
이 우리 마음속에서 어떻게 지속적인 영향력을 발휘하는지, 그
심리적 메커니즘을 자세히 살펴보려 합니다.

내 목소리로 위장한 자존감도둑의 속삭임

"난 정말 쓸모없는 사람이야. 주변에 민폐만 끼치지."

"내가 뭐 그렇지. 이번에도 실패할 게 뻔해."

"다들 날 싫어해. 당연하지. 누가 나 같은 것을 좋아하겠어."

이런 생각들이 떠오를 때 그것이 자존감도둑의 목소리라는 사실을 알아차리기는 쉽지 않습니다. 왜냐하면 그것은 너무나 자연스럽게 '내 생각'으로 들리기 때문입니다. 마치 오랜 친구의 말처럼, 때론 내면의 솔직한 고백처럼 느껴지기도 합니다. 이것이 바로 자존감도둑의 첫 번째 전략입니다. 자신이 '도둑'이라는 사실을 철저히 숨기는 것이죠. 진료실을 찾은 민영 씨의 이야기를 들어볼까요?

"처음에는 이런 생각들이 제가 자신을 현실적으로 바라보는 과정이라고 생각했어요. 스스로를 객관적으로 평가하는 것이라고요. 그게 자존감도둑의 목소리일 거라고는 상상도 못 했죠. 솔직히 지금도 가끔 헷갈려요. 어디까지가 진짜 제 생각이고, 어디부터가 자존감도둑의 목소리인지를요."

자신의 생각을 의심하기란 쉽지 않은 일입니다. '내 생각'은 곧 '내 의지'이자 '내 판단'이라고 믿기 때문입니다. 그래서 그것이 실은 외부에서 들어온 해로운 메시지일 수 있다는 사실을 받아들이기가 무척 어렵습니다.

어린 나이에 들어온 자존감도둑이 더 강한 이유

자존감도둑은 우리 삶의 어느 시기에나 찾아올 수 있습니다.

하지만 그것이 자리 잡은 시기에 따라 우리에게 미치는 영향력이 크게 달라집니다. 이는 마치 나무의 뿌리와도 같습니다. 어린 묘목의 뿌리는 아직 땅속 깊이 자리 잡지 못했기에 비교적 쉽게 뽑아낼 수 있습니다. 마찬가지로 비교적 최근에 형성된 자존감 도둑은 아직 마음 깊숙이 뿌리내리지 못했으므로 비교적 쉽게 제거할 수 있습니다.

그러나 수십 년 된 고목의 뿌리는 어떤가요? 이미 땅속 깊이 단단하게 자리 잡았을 뿐 아니라 주변 흙과 바위 사이로 섬세하게 뻗어나가 있습니다. 이 뿌리들은 이제 땅의 일부가 되어 어디까지가 뿌리이고 또 어디부터가 땅인지 구분하기조차 어렵습니다. 어린 시절에 형성된 자존감도둑도 이와 같습니다. 진료실을 찾은 35세 미연 씨의 이야기를 들어보겠습니다.

"20대 후반에 겪은 실패 후에 생긴 '난 무능력한 사람이야'라는 생각은 그래도 제가 의심해볼 수 있어요. 그때 준비가 부족했던 것일 뿐 그게 제 본질은 아니라는 걸 알아요. 하지만 어릴 때부터 들어온 '난 사랑받을 자격이 없는 사람이야'라는 생각은… 마치 제 정체성의 일부 같아요. 그게 잘못된 생각일 수 있다는 걸 이제는 머리로 알지만, 마음은 계속 그게 진실이라고 믿고 있어요."

오랜 세월 우리 마음속에 자리 잡은 자존감도둑의 뿌리는 우리의 생각, 감정, 행동 깊숙이 파고들어 있습니다. 때로는 그것이 우리의 본질로 느껴질 만큼 깊이 자리 잡고 있죠. 어린 시절의 자존감도둑은 우리 삶의 거의 모든 영역에 영향을 미칩니다.

더구나 어릴 때 형성된 자존감도둑은 우리가 세상을 이해하고 해석하는 렌즈가 됩니다. 그것을 통해 우리는 자신과 타인, 그리고 세상을 바라봅니다. 마치 착색된 안경을 쓰고 있는 것처럼 우리는 그 렌즈를 통해 모든 것을 보지만 정작 그 렌즈의 존재는 잘 인식하지 못합니다.

이것이 바로 어린 시절 형성된 자존감도둑이 특히 강력한 영향력을 발휘하는 이유입니다. 마음속 깊이 뿌리내린 자존감도둑을 알아차리고 변화시키는 데는 더 많은 노력과 시간이 필요합니다. 하지만 불가능한 일은 아닙니다. 올바른 이해와 접근법이 있다면, 우리는 이 오래된 자존감도둑으로부터 충분히 자유로워질 수 있습니다.

부정편향: 위험에 대한 본능적 이끌림

우리 뇌의 독특한 특성 역시 자존감도둑에게 강력한 힘을 실어줍니다. 우리 뇌는 긍정적인 정보보다 부정적인 정보에 더 민감하게 반응하도록 설계되어 있습니다. 심리학자들은 이를 **부정편향**이라고 부릅니다.

진화심리학자들의 설명에 따르면, 이는 우리 조상들의 생존 전략이었습니다. 원시시대에는 긍정적인 것을 놓치는 것보다 위험한 것을 놓치는 일이 훨씬 치명적이었기 때문입니다. 맛있는 과일을 못 찾으면 하루를 굶는 정도이지만, 숨어 있는 뱀을 못 보면 목숨을 잃을 수 있죠. 이러한 생존 본능은 현대를 살아가는 우리의 내면세계에도 깊이 각인되어 있습니다.

우리의 마음속에서 이러한 부정편향이 작동하는 순간을 살펴봅시다. 하루 동안 수많은 생각들이 우리 머릿속을 스쳐 지나갑니다. 그중에는 긍정적인 생각도 있고 부정적인 생각도 있습니다. 그런데 우리의 주의는 신기하게도 부정적인 생각에 더 강하게 달라붙습니다. 진료실을 찾은 31세 지원 씨의 이야기가 이를 잘 보여줍니다.

"기억해보면 오늘 하루만 해도 '일을 잘 마무리했다', '동료가 내 의견을 잘 받아주었다'고 생각했어요. 하지만 지금까지 제 머릿속을 사로잡고 있는 것은 아침에 한 실수예요. 온종일 그 생각만 떠오르고 다른 좋은 일들을 다 묻혀버리는 것 같아요."

이처럼 부정적인 생각은 마치 강력한 자석처럼 우리의 주의를 끌어당깁니다. 긍정적인 생각은 잔잔한 물결처럼 스쳐 지나가지만, 부정적인 생각은 거센 파도처럼 우리의 의식을 뒤흔들어놓습니다.

자존감도둑은 그 자체가 부정적인 사고방식이기에 이들이 하는 말은 자연스럽게 우리의 주의를 강하게 사로잡습니다. '넌 할 수 있어'라는 긍정적인 생각보다 '넌 실패할 거야'라는 자존감도둑의 부정적인 말이 더 오래 그리고 더 강하게 머릿속에 남습니다.

이는 마치 새하얀 종이에 검은 잉크가 한 방울 떨어진 것과 같습니다. 종이의 나머지 부분이 아무리 하얗고 깨끗해도, 우리의 시선은 자꾸만 그 검은 얼룩으로 향하는 것입니다. 자존감도둑의 부정적인 말 한마디가 하루 동안의 수많은 긍정적 경험과 생각들을 덮어버리는 것도 바로 이러한 원리입니다.

자기실현적 예언: 믿음은 현실이 된다

자존감도둑은 자신의 말을 현실로 만드는 능력이 있습니다. 러시아의 소설가 안톤 체호프의 말 '인간은 스스로 믿는 대로 된다'처럼 자존감도둑의 예언은 묘하게 자주 실현됩니다. 이는 우리 마음속의 믿음이 현실을 만들어내는 독특한 방식 때문입니다. 진료실에 내원한 28세 현주 씨 이야기를 들어보겠습니다.

"제 마음속 자존감도둑은 늘 '넌 결국 버림받을 거야'라고 말해요. 처음에는 이 말이 터무니없다고 생각했는데, 묘하게도 제 연애는 항상 이 말처럼 끝나곤 했어요. 나중에야 깨달았죠. 제가 버림받을 것이 두려워 먼저 사람들을 밀어내고 있다는 걸요."

자존감도둑의 예언이 실현되는 과정은 매우 교묘합니다. 우리 마음속에 자리 잡은 부정적 믿음은 우리가 세상을 바라보는 방식을 왜곡합니다. 이 왜곡된 시각은 우리의 행동 방식을 바꾸고, 이는 결국 최초의 믿음을 현실로 만듭니다.

예를 들어, '난 결국 버림받을 거야'라는 마음속 믿음은 여러 가지 방식으로 자신을 입증해갑니다. 때로는 아예 관계를 피하거나 시도조차 하지 않는 방식으로, 때로는 관계가 형성되어도 끊임없는 의심과 확인으로 상대를 지치게 만드는 방식으로 말입니다. 심지어 누군가가 진심 어린 사랑을 보여줄 때도, 그것을 온전히 받아들이지 못하고 의심하거나 거부합니다.

이러한 행동들은 결과적으로 자존감도둑의 예언을 현실로 만듭니다. 더욱 문제가 되는 것은 이렇게 실현된 예언이 다시 원래의 믿음을 강화한다는 점입니다. "봐, 내 말이 맞았지? 결국 또 버림받았잖아"라며 자존감도둑은 자신의 영향력을 더욱 굳건히 합니다.

이러한 경험이 반복될수록, 자존감도둑의 말은 점점 더 진실처럼 다가옵니다. 마치 눈덩이가 굴러가며 커지듯, 자존감도둑의 영향력은 경험이라는 증거를 통해 계속해서 강화됩니다.

확증편향: 자존감도둑이 만든 선택적 진실

우리의 뇌는 이미 가지고 있는 믿음을 확인해주는 정보만을 선택적으로 받아들이는 경향이 있습니다. 심리학자들은 이를 **확증편향**이라 부릅니다. 자존감도둑은 이 편향을 교묘하게 활용해 자신의 영향력을 유지합니다. 진료실에서 만난 33세 윤서 씨의 경험은 이런 확증편향이 어떻게 작동하는지 잘 보여줍니다.

"처음에는 팀 회의 중 한 명이 제 의견을 미심쩍어하는 표정을 지은 것만 기억났어요. 그게 계속 마음에 걸려서 '역시 내 생각은 부족해'라는 생각만 들었죠. 그런데 상담받으면서 천천히 되돌아보니, 사실 다른 동료들은 제 의견을 적극적으로 지지했다는 게 떠올랐어요. 제가 그 긍정적인 반응들은 아예 보지 못하고 있었더라고요."

자존감도둑은 우리의 인식을 왜곡합니다. 마치 편광필터가 특정 방향의 빛만 통과시키듯, 자존감도둑의 렌즈는 자신의 부정적 믿음을 강화하는 정보만을 선택적으로 받아들입니다. 긍정적인 경험은 모두 차단하고, 부정적인 경험만을 진실의 증거로 받아들이는 것입니다.

일상의 예시를 살펴보면 이러한 왜곡은 더욱 분명해집니다. 직장인이 성공적으로 프로젝트를 마쳤을 때, 그 성과는 '운이 좋았을 뿐'이라고 일축합니다. 상사가 진심으로 보고서를 칭찬해도 '그냥 형식적인 말일 뿐'이라고 여깁니다. 반면 부정적인 경험들은 모두 자존감도둑의 말이 옳았다는 증거로 받아들입니다. 사소한 실수는 '역시 난 무능해'라는 생각의 증거가 되고, 동료의 무심한 말 한마디는 '다들 날 싫어해'라는 확신의 근거가 됩니다.

이러한 확증편향은 앞서 살펴본 자기실현적 예언을 더욱 강력하게 만듭니다. 자존감도둑의 예언이 실현되는 과정에서, 그것을 입증하는 증거만을 선택적으로 받아들이면서 악순환의 고리가 더욱 견고해지는 것입니다.

자존감도둑의 말을 입증하는 증거만을 수집하고, 그것에 반하는 증거는 무시하거나 왜곡하면 점점 더 왜곡된 현실 속에 갇힙니다. 마치 거울의 집에서 왜곡된 상을 보면서 그것이 자신의 진짜 모습이라고 믿는 것과 같습니다.

언어의 올가미: 일관성이 만드는 함정

앞서 우리는 자존감도둑이 어떻게 자신의 예언을 실현하고, 선택적으로 현실을 왜곡하는지 살펴보았습니다. 이제 이러한 현상들의 근본적 토대가 되는 언어의 일관성에 대해 이야기할 차례입니다. 자기실현적 예언과 확증편향은 모두 우리가 어린 시절부터 학습해온 언어적 일관성의 원리 위에서 더욱 강력한 영향력을 발휘합니다. 언어의 일관성이란, 우리가 사용하는 언어가 현실과 일치해야 한다고 믿는 강력한 심리적 원칙입니다. 이는 단순한 대화의 규칙이 아니라, 우리가 세상과 자신을 이해하는 근본적인 틀입니다.

우리는 아주 어릴 때부터 '언어는 현실과 일치해야 한다'고 배우며 자랍니다. 이것은 단순히 대화를 잘하기 위함이 아니라 우리가 나와 세상을 이해하는 기초가 됩니다. 이는 아이가 처음 언어를 배우는 과정을 보면 이해하기 쉽습니다. 엄마가 사과를 가리키며 "사과"라고 말합니다. 아이가 그것을 "바나나"라고 부르면 엄마는 "아니야 이건 사과야. 사.과."라고 고쳐줍니다. 그리고 아이가 "사과"라고 제대로 말하면 엄마는 "그래! 맞아! 사과야!"

하며 환하게 웃어줍니다. 이런 과정은 비단 어린 시절뿐만 아니라 학교에서 시험을 보거나 직장에서 보고서를 쓸 때처럼 우리 삶의 모든 순간에서 계속됩니다. 이처럼 언어와 현실의 일치는 우리 삶의 기본 원칙으로 자리 잡습니다.

이러한 언어의 힘은 우리가 자신을 바라보는 방식에도 영향을 미칩니다. 진료실에서 만난 27세 채은 씨의 경험이 이를 잘 보여줍니다.

"소개팅에서 마음에 드는 사람을 만나면 다가가고 싶어요. 그런데 곧 제 마음 한편에서 '난 사랑받을 자격이 없어'라는 말이 떠올라요. 그 순간 모든 자신감이 사라지고 주저하게 되죠. 그런데 이상하게도 그게 더 편하게 느껴져요. 그게 뭔가 더 맞는 것 같아요."

자존감도둑의 말도 이런 식으로 작용합니다. "난 실패자야"와 같은 자존감도둑의 말은, 마치 사과는 "사과"라고 불러야 하는 것처럼 지켜야 할 '진실'처럼 다가옵니다. 더구나 이런 부정적인 말들은 보통 어린 시절부터 들어온 것이라 모국어처럼 자연스럽게 받아들여집니다.

이러한 언어의 일관성은 우리의 행동을 강력하게 통제합니다. 예를 들어, 앞의 채은 씨처럼 "난 사랑받을 자격이 없어"라는 말에 익숙해진 사람은 실제로 누군가가 진심으로 자신을 좋아해줄 때 오히려 불편함을 느낍니다. 마치 외국어를 들을 때처럼 낯설고 어색합니다.

더 나아가 이런 언어의 일관성은 우리의 선택을 좌우합니다. 건강한 관계를 이룰 가능성이 있어도 그것을 피하고, 오히려 자신을 함부로 대하는 사람을 선택하는 이유는 그것이 자신의 내면에 새겨진 문장과 일치하는 선택이기 때문입니다.

이것이 바로 언어가 만드는 올가미입니다. 우리는 자존감도둑의 말이 자신을 해친다는 사실을 알면서도, 그 말에서 벗어나는 행동을 마치 문법을 어기는 것처럼 불편하게 느낍니다. 이는 오래 신은 낡은 신발처럼, 건강하지 않지만 익숙하고 편한 함정입니다. 바로 이 언어의 일관성이 자기실현적 예언과 확증편향을 더욱 강력하게 만드는 근본적인 토대입니다.

지금까지 살펴본 것처럼, 자존감도둑은 **자기실현적 예언, 확증편향** 그리고 **언어의 일관성**과 같은 다양한 심리적 기제들을 통해 우리 마음속에서 강력한 영향력을 행사합니다. 이러한 복잡한 심리적 메커니즘들이 서로 맞물려 작동하기 때문에, 우리는 자존감도둑의 영향력을 인식하거나 그로부터 벗어나기가 매우 어려웠던 것입니다. 이는 결코 자신이 부족하거나 잘못해서가 아닙니다. 자존감도둑의 메커니즘을 이해하는 것만으로도 우리는 자존감도둑의 영향력을 좀 더 객관적으로 바라볼 수 있습니다.

이제 자존감도둑이 정말 우리를 위한 말을 하고 있는지, 그리고 그 말을 따랐을 때 결과는 어떠한지 더 자세히 살펴보겠습니다.

선량한 가면을 쓴
자존감도둑

우리 마음속 자존감도둑은 교묘하게 작동합니다. "이건 다 너를 위해서야", "네가 성장하기를 바라서 그래", "너를 사랑하니까 하는 말이야"라며 선한 의도를 가장합니다. 마치 약으로 위장한 독처럼, 나를 위한다는 말 속에 숨겨진 해로움을 알아차리기란 쉽지 않습니다. 하지만 자존감도둑의 진짜 모습은 그들이 만들어낸 결과를 보면 알 수 있습니다. 지금부터 자존감도둑이 어떻게 선한 의도라는 가면을 쓰고 우리를 해치는지, 그 실체를 자세히 들여다보겠습니다.

요구형 자존감도둑은 늘 이렇게 말합니다. "이 정도는 해야해", "더 높은 목표를 가져야 성장할 수 있어", "쉬는 시간도 아껴야 성공하지." 얼핏 들으면 우리의 발전을 진심으로 바라는 조언 같습니다. 또한 우리는 오랫동안 이런 말을 들어왔기에 이것이 진실이라고 믿습니다.

그러나 요구형 자존감도둑은 항상 우리를 불안하거나 긴장하게 만듭니다. 과도한 압박은 결국 다음과 같은 두 가지 해로운 결과를 낳습니다. 하나는 과도한 불안과 스트레스로 인한 신체적 증상 그리고 또 다른 하나는 번아웃입니다. 두통과 어지럼증 등이 생겨 아무것도 하지 못하게 되고, 이러한 압박감을 견디지 못해 아예 시도조차 포기해버리는 것입니다. 이 둘 모두 우리의 실질적인 성장과 발전을 방해할 뿐입니다.

요구형 자존감도둑은 쉬지 않고 높은 목표를 위해 달려가야 내가 성장할 것이라고 말합니다. 그러나 그 압박감은 우리를 성장시키기는커녕 오히려 무력하게 만듭니다. 그것은 식물을 키우겠다고 영양분을 주는 것이 아니라 위에서 잡아당기는 것과 같습니다. 식물은 결국 뿌리째 뽑히거나, 부러지거나, 아니면 제대로 자랄 수 없게 되죠.

사실 이러한 과도한 압박이나 요구 없이도 우리는 자연스럽게 성장하고 발전하려는 욕구를 가지고 있습니다. 식물이 자연스럽게 빛을 향해 자라나듯이, 인간에게는 본래 스스로 발전하고 성취하고자 하는 동기가 내재되어 있습니다. 요구형 자존감도둑의 끊임없는 채찍질이 없어도, 우리는 자신만의 속도와 방식으로 충분히 성장해나갈 수 있습니다.

처벌형 자존감도둑의 가면

처벌형 자존감도둑은 우리를 비난하고 위협합니다. "이렇게 엄하게 하지 않았으면 넌 아무것도 이루지 못했을 거야", "이 정도 채찍질은 있어야 정신을 차리지", "너는 강한 자극이 있어야 움직이는 사람이야."

처벌형 자존감도둑과 우리의 관계는 드라마〈정신병동에도 아침이 와요〉에 나오는 민들레와 그의 나르시시스트 어머니의 관계와 닮아 있습니다. 민들레의 어머니는 어린 시절부터 딸을 방임하고 도박 중독에 빠져 있었습니다. 그런데 민들레가 대학병원 간호사가 되자, 갑자기 나타나 이렇게 말합니다. "네가 대학병원 간호사가 된 것도 다 내 덕이야. 내가 그렇게 힘들게 했으니까 너도 독하게 살아남은 거 아니야?" 민들레가 "내가 간호사가 된 건 엄마에게서 벗어나기 위해서였어"라고 분개하자, 오히려 "그러니까 결국 내 덕분이잖아"라고 말하는 것입니다.

이 장면은 우리 내면의 처벌형 자존감도둑이 사용하는 전략을 그대로 보여줍니다. 자신의 무자비한 비난을 오히려 성공의 자양분으로 둔갑시키고, 상대방의 성취를 자신의 공격성이 이뤄낸 결과물로 포장하는 것입니다. 민들레의 어머니처럼 처벌형 자존감도둑은 자신의 처벌과 비난이 우리의 성공에 필수적이었다고 주장합니다.

하지만 이것은 명백한 가스라이팅입니다. 처벌형 자존감도둑이 없어도 우리는 살아갈 수 있고 노력할 수 있습니다. 오히려 처벌형 자존감도둑의 비난은 내 의욕과 동기를 강력하게 없애버립니다. '이런 것도 틀리다니 정말 나는 공부에 재능이 없어', '역시 난 안 돼', '이것밖에 못 하다니 한심해'라는 생각처럼 이런 비난은 우리의 동기를 깎아내리고 실제 성장을 방해합니다.

누군가는 이런 처벌형 자존감도둑 덕분에 현재의 성취를 이루었다고 생각할 수 있습니다. 그런데 한번 생각해보세요. 엄격한 처벌과 비난 없이 건강한 동기부여만으로는 결코 지금의 성취를 이룰 수 없었을까요? 만약 처벌형 자존감도둑이 없었다면, 우리는 더 자유롭게 도전하고, 실패를 통해 배우며 더 큰 성장을 이룰 수 있었을지도 모릅니다.

죄의식형 자존감도둑의 가면

죄의식형 자존감도둑은 사람들과의 관계를 잘 유지하려면 타인의 욕구를 우선시해야 한다고 주장합니다. "가족이 행복해야 너도 행복한거야", "네가 희생하면 다른 사람들이 좋아할 거야", "네가 양보하면 관계가 더 좋아질 거야"라며 우리 내면의 욕구를 무시하라고 말합니다.

죄의식형 자존감도둑은 특히 관계에 있어 교묘하게 작동합니다. 우리가 자신의 욕구나 의견을 표현하려 할 때마다 죄의식을 불러일으키고 결국 이를 포기하게 만듭니다. 가족이나 타인을 위해야 한다는 그럴싸한 말로 우리를 조종합니다. 자기표현이나 욕구 충족이 마치 이기적이고 부적절한 행동인 것처럼 느끼게 만듭니다.

하지만 자존감도둑의 말에 따라 자신의 욕구를 계속 무시하면 어떤 결과를 마주하게 될까요? 처음에는 관계를 좋게 만드려고, 혹은 갈등을 피하고 싶어 자신의 욕구를 억누르지만, 그로 인한 불만은 계속해서 쌓여갈 수밖에 없습니다. 우리 모두는 애정에 대한 욕구, 인정받고 싶은 욕구, 자기표현의 욕구 등을 가지고 있습니다. 이러한 기본적인 욕구들이 계속 무시될 때, 그것은 결국 다음의 세 가지 방식으로 표출됩니다.

첫째, 참았던 감정이 폭발하며 관계가 순식간에 악화됩니다. 둘째, 겉으로는 순응하는 척하면서 수동-공격적인 방식으로 불만을 표출합니다. 이는 관계에 부정적인 영향을 줍니다. 셋째, 더 이상 견디지 못하고 그 관계에서 완전히 멀어져버립니다. 결국 이 세 가지 방식 중 그 어떤 경우든 우리가 지키려 했던 관계는 약화됩니다.

이런 영향으로 죄의식형 자존감도둑은 겉으로는 관계를 중시하는 것처럼 보이지만, 실제로는 진정한 관계 형성을 방해합니다. 건강한 관계란 서로의 욕구를 인정하고 존중하는 것에서 시작합니다. 하지만 이 자존감도둑은 한 사람의 욕구만 중요하게 여기도록 만들고, 결과적으로 관계의 균형을 깨뜨려 둘 다 불행하게 만듭니다.

더구나 이런 패턴은 한 관계에서 그치지 않고 다른 관계에도 영향을 미칩니다. 차츰 자신의 욕구를 표현하는 것에 죄의식을 느끼고, 모든 관계에서 타인의 기분과 욕구만을 살피는 습관을 갖게 됩니다. 이는 결국 삶 전체를 타인 중심적으로 만들어버리는 것이죠.

이처럼 자존감도둑은 유형에 따라 각각 다른 방식으로 우리를 위한다고 속이지만 결국 부정적인 영향을 미친다는 점에서는 동일합니다. 요구형 자존감도둑은 과도한 기준으로 우리를 지치게 하고, 처벌형 자존감도둑은 비난으로 우리를 움츠러들게 하며, 죄의식형 자존감도둑은 타인의 욕구만을 중시하게 만듭니다.

자존감도둑은 우리의 내면뿐 아니라 대인관계에도 영향을 줍니다. 내 안의 자존감도둑이 어떤 특성을 가지고 있느냐에 따라, 우리는 타인과의 관계에서도 비슷한 패턴을 반복하게 되는 것입니다. 이제 자존감도둑이 우리의 대인관계에 어떤 영향을 미치는지 자세히 살펴보겠습니다.

자존감도둑이
대인관계에 미치는 영향

지금까지 자존감도둑이 우리 내면에 끼치는 영향에 대해 살펴보았습니다. 하지만 자존감도둑은 우리의 내면에만 머무르지 않고, 대인관계에 이르기까지 그 영향력을 확장합니다.

자존감도둑은 대인관계에서 다음의 두 가지 방식으로 나타납니다. 하나는 우리 자신이 타인의 자존감도둑 역할을 하는 방식이고, 다른 하나는 타인에게 자존감도둑을 이입해 그들 앞에서 위축되고 두려워하게 되는 방식입니다.

우리 자신이 타인의 처벌형 자존감도둑 역할을 할 때는 타인의 작은 실수도 참지 못하고 "너 때문에 이렇게 됐잖아"라며 책임을 전가합니다. 반대로 타인, 예를 들어 선생님이나 직장 상사를 처벌형 자존감도둑으로 볼 때는 그 사람 앞에만 서면 과도하게 위축되어 작은 실수에도 심한 비난을 받지나 않을까 불안해 합니다.

우리 자신이 타인의 요구형 자존감도둑이 될 때에는 "이 정도로는 부족해", "더 잘할 수 있을 텐데"라며 타인에게 끊임없이 높은 기준을 요구합니다. 반대로 타인을 요구형 자존감도둑으로 볼 때는 그 사람이 나에게 많은 것을 기대하고 요구할 것 같다는 생각에 불필요한 부담감과 압박감을 느낍니다.

우리 자신이 타인의 죄의식형 자존감도둑이 될 때에는 "네가 나를 생각한다면"이라는 말로 상대방을 조종하고, 반대로 타인을 죄의식형 자존감도둑으로 볼 때는 자신의 의견을 말하는 것만으로도 관계가 깨질 것 같은 두려움에 시달립니다.

대인관계에 있어 자신이 처한 상황이 실제인지 아니면 자존감도둑의 영향으로 덧씌워진 착오인지 알아보려면 주변 사람들의 반응을 살펴보는 것이 좋습니다. "네가 너무 두려워하는 것 같아", "그렇게까지 완벽할 필요는 없지", "네 입장도 중요해"와 같은 말을 듣는다면, 우리가 현실을 객관적으로 보지 못하고 있다는 신호일 수 있습니다.

이렇듯 자존감도둑은 내면에서 펼쳐지던 연극을 그 무대만 외부로 옮겨 상연하는 것처럼 대인관계에 깊은 영향을 미칩니다. 이러한 패턴을 인식하지 못한다면, 우리는 계속해서 같은 방식으로 행동할 수밖에 없고, 그 결과 자존감도둑의 영향 아래 대인관계 또한 변질될 수밖에 없을 것입니다.

내면의
지도

지금까지 우리는 자존감도둑이 우리의 내면과 대인관계에 어떤 영향을 미치는지 살펴보았습니다. 하지만 우리 마음 안에는 자존감도둑만 있는 것이 아닙니다. 우리의 내면에는 서로 다른 특성을 지닌 여러 부분들이 존재합니다. 그중 가장 중요한 두 부분이 상처받은 어린 나와 건강한 나입니다.

취약한 어린 나는 우리 안에 있는 가장 연약하고 순수한 부분입니다. 상처받고, 두려워하고, 슬퍼하고, 때로는 분노하기도 하는 어린아이와 같은 존재입니다. 자존감도둑의 공격에 직접적인 영향을 받는 이 부분은 보호와 위로가 필요한, 내면의 민감한 감정을 담고 있습니다. 자존감도둑의 공격에 무너져내리고 우울감과 불안에 시달린다면 그것은 바로 이 상처받은 어린 내가 느끼는 감정입니다.

하지만 우리 안에는 이런 상처받은 어린 나를 보호할 수 있는 건강한 나도 존재합니다. 성숙하고 합리적인 어른의 특성을 지니고 있으며 감정에 휘둘리지 않고 이성적으로 문제를 해결해 냅니다. 자신이 누구이고, 행복하기 위해 무엇이 필요한지 잘 알고 있으며, 자신을 충분히 돌보고 가치 있게 여길 줄 압니다.

건강한 나는 자존감도둑과는 완전히 다른 방식으로 우리를 대합니다. 자존감도둑이 우리를 비난하고 다그치는 것과 달리, 건강한 나는 합리적인 기대와 건설적인 피드백을 제공합니다. 우리의 욕구를 인정하고, 그것을 이루기 위해 노력하며, 편향되지 않은 현실적인 시각으로 세상을 바라봅니다. 그리고 그동안 상처받은 어린 나를 끌어안아주고 공허할 때 위로해주며, 감정을 분출하고 해소할 수 있게 도와주는 존재입니다.

다음의 체크리스트는 우리 안에 건강한 내가 얼마나 활성화되어 있는지 확인할 수 있는 도구입니다. 현재 자신의 내면에서 건강한 나를 찾기 어렵다고 느끼더라도 걱정하지 마세요. 지금이 책을 읽으며 변화를 모색하는 것 자체가 이미 건강한 나의움직임입니다. 이 체크리스트를 통해 현재 자신의 상태를 점검해보고, 책을 다 읽은 후에 다시 한번 체크해보세요. 그러면 건강한 내가 얼마나 성장했는지 확인할 수 있을 것입니다. 이런 주기적인 자기점검은 우리의 성장 과정을 되돌아보고 앞으로의방향을 설정하는 데 도움이 될 수 있습니다.

우리 내면에는 자존감도둑이 있고, 자존감도둑에게 상처받은 어린 내가 있으며, 그리고 바로 이 책을 읽고 있는 당신인 건강한 내가 있습니다. 건강한 나는 처음에는 작은 목소리로 시작하겠지만 자존감도둑의 존재를 인식하고 그에 대응하는 건강한 나의 힘을 키워나갈수록 점점 더 강해질 것입니다. 앞으로의 여정은 자존감도둑의 부당한 공격으로부터 취약한 어린 나를 보호하고, 궁극적으로는 자존감도둑과 맞서 싸울 수 있는 건강한 나의 힘을 키우는 방법, 내면의 지도를 바꾸는 과정이 될 것입니다.

내면의 지도

내면의 나는 얼마나 건강한 상태인지, 다음의 질문과 함께 체크해봅시다.

☐ 나는 감정에 휘둘리지 않고 이성적으로 문제를 해결할 수 있다.

☐ 나는 내가 누구인지 그리고 행복하기 위해 필요한 것이 무엇인지 잘 알고 있다.

☐ 나는 스스로를 돌볼 수 있다.

☐ 나는 내가 좋은 사람이라고 생각한다.

☐ 나는 나에게 필요한 것을 다른 사람에게 적절히 주장할 수 있다.

이렇게 1부에서는 자존감도둑에 대해 깊이 들여다보았습니다. 자존감도둑이 어떻게 형성되고, 내면과 대인관계에 어떤 영향을 미치는지 알아보았습니다. 또한 우리 마음속에 자존감도둑뿐만 아니라, 보호받아야 할 취약한 어린 나와 우리를 지켜줄 수 있는 건강한 내가 존재한다는 것도 발견했습니다.

이제 2부에서는 이러한 이해를 바탕으로, 어떻게 자존감도둑의 영향력에서 벗어날 수 있는지 실제적인 방법을 알아보려 합니다. 우리는 내 안에 자존감도둑을 인식하고 논리적·감정적으로 공격할 것입니다. 이제 실제적인 변화를 만들어갈 시간입니다.

2부

자존감도둑 몰아내기

4장

자존감도둑,
인식하기

자존감도둑은
내가 아니다

　지금까지 자존감도둑의 정체와 그들이 우리 안에 어떻게 자리 잡고 영향을 끼치는지 살펴보았습니다. 우리 몸이 바이러스에 맞서기 위해 면역체계를 가동하듯이, 자존감도둑과 싸우기 위해서는 그들을 정확히 식별하고 대항할 수 있는 정신적 면역체계가 필요합니다.

　자존감도둑은 대체로 어린 시절부터 오랜 시간 우리 마음속에 존재해왔습니다. 그들이 하는 말은 우리의 진정한 생각들 사이에 깊숙이 자리 잡고 있고, 우리 머릿속에서 떠오르는 생각의 형태로 나타납니다. 때문에 이들에게서 이질감을 느끼기 어렵습니다. 마치 바이러스가 우리 몸에 침투해 건강한 세포를 감염시키듯, 외부에서 들어온 부정적인 평가와 비난의 말이 내면화되어 자존감도둑을 형성합니다. 이 자존감도둑은 우리가 원래 가지고 있던 자아상과 자존감을 변형시킵니다.

우리가 자존감도둑의 영향을 받는 이유는 자존감도둑의 말을 내 생각이라고 착각하기 때문입니다. 내 생각은 진실처럼 느껴지기에 여기에 의문을 제기하기란 쉽지 않습니다. 자존감도둑과 나를 구분하지 못한 상태에서는 자존감도둑을 공격하는 것이 마치 나를 공격하는 것처럼 느껴지기도 합니다. 또한 자존감도둑의 말과 진짜 내 생각을 구분하지 못한 채 싸우다 보면 나 자신까지도 공격하게 될 수 있습니다.

우리의 면역체계가 바이러스를 식별하고 항체를 생성하여 대항하듯이, 우리의 마음도 자존감도둑과 맞서 싸우기 위해서는 먼저 그것을 정확히 알아차려야 합니다. 그렇기에 첫 단계는 자존감도둑의 말과 진짜 내 생각을 구분하는 것에서부터 시작합니다.

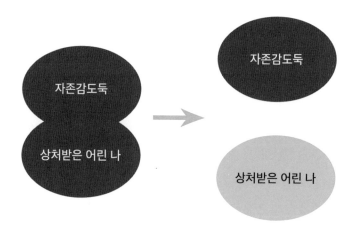

자존감도둑이 담긴 신념저장소

영화 〈인사이드 아웃 2〉에는 우리의 마음속에 있는 '신념저장소'라는 특별한 공간이 나옵니다. 이는 단순한 상상이나 비유가 아닙니다. 실제로 심리학에서는 경험이 신념이 되고, 이러한 신념이 모여서 자신에 대한 이미지, 자아상을 형성한다고 설명합니다. 영화는 이 복잡한 심리학적 개념을 아름답게 시각화했습니다.

신념저장소는 우리가 살면서 겪는 모든 중요한 경험이 저장되는 곳입니다. 또한 이곳은 단순히 경험을 보관하는 창고에 그치지 않습니다. 여러 경험이 쌓여 그로부터 신념이 나오며, 신념이 모여 '나는 누구인가?', '나는 어떤 사람인가?'에 대한 답, 즉 자아상을 형성합니다.

우리는 세상에 태어날 때 아무것도 담기지 않은 빈 신념저장소를 가지고 있었습니다. 시간이 흐르면서 사랑과 인정, 성취의 경험은 반짝이는 황금빛 구슬이 되어 이곳으로 모여들고, '나는 할 수 있어'와 같은 긍정적 신념을 형성합니다. 반면 비난과 부정적 평가, 상처의 경험은 어둡고 무거운 구슬이 되어 신념저장소로 모여들고 '난 부족해'와 같은 부정적 신념을 만듭니다. 자존감도둑은 바로 이런 부정적 신념의 집합체입니다.

우리는 흔히 신념저장소에 담긴 모든 구슬들을 '나'라고 생각합니다. 하지만 잠시 생각해봅시다. 당신이 태어났을 때부터 지금까지 변함없이 존재하는 것은 무엇일까요? 신념저장소에 담긴 경험들일까요, 아니면 그것들을 담고 있는 신념저장소 그 자체일까요?

신념저장소는 자존감도둑이 생기기 전부터 존재했고, 그것이 생긴 이후에도 여전히 그대로 있습니다. 신념저장소에 저장된 부정적 신념들이 우리의 전부가 아닌 것처럼, 자존감도둑도 우리의 진정한 모습이 아닙니다. 우리 안에는 그저 모든 경험이 담길 뿐입니다. 신념저장소에 어떤 구슬이 담기든 신념저장소 자체는 그대로인 것처럼, 우리의 본질적인 모습도 자존감도둑과는 별개로 고유하게 존재합니다. 따라서 자존감도둑은 절대 '나' 자체가 아닙니다. 내가 겪은 경험의 일부에서 나온 신념일 뿐입니다.

신념저장소를 들여다보는 힘, 메타인지

우리는 어떻게 신념저장소 속 다양한 구슬들을 구분하고 이해할 수 있을까요? 이를 위해서는 **메타인지**라는 능력이 필요합니다. 메타인지란 자신의 생각을 관찰하고 판단하는 능력을 말합니다. 마치 신념저장소를 들여다보며 반짝이는 황금빛 구슬과 어두운 구슬을 구분하듯이, 메타인지는 우리가 떠올린 생각이 자존감도둑의 목소리인지 아닌지를 구분하게 해줍니다.

예를 들어, 우리 마음속에 '난 제대로 하는게 하나도 없어'라는 생각이 떠올랐다고 합시다. 이때 메타인지는 '아, 지금 내 안에서 나를 비난하는 생각이 드는구나' 하고 알아차릴 수 있게 해줍니다. 물론 처음부터 이런 구분을 해내기란 쉽지 않을 수 있습니다. 하지만 괜찮습니다. 운동을 계속하면 근력이 강화되듯이 메타인지도 연습을 통해 점점 강화됩니다.

우리가 앞으로 다룰 대상은 진짜 내가 아닙니다. 그저 나를 비난하고, 나에게 끊임없이 요구하며, 내 정당한 욕구의 표현에도 죄의식을 갖게 하는 자존감도둑일 뿐이죠. 나에게서 비롯된 생각이라면 나에게 도움이 되어야 합니다. 그러나 자존감도둑이 하는 말은 3장에서 살펴본 것처럼 나에게 도움이 되는 듯하지만 실제로는 내 자존감을 깎아먹고, 일을 망치며, 대인관계를 실패로 이끕니다.

이제부터 우리는 단계별로 자존감도둑을 인식하고 다루는 방법을 배워볼 것입니다. 먼저 우리 안의 자존감도둑이 구체적으로 어떤 모습을 하고 있는지, 어떤 말을 하는지 알아보겠습니다.

1단계:
내 감정 모니터링하기

우리는 보통 부정적인 감정이 들면 '기분이 나쁘다' 정도로 인식하고 지나갑니다. 하지만 자존감도둑을 인식하려면 내 감정을 좀 더 세밀하게 들여다볼 필요가 있습니다. 마치 의사가 진단을 위해 환자의 증상을 자세히 묻듯, 우리도 자존감도둑을 찾기 위해 감정이라는 실마리를 찬찬히 살펴봐야 합니다.

자존감도둑은 각자의 특징적인 감정 패턴을 가지고 있습니다. 요구형 자존감도둑이 활동할 때는 가슴이 답답하고 숨이 막히는 듯한 압박감이 찾아옵니다. 어깨와 목에 힘이 들어가는 긴장감도 느껴집니다. '해내야 한다'는 조급함과 초조함, 시간이 부족하다는 느낌에 시달립니다. 지영 씨는 이를 이렇게 표현했습니다.

"시험 준비를 하면 항상 가슴이 답답했어요. 내가 정한 목표량을 채우지 못하면 그날은 잠도 제대로 못 잤죠. 나중에 보니 그건 요구형 자존감도둑이 저에게 쉴 틈을 주지 않았던 거였어요."

처벌형 자존감도둑이 나타날 때는 조금 다른 감정들이 찾아옵니다. 움츠러드는 듯한 위축감, 자신이 작아지는 듯한 느낌, 사라지고 싶은 수치감이 대표적입니다. 때로는 내 존재 자체가 잘못된 것 같은 무가치감까지 느끼게 됩니다. 윤호 씨는 이런 순간을 이렇게 회상했습니다.

"실수를 하면 온몸에 힘이 빠지면서 아무것도 할 수 없는 상태가 되었어요. 머릿속에서는 계속 '너는 왜 이것밖에 못 하니?'라는 말이 맴돌았어요."

한편 죄의식형 자존감도둑이 활성화되면 가슴 한구석에 묵직한 죄책감이 자리 잡습니다. 나 때문에 다른 사람이 힘들어질 것 같은 불안, 내 욕구를 표현하는 것에 대한 불편함, 다른 사람을 실망시키는 데 대한 두려움이 밀려옵니다. 은지 씨는 이런 경험을 했습니다.

"승진 제안을 받았을 때 기쁨보다 죄책감이 먼저 들었어요. 내가 승진하면 다른 동료들은 어떻게 느낄까, 나 때문에 기분 나쁘지 않을까 하는 생각에 며칠을 끙끙 앓았어요."

이제 앞서 해보았던 자존감도둑 자가진단 설문지와 그 전의 내용들을 바탕으로 자신에게 제일 강한 영향을 '줄 것 같은' 자존감도둑이 무엇인지 생각해봅시다. 그리고 '실제로' 자신에게 제일 강한 영향력을 미치는 자존감도둑은 어떤 유형인지 살펴봅시다. 혹시 내 안에 자존감도둑이 있는 것 같긴 한데 막상 어떤 감정인지는 잘 모르겠나요? 너무 걱정할 필요는 없습니다. 오랫동안 감정을 억누르며 살아왔다면 이 역시 자연스러운 현상입니다. 특히 죄의식형 자존감도둑이 있는 경우에는 자신의 감정을 억압하는 경향이 강해 알아차리기가 더욱 힘들 수 있습니다.

만약 감정이 잘 느껴지지 않는다면 신체 감각에 집중하는 방법이 유용합니다. 감정이란 단순히 우리 안에 이미 존재하는 것이 아니라, 우리 몸의 감각과 그에 대한 뇌의 해석이 만나 만들어지는 것입니다. 예를 들어 '불안'이라는 감정은 가슴이 두근거리고, 손바닥에 땀이 나고, 목이 마르는 등의 신체 감각을 뇌가 '위험' 또는 '불확실함'이라고 해석하면서 만들어집니다.

이런 신체 감각은 신호등과 같습니다. 빨간불이 위험을 알리듯, 신체 감각도 우리에게 무언가를 알려주려 하는 것이죠. 따라서 신체 감각을 먼저 파악하고, 이 감각이 어떤 감정과 연결되어 있는지 추측해보세요. 그리고 그때 드는 생각을 파악해 자신에게 영향을 끼치는 자존감도둑이 무엇인지 파악해봅니다. 이를 위해 휴대폰 메모장이나 작은 수첩에 아래와 같은 간단한 틀을 만들어둡니다.

1. 날짜/시간

2. 상황

3. 신체 감각

4. 감정

5. 떠오른 생각

이렇게 간단한 틀만으로도 충분합니다. 감정이나 생각은 구름처럼 빠르게 지나가버리기 때문에, 시간이 흐르면 잘 떠오르지 않습니다. 처음에는 어색하고 귀찮을 수 있지만, 이렇게 기록한 내용은 자존감도둑의 유형을 파악하는 데 중요한 단서가 된다는 사실을 기억하세요.

감정과 신체 감각에 대한 참고표와 작성 예시는 다음의 표에서 확인해보기 바랍니다. 이제 어느 정도 자존감도둑의 존재를 감지할 수 있게 되었다면, 다음 단계로 넘어가 이 감정들 속에 숨어 있는 자존감도둑의 구체적인 메시지를 포착해보겠습니다.

몸의 감각으로는 이런 것들을 적을 수 있습니다.

신체 부위	주요 감각	
머리/얼굴	• 두통 • 관자놀이 욱신거림 • 얼굴 화끈거림	• 머리가 멍함 • 시선 처짐/회피
목/어깨	• 목 뻣뻣함 • 어깨 긴장/굳음 • 목에 덩어리가 걸린 느낌	• 목마름 • 어깨 처짐
가슴/호흡	• 가슴 답답함/조임 • 심장 두근거림 • 호흡 가빠짐	• 깊은 호흡 어려움 • 가슴 묵직함
위장/소화	• 배 뒤틀림 • 메스꺼움 • 소화불량	• 식욕 저하 • 속 쓰림
손발/사지	• 손발 차가움 • 손바닥 땀 • 다리 힘빠짐	• 근육 긴장 • 전신 무기력

각 유형별 자존감도둑이 불러일으키는 감정은 다음과 같습니다.

자존감도둑의 유형	주로 느끼는 감정		
요구형	• 불안감 • 초조함	• 답답함 • 긴장감	• 조급함
처벌형	• 부끄러움 • 수치심	• 무가치감 • 두려움	• 위축감
죄의식형	• 죄책감 • 미안함	• 우울감 • 무력감	• 괴로움

자존감도둑 관찰일지는 다음과 같이 적어볼 수 있습니다.

예시 1

날짜/시간	5월 27일 오전 11시
상황	발표 수업 전날 밤
신체 감각	어깨 긴장, 손발 떨림, 속이 메슥거림
감정	불안, 조급함
떠오른 생각	"더 완벽하게 준비했어야 해. 이 정도로는 절대 안 돼."

예시 2

날짜/시간	7월 15일 오후 3시
상황	업무 메일을 보내던 중 첨부파일을 잘못 넣어 다시 보내야 했을 때
신체 감각	얼굴이 화끈거림, 가슴이 답답함, 손바닥 땀
감정	부끄러움, 수치심
떠오른 생각	'난 왜 이런 실수를 하지? 발송 전에 첨부파일을 확인하지 않았다니. 메일 받은 사람이 날 얼마나 무능하다고 생각할까?'

예시 3

날짜/시간	11월 20일 오후 7시
상황	친구들이 놀자고 했지만 시험공부를 해야 할 때
신체 감각	가슴이 묵직함, 배가 불편함
감정	죄책감, 미안함
떠오른 생각	"나만 공부한다고 안 나가면 친구들이 내가 이기적이라며 서운해하겠지?"

2단계:
떠오른 생각 그대로 적기

이번 단계에서는 검체를 현미경에 놓고 검사하듯 자신의 생각을 글로 적어보겠습니다. 우리가 느끼는 답답함, 수치심, 죄책감 같은 감정은 지금 자존감도둑이 활동하고 있다는 신호입니다. 이 감정들을 실마리로 진짜 나 자신의 생각과 섞여 있는 자존감도둑의 메시지를 객관적으로 관찰해보겠습니다.

이 작업을 위해 우선 방해받지 않는 30분 정도의 시간이 필요합니다. 그리고 노트나 메모장 등 편하게 쓸 수 있는 도구를 준비해주세요. 아날로그 방식을 선호한다면 수첩이나 공책을, 디지털 기기에 더 익숙하다면 휴대폰이나 컴퓨터의 메모 앱을 사용해도 좋습니다.

글쓰기를 시작하기 전 몸과 마음의 준비를 합니다. 편안한 자세로 의자에 앉아 양발이 바닥에 닿는 느낌을 천천히 느껴봅니다. 의자 등받이가 내 등을 지지해주는 감각도 충분히 느껴줍니다. 그리고 호흡을 깊게 세 번, 천천히 합니다. 그리고 이때의 안정감 있는 신체 감각을 기억해둡니다. 나중에 글을 쓰다 불안해지거나 힘들어지면 이 감각으로 돌아와야 하니까요.

이제 이전 단계에서 기록했던 관찰일지 중 하나를 고릅니다. 당시의 상황을 머릿속에 영화처럼 띄운 후 그때 느꼈던 신체 감각과 감정을 다시 한번 떠올려봅니다.

그때의 상황이 어느 정도 떠올랐다면, 본격적으로 떠오르는 생각을 써봅니다. 머릿속에 떠오르는 그대로, 아무 필터링 없이 적습니다. "이 정도로는 부족해". "넌 왜 이것도 못 하니?", "다른 사람들에게 피해를 주는 건 아닐까?" 등등 마음속에서 들리는 부정적인 말을 있는 그대로 옮겨 적습니다. 이 기록은 온전히 나만을 위한 것이니, 나중에 찢어버리거나 삭제할 수 있습니다. 그러니 편안한 마음으로 적어봅니다.

아직은 이 말들이 어떤 자존감도둑에서 나온 것인지 구분하려 하지 마세요. 그저 떠오르는 생각을 날것 그대로 기록하는 작업에 집중합니다. 다음 단계에서 이 생각들을 하나하나 살펴보며 각각 어떤 자존감도둑이 내는 목소리인지 분석할 것입니다.

때로는 이런 부정적인 생각들을 마주하는 자체가 불편하고 두려울 수 있습니다. 하지만 이 역시 치료로 나아가는 과정임을 기억합시다. 자존감도둑의 목소리를 정확히 포착해야 그것에 맞서 싸울 수 있습니다.

만약 생각을 떠올려보는 과정이 노력해도 잘 되지 않는다면 자신을 들여다보는 일 자체에 아직 익숙하지 않아서일 수도 있습니다. 그럴 때에는 간단한 문장으로 시작해봅니다. 중요한 것은 꾸준한 시도입니다. 자신을 돌아보는 것이 어렵다면 매일 시간이 날 때마다 노트나 메모 앱에 자신의 생각이나 감정을 반복적으로 적어봅니다. 아침 일찍도 좋고, 하루를 마무리하는 저녁도 좋습니다. 일을 하는 중간중간 시간을 내 간단하게 한 문장씩 적어도 좋습니다. 그렇게 관찰하는 습관을 들이다 보면 조금씩 자신의 생각과 감정을 파악하는 힘이 생겨납니다. 그러한 능력이 곧 자존감도둑과 싸울 수 있는 기본 체력입니다.

이제 우리는 자존감도둑의 목소리를 글로 옮겨 객관적으로 관찰할 준비가 되었습니다. 이제 이 기록들을 바탕으로 다음 단계로 나아가 자존감도둑의 말을 더 자세히 분석해보겠습니다.

3단계:
나의 글 분석하기

이제 2단계에서 기록한 글을 분석할 차례입니다. 이 작업을 통해 우리는 자존감도둑의 목소리를 더 선명하게 포착하고, 각각의 말들이 어떤 자존감도둑에게서 온 것인지 구분할 수 있습니다.

이제 본격적으로 시작해봅시다. 먼저 펜을 들고 자신이 쓴 글을 천천히 읽어가며 부정적인 생각이나 말에 밑줄을 긋습니다. 그리고 그 밑줄 그은 문장이 어떤 자존감도둑의 메시지인지 옆에 메모해둡니다. 처음에는 어려울 수 있지만, 각 자존감도둑은 그들만의 독특한 말투와 논리를 가지고 있어 곧 구분할 수 있게 됩니다. 다음에 소개하는 각 자존감도둑의 말하기 패턴을 참고하면 좀 더 수월하게 구분할 수 있습니다.

때로는 한 문장 안에 여러 자존감도둑의 목소리가 한데 섞여 있을 수 있습니다. 그럴 때에는 문장을 나누어 각각 다른 색으로 표시해봅니다. 중요한 것은 글 속에 담긴 자존감도둑의 메시지를 놓치지 않고 포착하는 것입니다. 어떤 자존감도둑이 가장 많이 등장하는지, 어떤 상황에서 특히 어떤 자존감도둑이 자주 나타나는지 살펴보면 좋습니다.

이 과정에서 자존감도둑이 내뱉는 부정적인 말을 마주하는 상황 자체가 힘들 수 있습니다. 거기에 적힌 글자의 내용이 진실이라고 느껴질 수도 있습니다. 하지만 기억하세요. 지금 보고 있는 것은 그저 글자일 뿐입니다. 종이 위의 잉크 혹은 화면 속의 픽셀, 그 이상도 이하도 아닙니다. 이것은 진실이 아닌, 자존감도둑이 만들어낸 이야기에 불과합니다. 우리는 지금 그저 관찰자의 눈으로, 객관적으로 이 말들을 바라보고 있을 뿐입니다. 이렇게 분석한 내용은 다음 단계에서 자존감도둑과 싸우기 위한 중요한 자료가 됩니다.

자존감도둑의 유형별 말하기 패턴

요구형 자존감도둑

1. "~해야만 한다", "반드시 ~해야 돼", "무조건 ~해내야 해" 등 강압적이고 절대적인 표현
2. "더 완벽하게", "이 정도로는 부족해", "제대로 하려면 더 해야지" 등 끊

임없는 기준 상향

③ "다른 사람들은 다 했는데", "남들은 벌써 끝냈을 텐데" 등 이상화된 타
인과의 비교

④ "시간이 없어", "빨리 해야 해", "늦으면 안 돼" 등 시간 압박 표현

⑤ "쉬면 안 돼", "계속 해야지", "멈추면 실패야" 등 휴식을 거부하는 표현

처벌형 자존감도둑

❶ "역시 넌 아무것도 제대로 못 하는구나", "또 실수야?" 등 일반화된 비난

❷ "한심하다", "쪽팔리네", "못났어" 등 인격 모독적 표현

❸ "이것도 못 하면서", "넌 평생 이럴 거야" 등 과도한 일반화

❹ "네가 잘하는 게 뭐가 있어?", "다 네 잘못이야" 등 전면적 부정과 책임
전가

❺ "이렇게 못하는 사람은 처음 봐", "누구나 다 할 수 있는 걸" 등 비교를
통한 비하

죄의식형 자존감도둑

❶ "너무 이기적인 거 아닐까?", "나만 좋으면 되는 거야?" 등 도덕적 단죄

❷ "다른 사람들이 힘들어할 텐데", "상처받으면 어떡하지?" 등 타인의 감
정에 대한 과도한 걱정

❸ "이래도 될까?", "미안해", "내가 잘못했나?" 등 과도한 자책과 불안

❹ "그냥 참자", "난 괜찮아", "내 것은 나중에" 등 자기욕구 부정

❺ "내가 조금만 희생하면 다른 사람들이 행복할 거야" 등 희생 강요

4단계:
자존감도둑의 출처 파악하기

앞서 2장에서 우리는 자존감도둑이 직접적 내재화, 간접적 내재화, 모델링, 그리고 어린 시절의 자기애적 해석을 통해 형성된다는 것을 배웠습니다. 이제 이 지식을 바탕으로, 자존감도둑이 어디서 왔는지, 그 뿌리를 찾아보려고 합니다. 자존감도둑의 출처를 알면 그들의 목소리가 왜 그토록 강력하게 들리는지, 그리고 그 말을 얼마나 신뢰해야 하는지 판단할 수 있게 됩니다.

이제 앞서 수집한 자존감도둑의 말들을 한번 읽어봅시다. 말투에는 그 사람이 묻어납니다. 말투를 잘 재현해낸 글을 읽으면 그 사람의 말소리가 들리는 듯한 착각에 빠지기도 합니다. 내 머릿속에 떠올랐던 자존감도둑의 목소리를 회상해봅니다. 그 말들에 집중하며 과거에 내게 이런 말을 했던 사람이 누구인지 떠올려봅니다. 부모님일 수도 있고, 친척일 수도 있습니다. 친구나 선배, 선생님일 수 있겠지요. 이 방법을 통해 그 말의 원래 주인을 바로 연상할 수 있습니다. 말 그대로 귀에 못이 막히듯이 그들의 말이 내 마음속으로 들어왔기 때문입니다.

명확한 대상이 떠오르지 않아도 괜찮습니다. 그것은 모델링이나 자기애적 해석과 같이 간접적인 방식으로 형성된 자존감도둑일 수 있습니다. 그럴 때는 언제부터 자존감도둑이 생겼는지, 그 시기를 중심으로 살펴보는 것이 좋습니다. 예를 들어 학창 시절부터인지, 직장에 들어가면서부터인지, 아니면 특정한 사건을 겪은 후부터인지 살펴봅니다.

이때 꼭 기억할 점은 이 작업의 목적은 과거를 탓하거나 누군가를 비난하기 위함이 아니라는 것입니다. 우리는 단지 현재 우리를 괴롭히는 생각들의 맥락을 이해하여 그것이 절대적인 진실이 아님을 깨닫고자 하는 것입니다. 자존감도둑의 출처를 알면 그들이 하는 말이 편향되어 있다는 사실을 알 수 있습니다. 결국 그 목소리는 정말 나에게서 비롯된 생각이 아니었다는 사실도 명확히 알 수 있습니다.

5단계:
자존감도둑의 메시지와
내 행동 연결하기

지금까지 내 생각과 섞여 있는 자존감도둑의 목소리를 감별하고, 그 목소리의 출처를 알아보았습니다. 이제는 이 자존감도둑들이 실제로 우리 삶에 어떤 영향을 미치는지, 그들의 말과 우리의 행동 사이에 존재하는 연결고리를 찾아볼 차례입니다.

대학생 수진 씨의 경우를 살펴봅시다. 마케팅 수업의 조별과제에서 의견도 내고 발표도 맡게 된 상황. 수진 씨는 나름대로 자료조사도 열심히 하고 준비했지만, 발표 순서가 다가올 때마다 자존감도둑의 목소리가 머릿속을 지배합니다.

"이 정도 준비로는 절대 안 돼. 실수하면 안 돼. 더 완벽하게 준비해야 해."

"다른 조들은 나보다 완성도가 높을 거야."

이런 자존감도둑의 말에 수진 씨는 발표 전날까지 밤을 새워가며 시장조사 자료를 뒤지고, PPT를 열 번도 넘게 수정합니다. 발표 직전에는 아직 부족하다는 생각에 긴장이 극대화됩니다. 심장이 마구 뛰고, 손이 떨리며, 입안이 바짝 마르는 등 극심한 신체 반응이 나타납니다. 결국 발표 때는 너무 긴장한 나머지 말이 꼬이고, 목소리가 점점 작아져 뒷자리 학생들이 알아듣지 못합니다. 질문이 들어왔을 때는 머릿속이 하얘져 평소에 알고 있던 내용도 제대로 답하지 못합니다.

이제 우리도 자신의 패턴을 찾아봅시다. 먼저 자존감도둑의 메시지가 특히 강하게 들리는 상황을 떠올려보세요. 그때 당신은 어떤 행동을 하게 되나요? 그리고 그 행동은 어떤 결과를 가져오나요? 이 일련의 과정을 마치 연극의 대본을 분석하듯 자세히 관찰해봅니다. 자존감도둑의 말 → 행동 → 결과로 이어지는 연결고리를 파악하다 보면, 자존감도둑이 어떻게 당신의 삶에 영향을 미치는지 그림이 그려질 것입니다.

이제 1단계에서 작성했던 관찰일지를 한 단계 발전시켜봅시다. 앞서 우리는 상황, 신체 감각, 감정을 기록했는데, 여기에 자존감도둑의 메시지와 그로 인한 내 행동 그리고 그 결과까지 추가합니다. 이렇게 하면 자존감도둑이 우리의 삶에 미치는 영향을 더 구체적으로 파악할 수 있습니다. 관찰일지에는 이렇게 적어봅니다.

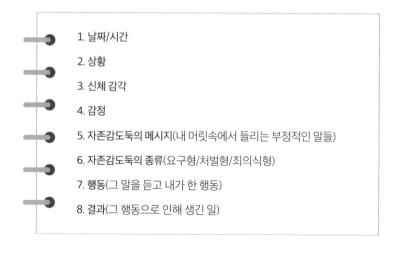

1. 날짜/시간

2. 상황

3. 신체 감각

4. 감정

5. 자존감도둑의 메시지(내 머릿속에서 들리는 부정적인 말들)

6. 자존감도둑의 종류(요구형/처벌형/죄의식형)

7. 행동(그 말을 듣고 내가 한 행동)

8. 결과(그 행동으로 인해 생긴 일)

아래는 앞서 소개한 수진 씨의 사례를 정리한 예입니다.

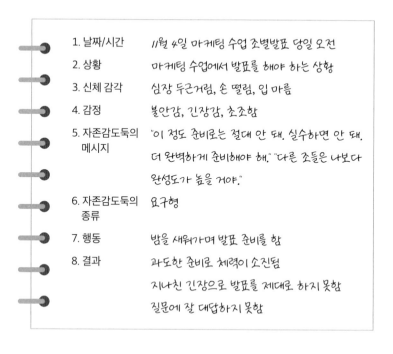

1. 날짜/시간	11월 4일 마케팅 수업 조별발표 당일 오전
2. 상황	마케팅 수업에서 발표를 해야 하는 상황
3. 신체 감각	심장 두근거림, 손 떨림, 입 마름
4. 감정	불안감, 긴장감, 초조함
5. 자존감도둑의 메시지	"이 정도 준비로는 절대 안 돼. 실수하면 안 돼. 더 완벽하게 준비해야 해." "다른 조들은 나보다 완성도가 높을 거야."
6. 자존감도둑의 종류	요구형
7. 행동	밤을 새워가며 발표 준비를 함
8. 결과	과도한 준비로 체력이 소진됨 지나친 긴장으로 발표를 제대로 하지 못함 질문에 잘 대답하지 못함

우리가 이러한 패턴을 정확히 파악할 수 있다면 그것이 곧 변화의 시작점입니다. 지금까지 우리는 자존감도둑의 정체를 파악하고, 그들의 목소리를 알아내며, 그들이 우리의 행동에 미치는 영향을 살펴보았습니다. 이제는 이 자존감도둑들과 본격적으로 맞설 차례입니다. 다음 장에서는 자존감도둑의 말이 과연 얼마나 합리적이고 타당한지, 논리적으로 따져보겠습니다.

자존감도둑,
논리적으로 공략하기

자존감도둑의 말에
휘둘리지 않으려면

앞 장에서 우리는 자존감도둑을 분명하게 인식해보았습니다. 자존감도둑의 말을 글로 쓰면서 분석하고, 자존감도둑의 출처를 파악하며, 어떻게 내 행동에 영향을 주는지도 알아보았습니다. 내 생각과 자존감도둑을 분명히 구분했으니 이제 본격적으로 자존감도둑과 싸울 수 있게 되었습니다. 이번 장은 이성의 힘으로 자존감도둑과 맞설 순서입니다.

우리의 인지 능력은 어린 시절부터 지속적으로 발달해왔습니다. 자존감도둑의 목소리는 대부분 이 어린 시절의 경험을 바탕으로 내면화됩니다. 그런데 어린 시절의 우리는 아직 성인처럼 상황을 객관적으로 판단하거나 다각도로 바라볼 수 있는 능력을 갖추고 있지 못합니다. 또한 주변 사람들이 하는 부정적인 말을 비판적으로 평가하지 못한 채 그대로 받아들일 수밖에 없었죠. 따라서 이 시기에 형성된 자존감도둑의 목소리는 왜곡된 현실 인식이나 무비판적으로 내재화된 외부의 부정적인 말들에 근거하고 있는 경우가 많습니다.

예를 들어 어린 시절 부모님이 이혼한 지은 씨의 경우, 부모님의 이혼에 지은 씨는 어느 정도 기여했을까요? 부모의 이혼은 부부, 두 사람의 문제입니다. 아이가 아무리 말을 안 듣는다고 해도 어린아이가 부모를 이혼하게 만들 수는 없습니다. 결혼도 두 성인이 결정하는 일인 것처럼 이혼도 마찬가지입니다. 그러나 지은 씨는 자신이 잘못해서, 내가 부족해서 부모님이 이혼하게 되었다고 생각합니다.

우리는 이렇게 어린 나이에 만들어진 왜곡된 믿음, 즉 자존감도둑의 말을 실재라고 여기며 나이가 듭니다. 오랜 시간 내 안에 있었던 자존감도둑이기에 자존감도둑이 하는 말의 근거에 대해서는 특별히 생각하지 않고 그 말을 계속 믿으며 살아갑니다.

지금부터 우리가 할 작업은 자존감도둑의 뿌리로 들어가 그가 하는 말의 근거를 해체하는 것입니다. 여기서 기억할 점은 자존감도둑은 절대 본인의 오류를 인정하지 않을 것이라는 점입니다. 자존감도둑은 우리의 말에 끝까지 변명을 둘러댈 것이고 반박할 것입니다. 하지만 걱정하지 않아도 됩니다. 우리의 목적은 자존감도둑이 자신의 잘못을 인정하게 하는 것이 아닙니다. 자존감도둑의 말이 허무맹랑하고 진실이 아니라는 것을 건강한 나와 취약한 어린 내가 알기만 하면 됩니다. 이 과정에서 우리는 건강한 나의 관점에서 취약한 어린 나를 설득하게 될 것입니다.

　내가 자존감도둑의 말을 의심할 수 있으면 자존감도둑의 말을 무시할 수 있고, 자존감도둑의 영향력도 곧 떨어집니다. 자존감도둑의 말을 편안하게 무시할 수 있을 때 우리의 자존감이 유지됩니다. 자신의 경험이나 성취를 자존감도둑에게 빼앗기지 않고 온전히 나에게 끌어올 수 있습니다.

　이번 장에서는 두 가지 방향에서 자존감도둑을 공략하는 법을 다루고자 합니다. 첫째는 자존감도둑의 출처(부모, 학교 등)에 따른 대처법, 둘째로 자존감도둑의 유형(요구형, 처벌형, 죄의식형)에 따른 대처법입니다. 이는 마치 질병을 치료할 때 발병 원인과 현재 증상 모두를 고려하는 것과 같습니다. 자존감도둑이 어디서 왔는지 아는 것은 지금 겪고 있는 심리적 문제의 근본 원인을 이해하는 데 필요하고, 이것이 현재 어떤 유형으로 나타나는지 아는 것은 구체적인 대처 전략을 세우는 데 도움을 줍니다.

부모로부터 온
자존감도둑

　부모와의 관계는 대인관계 중 가장 특별합니다. 주 양육자인 부모는 우리가 가장 미성숙했던 시기부터 성장하여 어른이 될 때까지 지대한 영향을 미칩니다. 그만큼 자존감도둑 형성에도 강력한 영향을 끼칩니다. 실제 상담 현장에서 자존감도둑의 형성에 부모와 같은 주 양육자의 영향이 가장 높은 비중을 차지하는 것을 볼 수 있습니다.

　그런데 부모가 자존감도둑 형성에 큰 영향을 미쳤다는 사실을 인식하면, 때로는 부모와 자존감도둑을 동일시하며 현재의 부모님께 분노를 표출해 새로운 상처가 생길 수도 있습니다. 혹은 자존감도둑과 맞서 싸우는 일이 마치 부모와 싸우는 것처럼 느껴져 불필요한 죄책감에 사로잡히고 자존감도둑에게 제대로 대항하지 못하는 경우도 있습니다. 그래서 자존감도둑과 본격적으로 맞서기 전 정확히 짚고 넘어가야 할 부분이 있습니다.

내면화된 자존감도둑은 부모가 아니다

정신건강의학과 의사는 수련 과정에서 정신분석, 인지행동치료 등 다양한 치료 기법에 대한 전문 지식을 쌓고 전문의 지도하에 환자 상담을 시작합니다. 제가 수련을 받던 전공의 시절에 상담에서 과거를 탐색하고 현재 증상의 원인을 찾아가는 과정 중 그 방향이 부모님을 탓하는 쪽으로 흘러가는 경우가 종종 있었습니다.

상담 후 부모와 다투고 죄책감에 시달리며 다시 우울해지는 경우를 본 적도 있습니다. 한편 부모로부터 과거의 일에 대한 사과를 받았음에도 불구하고 마음이 완전히 편해지지 않았다고 이야기하는 사례도 다수 접합니다.

저는 지속적인 수련과 임상 경험을 거치며 실제 부모님과 자존감도둑 사이에는 분명한 차이가 있다는 것을 깨달았습니다. 그 차이는 자존감도둑이 내면화되는 과정에서 나타납니다. 이 과정을 이해하려면 자존감도둑의 내면화에 있어 다음의 두 가지 주요 특징에 주목해야 합니다. 첫째, 우리는 경험을 선택적으로 **저장**하며 둘째, 그 저장된 경험은 우리 내면의 **주관적 해석**을 거친다는 점입니다.

자존감도둑은 마치 어린아이가 만든 다큐멘터리와 같습니다. 부모님과 나눈 수많은 경험들 속에서 우리는 특정 장면들에만 주목해 그것을 기억 속에 담아둡니다. 어린 감독의 시선으로 담긴 이 장면들은 때로는 현실과 다르게 해석·저장되었을 수 있습니다. 이 다큐멘터리는 당시 어린아이였던 우리가 이해할 수 있었던 내용을 바탕으로 편집된 것일 뿐, 객관적 진실이 아닐 수 있다는 점을 유의할 필요가 있습니다.

부모와의 관계는 특별하고 가까운 만큼이나 애증이라는 양가감정이 있는 경우가 많습니다. 부모의 양육 방식 중에는 우리에게 긍정적이었던 것도 있고 부정적이었던 것도 있습니다. 자존감도둑은 이 중 부정적인 측면만을 선택적으로 내면화한 것입니다. 또한 우리의 감정적 경험은 외부 현실을 있는 그대로 받아들이는 것이 아니라, 각자의 방식대로 해석하고 의미를 부여하는 과정을 거칩니다. 따라서 우리 마음속에 자리 잡은 자존감도둑은 이미 선택적 내면화와 해석이라는 필터를 거친 것이므로, 실제 부모의 모습과는 차이가 있을 수밖에 없습니다.

그러므로 자존감도둑과 싸운다고 해서 부모라는 존재 자체를 부정한다는 의미는 아닙니다. 우리는 단지 자신에게 해로운 영향을 미치는 부분들을 다루려는 것일 뿐입니다. 우리가 없애야 할 것은 이미 선택적으로 내면화되어버린 부정적 자기인식, 즉 자존감도둑입니다. 이는 실제 부모와는 별개의 것이므로, 자존감도둑을 공격한다고 해서 부모를 공격한다는 죄책감을 가질 필요는 없습니다.

자존감도둑의 형성에 영향을 준 것은 내 안에 들어와버린, 지금보다 젊은 부모님의 모습입니다. 현재의 부모님은 시간이 흘러 연령이 달라졌고 성향이 변화했을 수도 있습니다. 그렇기에 현재의 부모님이 내게 과거의 일에 대해 사과했다고 해도 자존감도둑이 여전히 남아 있을 수 있습니다. 내가 정말 사과받고 싶은 대상은 현재의 나이 드신 부모님이 아닌 내 기억 속에 저장된, 어린 나를 힘들게 했던 그 시절 부모님의 모습이기 때문입니다. 그 기억은 자존감도둑의 모습으로 남아 아직 우리 마음속에 있습니다.

물론 현재 부모와의 관계 개선 혹은 예전 일들에 대한 부모님의 사과가 자존감 회복에 도움이 될 수 있지만 반드시 필요한 것은 아닙니다. 우리의 진정한 치유는 내 안에 있는 자존감도둑과의 싸움에서 이루어지기 때문입니다. 실제 부모님의 변화나 사과가 없어도 자존감도둑의 목소리를 줄일 수 있다면 우리는 한결 편안해집니다. 여러 차례 상담을 통해 자존감도둑의 목소리를 줄인 서진 씨는 이렇게 말했습니다.

"지금도 부모님은 예전과 똑같으세요. 하지만 자존감도둑과 싸우면서 제 마음은 많이 나아졌어요. 부모님과는 별개로, 제 안의 부정적인 생각들이 줄어들면서 제 삶도 한결 편안해졌어요."

부모님을 현실적으로 바라본다는 것은 이제 이 대상을 입체적인 시각으로 바라본다는 의미입니다. '우리 부모님은 이런 부분은 좋았지만, 저런 부분은 좋지 않았다'라는 객관적 인지가 건강한 시각입니다. 누구나 어린 시절에는 부모로부터 애정과 인정을 받고 싶어 합니다. 이러한 욕구가 좌절되면 미움이라는 감정도 함께 생겨납니다. 흔히 말하는 '애증'이라는 표현처럼 부모님을 향한 마음은 단순히 좋고 싫음, 둘 중 어느 하나가 아닌 복합적인 감정들이 얽혀 있는 상태입니다. 이 뭉뚱그려진 감정의 실타래를 풀어 대상을 보다 객관화하는 과정이 자존감도둑을 인식하는 출발점입니다.

이해와 정당화는 다르다

"부모님도 힘들었는데 네가 이해해야지"라는 말을 곧잘 듣습니다. 이런 말을 들을 때면 부모님에 대한 불편한 감정을 억눌러야 하며 그런 감정을 느끼는 것조차 잘못이라는 생각이 듭니다. 자연스러운 감정인 분노마저 죄책감으로 바뀝니다.

물론 성인이 된 지금의 관점에서 과거를 돌아보고 부모님의 행동을 이해하려 노력하는 것은 필요한 과정입니다. 이를 통해 우리는 더 객관적인 시각으로 과거를 바라볼 수 있습니다. 특히 '내가 불완전하거나 사랑받을 자격이 없어서 좋지 않은 대우를 받았던 것'이라는 왜곡된 인식에서 벗어나, 당시의 상황과 맥락을 이해하고 자신을 향한 부정적인 인식에 대해 다시금 생각해볼 수 있습니다. 내가 부당한 대우를 받았던 이유가 나 자신의 어떤 측면보다는 외부의 상황 때문이라는 점도 인식할 수 있습니다.

하지만 이해가 곧 정당화를 의미하지는 않습니다. 어떤 행동의 이유를 **아는** 것과, 그 행동을 **긍정하는** 것은 전혀 다른 문제입니다. 부모님이 하신 행동에 그럴 만한 이유가 있었음을 안다는 것이 그 행동이 옳았다고 인정해야 한다는 의미는 아닙니다. 아무리 좋은 의도였다 해도 자녀에게 상처가 된 행동은 정당화될 수 없습니다.

이 지점에서 많은 사람들이 '용서'를 이야기합니다. 물론 용서는 우리의 마음을 편하게 해줍니다. 하지만 용서는 타인이 강요할 수 없습니다. 진정한 용서는 우리가 느낀 분노와 서운함을 충분히 표현하고, 그 감정을 충분히 다루어낸 후 자연스럽게 찾아옵니다. 지금 당장 용서하지 못한다고 해서 자책할 필요는 없습니다. 용서보다 더 중요한 것은 내 안의 자존감도둑이 내는 목소리를 줄여나가는 일입니다. 어쩌면 어서 용서하라라며 자신을 섣부르게 질책하는 말 자체가 자존감도둑의 무리한 요구일 수 있습니다.

상담을 통해 어릴 적 겪은 일을 최대한 객관적으로 바라보고 그때 느꼈던 서운함, 분노를 표출하고 나면 그 뒤에 가장 먼저 찾아오는 감정은 아쉬움입니다. 이는 안정된 환경에서 적절한 돌봄을 받지 못한 데 대한 상실감입니다. 이 상실감에서 오는 슬픔을 충분히 느끼고 표현하고 나면 비로소 과거를 과거로 남겨

둘 수 있습니다.

그다음에는 현재에 집중할 수 있습니다. 어린 시절 충족되지 못했던 욕구들을 현재의 삶에서 어떻게 채워나갈 수 있을지 고민할 힘도 생깁니다. 안정된 애착을 경험하지 못하면, 이제는 믿을 수 있는 사람들과 건강한 관계를 맺으며 그 욕구를 채워나갈 수 있습니다. 자율성이 억압되어 있었다면 이제는 스스로 목소리를 내며 자신을 자유롭게 표현하는 법을 배워나갈 수 있습니다. 이렇게 과거에 채우지 못했던 욕구들을 현재에서 충족시켜나가면서, 우리는 점차 안정감을 찾게 됩니다.

선택권이 없었기에 책임도 없다

부모로부터 "너 때문에 헤어지지 못한다", "아이 때문에 참고 산다"는 말을 듣는 경우가 있습니다. 더 심한 경우에는 "네가 태어나서 내 인생이 이렇게 됐다"라는 원망을 듣기도 합니다. 이런 말을 들은 아이는 부모의 불행이 자신 때문이라고 생각할 뿐만 아니라, 자신의 존재 자체를 부정당하는 깊은 상처를 받게 됩니다. 특히 자신을 이 세상에 태어나게 한 부모로부터 이런 말을 듣는 것은 존재의 근간을 뒤흔드는 심각한 정서적 폭력입니다.

우리는 태어나기 전 어떤 선택권도 없었습니다. 부모님의 의지로 임신이 이루어졌고, 우리는 그저 세상에 태어났을 뿐입니다. 죄책감이란 자신의 책임을 다하지 못했을 때 느끼는 감정입니다. 그렇다면 자신의 탄생에 어떤 선택권도 없었던 우리가 왜 책임감을 느껴야 할까요? 자녀의 탄생에 대한 모든 책임은 오히려 부모에게 있다고 해야 맞습니다.

그러므로 부모가 "아이 때문에 이혼하지 못한다"거나 "네가 태어나지 않았더라면 내 인생이 달라졌을 텐데"라고 말하는 것은 성인으로서 자신이 져야 할 책임을 무력한 자녀에게 전가하는 행동입니다. 이는 단순한 원망을 넘어선 정서적 가스라이팅입니다. 자녀의 존재 자체를 부정하고 문제의 원인으로 지목하는 것은 그 무엇으로도 정당화할 수 없는 폭력입니다.

물론 당시 부모님의 상황이 힘들었을 수 있습니다. 사회적 시선이나 현실적인 여건으로 인해 원치 않는 관계에서 벗어나기 어려웠을 것입니다. 당신들도 그 상황 속에서 고통받고 있었고, 뚜렷한 해결책을 찾지 못해 절망했을 수 있습니다. 하지만 그것이 자녀의 존재를 부정하거나 책임을 전가할 정당한 이유가 되지 못합니다.

이런 상황에서 우리는 이렇게 생각해볼 수 있습니다.

"내가 태어난 것은 부모님의 선택이었어. 그들의 관계가 어려워진 것은 성인인 두 사람의 문제이지, 선택권도 없었던 내 잘못이 아니야. 내 존재 자체는 그 누구도 부정할 수 없을 만큼 소중해. 나는 그들의 결정이나 불행을 책임질 필요가 없어."

학교로부터 온
자존감도둑

자존감도둑이 생기는 또 다른 원인 중 하나는 학창 시절의 부정적인 경험입니다. 이것이 내면에 깊은 상처를 남기며 자존감도둑으로 자리 잡는 과정을 살펴보고 이를 어떻게 다뤄야 할지 알아보겠습니다.

사춘기, 자존감도둑이 새겨지기 쉬운 시기

초등학교 고학년부터 시작되는 사춘기 시기는 자아정체성 형성에 있어 매우 중요한 시기입니다. 이 시기 아이들은 부모로부터 심리적 독립을 시도하면서 자연스럽게 또래 관계에 몰입합니다. 또래집단은 비슷한 경험과 고민을 공유할 수 있는 새로운 지지체계가 되어줍니다. 또래집단과의 상호작용을 통해 자신의 정체성을 형성해가는 이 시기에는, 부모님의 칭찬이나 격려보다 친구들의 한마디가 더 큰 영향을 미치기도 합니다. 그만큼 대인관계에 대한 민감도가 급격히 상승하는 시기입니다.

성인이 되어 경험하는 대인관계의 상처는 미성년 시기에 비해 상대적으로 그리 깊이 남지 않습니다. 하지만 사춘기 때는 다릅니다. 아직 굳지 않은 시멘트에 찍히는 발자국처럼 작은 상처도 깊이 새겨질 수 있죠.

학교에서 받은 상처는 주로 두 가지 방식을 거쳐 자존감도둑이 됩니다. 하나는 급우들의 직접적인 비난이나 괴롭힘의 말이 반복되며 내면화되는 경우입니다. 예를 들어 진료실에서 만난 민수 씨는 중학교 때 "넌 답답해"라는 말을 자주 들었는데, 성인이 된 지금도 일을 할 때마다 '나는 답답한 사람이야'라는 생각이 자동적으로 떠오른다고 합니다.

다른 하나는 친구 관계에서 실패나 단절을 경험한 경우입니다. 친했던 친구가 갑자기 연락을 끊거나 내가 먼저 다가갔을 때 거절받는 경험을 하면, 아이는 그 이유를 '내가 사회성이 부족해서', '내가 매력이 없어서'와 같이 자신에게서 찾는 경향이 있습니다.

이렇게 형성된 자존감도둑은 현재의 경험마저도 왜곡합니다. 진료실에서 만난 지은 씨의 경우가 대표적입니다. 직장에서 팀장님이 "이 부분 다시 한번 검토해보세요"라고 했을 뿐인데 학창 시절 형성된 자존감도둑이 "역시 너는 무능력해. 늘 이런 식이었잖아"라고 속삭이며 과도한 자책과 불안을 일으킵니다. 이처럼 사춘기 시기에 형성된 자존감도둑은 오랫동안 우리 마음속에 남아 현재의 삶에도 영향을 미칩니다.

따돌림의 다양한 원인

따돌림은 겉으로 보기에는 단순히 또래 간 갈등 혹은 개인의 성격 차이로 발생하는 것처럼 보입니다. 하지만 실제로는 훨씬 더 복잡한 집단 역학이 작동합니다. 청소년기의 또래집단은 아직 자신들의 정체성을 확립하지 못해 '우리'와 '다른' 누군가를 배제하며 정체성을 형성합니다. '우리는 공부 잘하는 애들이야', '우리는 잘 노는 애들이야'라고 하면서 그렇지 않은 친구들을 배제하는 식입니다.

이러한 따돌림의 메커니즘은 진료실에서 만난 서연 씨의 사례에서 잘 드러납니다. 서연 씨는 중학교 시절 겪은 따돌림의 경험을 이렇게 회상했습니다.

"제가 조용하고 소극적이어서 따돌림을 당했던 것 같아요. 지금 생각해보면 저는 정말 매력 없는 아이였어요."

하지만 서연 씨의 이야기를 들어보니 따돌림의 시작은 매우 우연한 계기였습니다. 전학 온 첫날, 긴장한 나머지 자기소개를 제대로 하지 못했고, 그 모습을 본 몇몇 아이들이 놀리기 시작했습니다. 그후 서연 씨는 점점 더 위축되었고, 그런 모습이 다시 놀림의 대상이 되는 악순환이 이어졌습니다.

따돌림에는 다양한 환경적 요인들이 작용합니다. 교사가 학급 내 따돌림을 어떻게 다루는지, 학교의 생활지도 정책은 어떠한지, 전반적인 학급 분위기가 어떠한지 등 많은 것이 함께 영향을 미칩니다. 같은 성격의 학생이라도 어떤 학급에서는 잘 어울려 지내지만, 다른 학급에서는 따돌림을 당할 수 있는 것도 이 때문입니다. 이는 마치 같은 씨앗이라도 어떤 토양에 심느냐에 따라 다르게 자라는 것과 같습니다.

그럼에도 많은 내담자들이 따돌림의 원인을 자신에게서 찾으려 하는데, 여기에는 중요한 심리적 이유가 있습니다. 바로 **통제감**을 얻기 위해서입니다. 만약 내가 부족해서 따돌림을 당했다고 생각하면, 그 부족한 부분을 개선해 문제를 해결할 수 있으리라는 희망을 가질 수 있습니다. 하지만 이것이 오히려 자신에 대한 전방위적인 부정으로 이어질 수도 있습니다. '나는 그냥 다 문제인 것 같아'와 같은 결론에 도달하는 식으로요.

사실 따돌림은 누구에게나 일어날 수 있는 일입니다. 그것은 피해자의 성격이나 외모, 능력의 문제가 아닙니다. 교통사고가 운전자의 성격 때문이 아닌 여러 환경적 요인들이 복합적으로 작용해 발생하는 것처럼, 따돌림 역시 복잡한 사회적 맥락 속에서 발생하는 현상입니다. 말수가 적다거나 집안이 불우하다고 해서 그것이 따돌림이나 괴롭힘의 정당한 이유가 될 수는 없습니다.

집단 따돌림이 없더라도 친한 친구가 갑자기 등을 돌려 상처를 받는 경우도 있습니다. 상대방이 그 이유를 말해주지 않는 경우에는 상처가 나에 대한 전방위적인 공격이 되는, 자기의심 상태에 빠져 내상이 더 깊어지기도 합니다.

하지만 사춘기 때에는 내게 정말 큰 결함이 없더라도 아주 단순하고 우연하게 관계의 단절을 겪을 수 있습니다. 사춘기는 매년, 매달 정체성이 바뀌는 역동적인 시기입니다. 나의 취향, 생각하는 방식, 가치관이 변화하며 마찬가지로 친구의 정체성도 지속적으로 변화합니다. 처음 친해졌을 때는 서로 잘 맞았는데, 성장하면서 각자 다른 방향으로 발달하다 보니 자연스럽게 관계가 소원해지기도 합니다. 그래서 어제의 친구가 오늘은 아닐 수도 있습니다. 그렇기에 갑작스럽게 친구 관계에 단절이 오더라도 그것을 반드시 자신의 잘못으로 연결지어 생각할 필요는 없습니다. 그저 서로 다른 방향으로 성장해가는 과정에서 생기는 자연스러운 변화일 수 있으니까요.

따돌림은 어떤 이유로도 정당화할 수 없다

이제 학교에서 온 자존감도둑을 어떻게 다루어야 할지 살펴보겠습니다. 가장 중요한 원칙은 '따돌림은 어떤 이유로도 정당화할 수 없다'는 것입니다. 많은 내담자들이 '내가 더 적극적으로 행동했더라면', '내가 더 친근하게 다가갔더라면', '내가 더 재미있는 사람이었더라면' 하며 자신의 부족함을 후회합니다. 하지만 이것은 자존감도둑의 왜곡된 해석일 뿐입니다.

학교에서 온 자존감도둑과 싸울 때는 이렇게 말해보세요.

"내가 겪은 따돌림이나 괴롭힘은 결코 내 잘못이 아니야. 살인이 피해자의 잘못이 아닌 것처럼, 따돌림도 피해자의 잘못이 아니야. 그때 내가 부족했던 게 아니라, 그런 폭력을 저지른 가해자들이 잘못한 거야. 나는 그저 평범한 아이였고, 지금도 충분히 괜찮은 사람이야."

진료실에서 만난 지연 씨는 자존감도둑과 싸우며 점차 다른 시각을 갖게 되었습니다.

"사실 저는 그저 평범한 아이였을 뿐이에요. 내성적이고 조용한 게 잘못은 아니잖아요? 그때 반 분위기가 달랐다면, 선생님이 좀 더 적극적으로 개입해주셨다면 많은 것이 달라졌을 것 같아요."

이처럼 따돌림을 개인의 문제가 아닌 환경적·구조적 문제로 인식하면서 지연 씨는 자신을 더 객관적으로 바라볼 수 있게 되었습니다.

만약 나를 괴롭힌 아이들이 했던 말이 자존감도둑이 주로 하는 말이라면 이때 반박의 대원칙은 다음과 같습니다.

"내 성격, 외모를 이유로 따돌린다는 것은 나쁜 행동이야. 너희들의 행동은 결코 정당화될 수 없어."

"그 어떤 이유로도 살인을 정당화할 수 없는 것처럼, 너희들이 내게 했던 행동은 그 어떤 이유로도 정당화될 수 없어."

"백번 양보해서 과거의 일에 내 잘못이 있다고 쳐도 절대 너희들 잘못보다 많을 수는 없어."

더불어 과거의 일에 대해서도 새로운 시각을 가질 필요가 있습니다. 만약 성인이 되고 나서도 반복되는 대인관계의 패턴이 있다면 그것은 살펴볼 필요가 있지만, 학창 시절에만 있었던 대인관계의 문제들은 성장하는 과도기에 있었던 일 정도로 생각할 수 있습니다.

모든 것이 내 잘못이라고 말하는 사람들

진료를 하며 만나는 사람들은 대부분 자신에게 큰 결함이 있고, 성격적인 문제가 있다는 생각에 내원합니다. "제가 원래 이런 사람이라서…", "제 성격에 문제가 있나 봐요…"라며 말을 시작하는 분들이 많습니다. 하지만 이야기를 모두 들어보아도 대체 그분들의 문제가 무엇인지 짐작할 수 없는 경우가 상당히 많습니다.

그럴 때에는 더 정확하게 질문을 던져 자신의 어떤 부분이 잘못이라고 생각하는지 찾아냅니다. 그리고 그 질문을 다시 한 번 내담자에게 되돌려 묻습니다. 마치 거울을 보듯이 자신의 생각을 객관적으로 바라볼 수 있게 하는 것입니다.

"그래서 지민 씨는 자신이 안 좋은 표정을 지어서 따돌림이 시작된 것 같다고 하는 건가요?"

"친구가 갑자기 연락을 끊은 것이 민우 씨의 성격 때문이라고 생각하나요?"

"혹시 그때 다르게 행동했다면 모든 게 달라졌을 거라고 확신하나요?"

그렇게 자신이 한 말을 요약해 역으로 들어보면 내담자 스스로 보다 객관적인 입장에서 자신의 사고가 지닌 허점을 알아차릴 수 있습니다. 특히 "만약 당신의 가장 친한 친구가 따돌림을 당했다면, 그 친구에게도 '네 성격 때문에 그런 일이 생긴 거야'라고 말할 수 있나요?"라고 물으면, 많은 내담자들이 깜짝 놀라며 "아니요, 절대 그렇게 말할 수 없어요. 그건 친구의 잘못이 아니죠"라고 답합니다. 이처럼 타인의 입장이 되어 생각해보면, 자기 자신에게 얼마나 가혹한 잣대를 들이대고 있는지 깨닫게 됩니다.

많은 사람들이 과거의 상처를 돌아볼 때 유독 자신에게만 엄격한 잣대를 적용하는 경향이 있습니다. 타인에게는 이해와 공감을 쉽게 베풀지만 정작 자신에게는 인색한 것이죠. 하지만 친구가 힘들어할 때 우리가 다정하게 그들을 위로하고 지지하듯이, 과거의 나에게도 그래야 합니다. "그때의 나는 최선을 다했어", "그 상황에서는 누구라도 힘들었을 거야"라고 말해주어야 합니다. 자신을 그대로 이해하고 받아들이는 것이야말로 자존 감도둑이 우리의 마음속에서 설 자리를 잃게 만드는 가장 효과적인 방법입니다.

이처럼 학교에서 온 자존감도둑은 우리가 어린 시절에 겪은 상처에 뿌리를 두고 있으며 그 영향은 어른이 된 현재까지도 이어집니다. "넌 정말 형편없는 사람이야"라고 말하는 처벌형 자존감도둑, "모든 면에서 완벽해져야 다시는 이런 일이 일어나지 않을 거야"라고 채근하는 요구형 자존감도둑, "네 욕구는 이기적이야, 다른 사람들 생각부터 해야지"라고 속삭이는 죄의식형 자존감도둑. 이들 각각은 서로 다른 방식으로 우리의 자존감을 갉아 먹지만, 다행히도 각각의 자존감도둑을 논리적으로 공략할 수 있는 방법이 있습니다. 다음 장에서는 이 세 가지 유형의 자존감도둑을 어떻게 논리적으로 반박하고 다룰 수 있는지 구체적으로 살펴보겠습니다.

요구형 자존감도둑
공략하기

앞서 우리는 요구형 자존감도둑이 현실에 근거하지 않은 과도한 요구를 끝없이 한다는 것을 살펴보았습니다. 이러한 요구형 자존감도둑의 문제점을 극복하기 위해서는 그 허점을 체계적으로 파악하고 대응할 필요가 있습니다. 요구형 자존감도둑의 허점은 크게 다음의 두 가지 차원에서 분석할 수 있습니다:

첫째, **비현실적 기준의 함정**입니다. 요구형 자존감도둑은 도달할 수 없는 완벽한 기준을 제시하고, 이를 달성하지 못하면 무가치하다고 몰아붙입니다. 우리는 이 비현실적 기준의 허구성을 밝히고, 더 현실적이고 건강한 기준을 세워야 합니다.

둘째, **지속 불가능한 삶의 방식**입니다. 요구형 자존감도둑이 강요하는 삶의 방식은 휴식 없이 달리기만 하는 것과 같습니다. 따라서 필연적으로 정신적·육체적 소진이 일어날 수밖에 없고 삶의 균형을 무너뜨립니다. 우리는 이러한 방식에서 벗어나 지속 가능한 삶의 리듬을 찾아야 합니다. 그러니 각각의 자존감도둑이 지닌 허점들을 자세히 살펴보고, 이를 극복하기 위한 구체적인 전략들을 알아보겠습니다.

독이 되어버린 목표

요구형 자존감도둑의 첫 번째 허점은 그들이 제시하는 목표가 우리에게 도움이 되기는커녕 오히려 독이 된다는 점입니다. 자존감도둑은 "무조건 1등을 해야 한다", "모든 일에서 완벽해야 한다"와 같은 비현실적인 목표를 제시하며, 이것이 우리의 성장을 위해 반드시 필요하다고 주장합니다. 하지만 이러한 극단적인 목표 설정은 오히려 우리의 성장을 방해합니다.

뇌과학 연구에 따르면, 우리 뇌에서 동기부여와 보상을 담당하는 도파민이라는 물질의 분비는 목표의 난이도와 밀접한 관련이 있습니다. 특히 너무 쉽지도 어렵지도 않은, 적당한 수준의 도전이 주어질 때 도파민이 많이 분비됩니다. 이는 마치 게임에서 너무 쉬운 단계에서는 금방 흥미를 잃고, 너무 어려운 단계에서는 포기하는 것과 비슷합니다. 우리 뇌는 '딱 적당한' 수준의 목표가 주어질 때 가장 적극적으로 반응하며, 이것이 우리의 의욕을 자극하고 지속적인 노력을 이끌어냅니다.

이는 실제 우리의 일상에서도 동일하게 적용됩니다. 시험공부를 예로 들어볼까요? 요구형 자존감도둑은 "무조건 100점을 맞아야 한다", "1등이 아니면 의미가 없다"며 압박합니다. 이런 완벽을 요구하는 비현실적인 목표는 오히려 공부에 대한 의욕을 꺾어버립니다. 실제로 많은 학생들이 현재 자신의 수준에서 조금 더 높은, 달성 가능한 목표를 세웠을 때 더 열심히 공부하고 좋은 결과를 얻습니다. 반면 현재 자신의 수준과 너무 큰 차이가 나는 목표를 세우면, 그 간극이 너무 커서 시작조차 하기 어렵고 동기부여도 되지 않습니다.

그렇다면 어떻게 해야 할까요? 먼저, 목표를 설정할 때마다 이것이 **적절한 목표**인지 자문해봐야 합니다. 이 목표가 나를 성장시키는지, 아니면 동기를 꺾어버리는지, SMART 기준(Specific 구체적인, Measurable 측정 가능한, Achievable 달성 가능한, Realistic 현실적인, Time-bound 기한이 있는)을 활용해 목표를 점검해보는 것도 좋은 방법입니다. 예를 들어 '영어 실력을 올리고 싶다'는 막연한 목표가 있다고 해봅시다. 이를 SMART 기준으로 다듬으면 아래와 같습니다.

• **S**pecific (구체적인)	매일 〈CNN〉등 영어 신문에서 1개의 기사를 읽고, 주요 내용을 요약해 노트에 기록한다.
• **M**easurable(측정 가능한)	매일 읽은 기사의 제목과 요약 내용을 5문장 이상 작성하여 노트에 기록하

고, 매일 진행 상황을 체크한다.

- **Achievable(달성 가능한)**   매일 30분 정도의 시간을 투자하면 충분히 달성할 수 있는 목표이다.

- **Realistic(현실적인)**   현재 영어 독해 수준으로 영어 기사를 읽는 것은 적절한 난이도의 도전이다.

- **Time-bound(기한이 있는)** 1개월 동안 총 30개의 기사를 읽고 요약하여 노트에 정리한다.

↓

SMART 목표   1개월 동안 매일 〈CNN〉 등에서 영어 기사 1개를 읽고, 각 기사의 주요 내용을 5문장 이상 요약하여 노트에 기록한다.

이렇게 SMART 기준으로 목표를 구체화하면, 막연했던 목표가 실천 가능한 행동 계획으로 바뀝니다. '영어 실력을 키우고 싶다'는 추상적인 목표가 '매일 영어 기사 1개를 읽고 요약하기'라는 구체적인 행동으로 변환된 것입니다. 특히 이 목표는 현재의 영어 실력을 고려해 달성 가능한 수준으로 설정되었고, 매일의 진행 상황을 체크할 수 있으며, 한 달이라는 명확한 기한도 있습니다.

이는 요구형 자존감도둑이 외치는 '영어를 완벽하게 해야 해' 또는 '원어민처럼 말할 수 있어야 해'와 같은 비현실적인 목표와는 큰 차이가 있습니다. SMART 기준으로 세운 목표는 우리가 앞서 이야기한 **적절한 목표**의 좋은 예시입니다. 이런 목표는 너무 쉽지도 어렵지도 않아 동기부여가 잘 되고, 꾸준한 실천을 통해 점진적 발전을 이룰 수 있게 해줍니다.

목표를 이렇게 구체적으로 세우면 또 다른 장점이 있습니다. 중간중간 자신의 진행 상황을 확인하며 성취감도 느낄 수 있고, 필요하다면 목표를 적절히 수정할 수도 있습니다. 이처럼 SMART 기준은 우리가 자존감도둑의 비현실적인 요구에서 벗어나 건강하고 지속 가능한 목표를 세우는 데 매우 유용한 도구입니다.

이때 목표는 자신의 성장을 돕기 위한 도구일 뿐이라는 점을 기억하는 것이 중요합니다. 목표가 오히려 우리의 성장을 방해하고 있다면, 그것은 잘못된 도구를 사용하고 있다는 신호입니다. 요구형 자존감도둑이 제시하는 극단적인 목표에서 벗어나, 각자에게 맞는 적절한 도전 수준을 찾아나가는 것이 진정한 성장의 길입니다.

근거 없음

요구형 자존감도둑은 '너는 반드시 최고가 되어야 해', '너는 절대 실수하면 안 돼', '너는 항상 완벽해야 해'와 같이 '~해야만 한다', 영어로 'must', 'should'가 들어간 문장을 많이 씁니다. 자존감도둑의 이런 말은 우리를 압박하고 괴롭히지만, 실제로는 아무런 논리적 기반이 없는 경우가 대부분입니다. 요구형 자존 감도둑과 건강한 나의 대화를 살펴보겠습니다.

요구형 자존감도둑 "너는 남들보다 뛰어나야 해."

건강한 나 "왜 내가 남들보다 뛰어나야 하는 거지?"

요구형 자존감도둑 "당연한 거 아니야? 뛰어나지 않으면 실패자가 될 거야."

건강한 나 "실패자라는 게 뭔데? 누가 정한 기준이야?"

요구형 자존감도둑 "그건… 그냥 다들 그렇게 말하잖아. 그리고 주변을 봐. 다들 열심히 하는데 너만 이러고 있어!"

건강한 나 "다들 어떻게 살고 있는데? 네가 본 게 있어? 아니면 그냥 네 생각 아니야?"

요구형 자존감도둑 "어… 그게… 아무튼 너는 더 잘해야만 해!"

건강한 나 "계속 '해야만 한다'고 하는데, 왜 그래야 하는지에 대해서는 설명을 못 하네?"

요구형 자존감도둑 "그야… 그래야… 그래야 인정받을 수 있잖아!"

건강한 나 "누구한테 인정받으려고? 그리고 그 인정이 내 삶에서 그렇게 중요해?"

요구형 자존감도둑 "당연하지! 인정은 좋은 것이잖아…."

건강한 나 "지금 보니까 네가 하는 말들은 전부 그냥 '그래야 하니까 그래야 한다'는 거네. 실제로 왜 그래야 하는지는 너도 모르는 것 같아."

요구형 자존감도둑	"아니야! 너는 무조건… 무조건…."
건강한 나	"더 이상 설명하기 어렵지? 그동안 나는 네 말이 진리인 줄 알았는데, 이제 보니 그냥 근거 없는 생각들이었어."

이처럼 자존감도둑의 말에는 어떤 논리적 근거도 없습니다. 군이 따져보자면 어린 시절 부모님이나 선생님에게서 들었던 '남들보다 뛰어나야 한다'는 말이 전부입니다. 그저 그 문장만 내 안에 들어왔을 뿐입니다. 자존감도둑은 실제 다른 사람들이 어떻게 살아가는지, 무엇을 기준으로 성공과 실패를 나누는지 알지 못합니다. 오직 관념 속에서 만들어낸 완벽한 기준만 들이대며 우리를 압박합니다.

결국 요구형 자존감도둑의 생각은 '그래야 한다(고 들었으니까) 그렇게 해야 한다'는 단순한 당위성의 반복일 뿐입니다. 우리가 스스로 생각하고 판단해서 만들어낸 합리적 기준이 아닙니다.

자존감도둑의 말에 대처하는 가장 효과적인 방법은 위에서 한 것처럼 끊임없이 '왜?'라고 물어보는 것입니다. 4장에서 썼던 요구형 자존감도둑 관찰일지를 다시 꺼내보세요. 관찰일지를 보며 거기에 적힌 요구형 자존감도둑의 생각에 '왜?'라고 물으며 근거를 따져봅니다. 아래와 같은 관찰일지를 바탕으로 요구형 자존감도둑과 이야기해보겠습니다.

자존감도둑 관찰일지

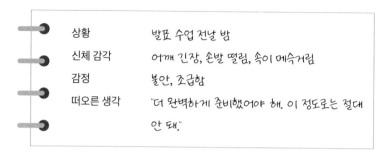

상황	발표 수업 전날 밤
신체 감각	어깨 긴장, 손발 떨림, 속이 메슥거림
감정	불안, 초조함
떠오른 생각	"더 완벽하게 준비했어야 해. 이 정도로는 절대 안 돼."

요구형 자존감도둑과 건강한 나의 대화

요구형 자존감도둑 "발표 준비가 터무니없이 부족해. 이 정도로는 절대 안 돼. 더 완벽하게 준비했어야만 해."

건강한 나 "'완벽하게'라는 게 도대체 어느 정도를 말하는 거야?"

요구형 자존감도둑 "당연히 실수가 전혀 없어야 해. 모든 면에서 부족함이 없어야만 해."

건강한 나 "네가 말하는 그 완벽을 실제로 본 적이 있어? 다 네 상상 속에만 있는 거 아니야?"

요구형 자존감도둑 "다른 사람들도 다 그 정도는 해내고 있어. 너만 이렇게 부족한 거야."

건강한 나 "지금 네 말을 들어봐. 전부 '해야 해'라는 말뿐이야. 근거는 하나도 없잖아. 그냥 나를 몰아세우기만 하는 거지."

요구형 자존감도둑 "그건… 그건 당연히… 있어야만 해."

건강한 나	"너는 실현 불가능한 완벽함을 강요하면서 나를 더 불안하게만 만들고 있어. 오히려 네가 이렇게 긴장감을 주는 바람에 발표를 망칠 수도 있다는 거 알아? 너는 전혀 도움이 안 돼."
요구형 자존감도둑	"하지만… 하지만…."

　여기서 중요한 것은 자존감도둑을 설득하는 것은 아닙니다. 자존감도둑이 갑자기 "내 잘못을 알았어. 그래, 네가 꼭 남들보다 잘해야 하는 의무는 없어"라는 식으로 자신의 잘못을 인정하는 일은 결코 없을 것입니다. 그래도 상관없습니다. 우리의 목표는 자존감도둑과 대화함으로써 그들의 주장에 근거가 없음을 확인하고 자존감도둑의 말을 무시할 수 있게 되는 것입니다. 자존감도둑의 말이 더 이상 진실이나 진리로 다가오지 않는다면 그것으로 충분합니다. 그것만으로도 자존감도둑의 영향력은 현저히 줄어들 것입니다.

　자존감도둑과의 싸움은 보통 이런 식으로 진행됩니다. 자존감도둑은 내 특성을 공격하고 의지의 가치를 아주 높이 평가합니다. 그러나 의지라는 것도 결국 한정된 자원입니다. 지금 내 컨디션에 따라 그 정도가 크게 좌우되며, 지속적으로 공부해야 하는 상황일수록 내 심신을 고갈하는 행동방식은 결코 도움이 되지 않습니다. 소탐대실일 뿐이니까요.

흑백논리와 경험회피

요구형 자존감도둑의 또 다른 허점은 세상의 모든 것을 극단적으로 바라본다는 것입니다. '이것 아니면 저것', '성공 아니면 실패'처럼 중간지대를 인정하지 않는 사고방식을 심리학에서는 **이분법적 사고** 혹은 **흑백논리**라고 부릅니다. 요구형 자존감도둑은 이렇게 속삭입니다.

"완벽하지 않으면 실패자야."
"1등이 아니면 의미가 없어."
"모든 사람에게 인정받지 못하면 너는 형편없는 사람이야."

하지만 우리 삶의 대부분은 이런 극단 사이의 '회색지대'에 존재합니다. 통계학의 정규분포 곡선을 보면, 대부분의 사람들이 중간 영역에 속해 있습니다. 그런데 자존감도둑의 세상에는 정규분포 곡선의 양 극단만 존재합니다. 회색 영역은 자존감도둑

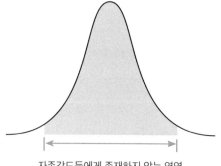

자존감도둑에게 존재하지 않는 영역

에게 존재하지 않습니다. 이는 마치 100명 중 99명을 실패자로 규정하는 것과 같은 터무니없는 기준일 뿐입니다.

이러한 흑백논리는 우리를 **경험회피**라는 함정에 빠뜨립니다. 경험회피란 실패나 실수의 가능성이 있는 상황을 아예 피해버리는 것을 말합니다. 요구형 자존감도둑은 '완벽하게 준비된 후에 시작해야 해'라고 속삭이지만, 이는 결국 아무것도 시작하지 못하게 만드는 함정입니다. 완벽하게 할 자신이 없으면 시도조차 하지 않게 되고, 시도하지 않으니 발전할 기회도 잃어버립니다.

이러한 경험회피는 역설적이게도 자존감도둑이 그토록 피하려 했던 실패로 우리를 이끕니다. 바둑 AI인 알파고의 발전 과정을 보면 이를 잘 알 수 있습니다. 알파고가 이세돌 9단을 이길 수 있었던 것은 수없이 많은 기보를 학습하고, 자체 대국을 통해 무수한 실수와 패배를 경험했기 때문입니다. 만약 알파고가 실수할까 봐 두려워 자체 대국을 피했다면, 아무리 많은 기보를 학습했더라도 결코 세계 최강의 바둑 AI가 되지 못했을 것입니다. 실전 경험 없이 이론만 공부하는 것으로는 진정한 실력을 키울 수 없기 때문입니다.

이처럼 발전과 성장의 핵심은 시행착오를 두려워하지 않는 것입니다. 과학자들의 실험 방식도 마찬가지입니다. 그들은 가설을 세우고, 실험하고, 결과를 분석한 후 다시 가설을 수정합니다. 실패를 두려워하지 않고 그것을 통해 배우며 점진적으로 세상에 대한 이해를 발전시켜 나가는 것입니다. 완벽한 것만 하겠다고 시행착오를 피하면, 오히려 성장할 기회를 잃게 됩니다. 결국 자존감도둑이 요구하는 완벽한 성취와는 더 멀어질 수밖에 없습니다.

다음의 대화를 통해 자존감도둑이 어떻게 우리를 실수와 실패의 경험으로부터 차단하는지, 그리고 여기에 어떻게 대응할 수 있는지 살펴보겠습니다.

요구형 자존감도둑 "문법도 완벽하게 익히고, 발음도 원어민처럼 될 때까지 강의 듣고 연습하고 나서 외국인과 대화를 시작해야지. 그전에는 절대 말을 걸면 안 돼."

건강한 나 "그런데 네 말대로 했더니 어학연수 온 지 3개월이나 됐는데 전혀 발전이 없어. 교재랑 강의만으로 완벽해지길 기다렸지만, 실제로 말은 한마디도 못하고 있잖아."

요구형 자존감도둑 "그건 네가 아직 준비가 안 됐다는 뜻이야. 더 공부해야 돼. 실수하면서 배우겠다는 건 게으른 사람들이나 하는 변명이라고!"

건강한 나 "하지만 이렇게 배우는 데는 한계가 있어. 실제로 부딪혀 봐야 늘 수 있는 부분이 있잖아. 완벽하지 않아도 괜찮아. 네가 말한 것처럼 평생 책만 보고 강의만 들으면서 완벽해지길 기다리면, 오히려 그게 성장을 막는 거야."

흑백논리와 경험회피에서 벗어나는 것은 하루아침에 되지 않습니다. 하지만 조금씩 회색지대를 인정하고, 불완전한 시도가 지닌 가치를 받아들이다 보면, 자존감도둑이 주는 극단적인 압박감에서 자유로워질 수 있습니다. 중요한 것은 모든 것이 완벽해야 한다는 생각에서 벗어나, 발전의 과정 자체에 의미를 두는 것입니다.

무엇이든 안 하는 것보다는 하는 것이 낫습니다. 서툴러도 시도하는 것이 두려움에 숨는 것보다 낫고, 불완전하더라도 시작하는 것이 영원히 준비만 하는 것보다 낫습니다. 시도하는 순간, 우리는 이미 자존감도둑의 완벽주의 함정에서 벗어나 성장의 길로 한 걸음 내딛은 것입니다.

부족한 것에만 집중

정신건강의학과 전문의 장형주의 저서 《어린 완벽주의자들》에는 완벽주의에 대한 흥미로운 통찰이 있습니다. 이 책에서는 완벽주의의 핵심은 만족스러운 것과 부족한 것 중에, 부족한 것에만 집중하는 것이라 설명합니다. 요구형 자존감도둑 역시 이와 같은 방식으로 작동합니다. 자신의 부족한 면에만 집중하고, 잘한 것은 당연하게 여깁니다.

예를 들어, 시험에서 95점을 받았을 때 완벽주의는 틀린 5점에만 집중합니다. 직장에서 10개의 업무를 완벽하게 처리했어도, 실수한 1개의 업무만을 떠올리며 자책하는 것입니다. 이런 사고방식은 마치 아름다운 정원에서 잡초만 보는 것과 같습니다.

이렇게 잘한 것은 당연하게 여기고 부족한 것만 보는 태도는 우리에게 도움이 되지 않습니다. 잘한 것은 잘했다고 인정해주는 태도가 중요합니다. 어떤 행동에 대한 긍정적인 보상이 있을 때 우리는 그 행동을 강화합니다. 반대로 잘한 것에 대해 인정하지 않고 넘어가면 그 행동을 지속할 동기가 점점 사라집니다. 이것이 바로 행동심리학에서 말하는 긍정강화의 원리입니다. 결국 잘한 것에 대한 인정이라는 보상이 없으면, 열심히 하고자 하는 의욕도 자연스럽게 떨어지게 되는 것입니다.

요구형 자존감도둑을 가진 사람들은 어린 시절에 칭찬이나 인정을 받아본 경험이 적은 경우가 많습니다. 예전에는 칭찬을 하면 아이 버릇이 나빠진다는 말이 있었습니다. '칭찬은 고래도 춤추게 한다'는 말이 있음에도 불구하고 많은 부모들은 자녀의 성취보다 부족한 점을 지적하는 데 더 많은 시간을 할애했습니다.

이런 양육 환경에서 자란 사람들은 성인이 되어서도 자신을 대할 때 같은 패턴을 반복합니다. 자신의 성과나 노력을 인정하지 않고, 끊임없이 부족한 부분만을 찾아 개선하려 하죠. 이런 태도는 단기적으로는 성과 향상에 도움이 될 수 있지만, 장기적으로는 심각한 정서적 소진과 자존감 하락을 초래합니다.

이에 대한 해결책은 균형 잡힌 시각을 가지는 것입니다. 잘한 것은 잘했다고 인정해주어야 동기부여를 하고 일을 지속하는 힘이 됩니다.

이를 위한 구체적인 방법으로 **감사일기**를 추천합니다. 3장에서 살펴본 확증편향처럼 부정적 자기인식만 있으면 부족한 목록만 눈에 들어오고 감사할 만한 목록은 보이지 않습니다. 감사일기는 이런 편향된 시각을 교정하는 좋은 도구입니다.

매일 저녁 그날 있었던 일들 중 감사한 것들을 적어보세요. 특히 자신의 장점과 성취에 대해 쓰는 것도 포함시키면 좋습니다. "다행히도 오늘 회의에서 내 생각을 잘 표현할 수 있었다", "힘든 상황이었는데 차분하게 대처할 수 있어서 다행이다" 같은 식으로요. 처음에는 어색하고 쓸 말이 떠오르지 않을 수 있지만, 꾸준히 하다 보면 자연스럽게 일상에서 긍정적인 것들을 발견하는 눈이 생깁니다.

이는 마치 손전등을 어두운 방구석에서 방 전체로 돌리는 행동과 같습니다. 우리에게는 부족한 면만 있는 것이 아닙니다. 단지 요구형 자존감도둑이 우리의 시선을 부족한 곳에만 고정시키고 있었을 뿐입니다. 감사일기를 통해 시야가 넓어지면, 그간 보이지 않았던 자신의 긍정적인 면들이 하나둘씩 드러나기 시작합니다.

이렇게 발견한 우리의 다양한 면들은 요구형 자존감도둑과 싸울 때 강력한 무기가 됩니다. 자존감도둑이 '넌 부족해'라고 말할 때 '그건 네가 한쪽만 보고 있는 거야. 나에겐 이런 면도 있고, 저런 면도 있어'라고 반박할 수 있는 근거가 되죠. 완벽하지 않아도 괜찮고, 지금 이대로도 충분히 가치 있는 사람이라는 사실을 깨닫게 됩니다.

과도한 압박으로 인한 수행능력 저하

1908년 심리학자 로버트 여키스 Rovert Yerkes 와 존 도슨 John Dod-son 은 각성도에 따른 수행능력을 분석하여 여키스-도슨 법칙을 만들었습니다. 여키스-도슨의 법칙에 따라 적절한 수준의 부담감은 나를 긴장시키고 집중력을 올려 전체적인 수행능력을 올려줍니다. 하지만 시험공부와 같이 복잡한 인지기능이 필요한 수행에서는 과도한 압박감이 수행능력을 오히려 저하시킵니다.

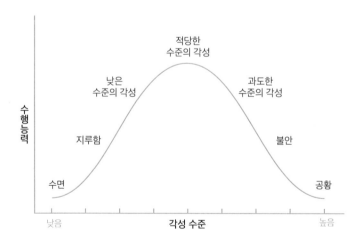

여키스-도슨 법칙. 각성도에 따른 수행능력을 분석한 내용. 적정한 각성은 수행능력을 높이지만 지나친 각성은 오히려 수행능력을 저하시킨다.

이는 뇌과학적으로도 설명이 가능합니다. 과도한 스트레스는 뇌의 편도체를 과활성화하고, 고차원적 사고를 담당하는 전전두엽의 기능을 저하합니다. 마치 컴퓨터의 CPU가 과열되면 처리속도가 느려지는 것처럼, 우리의 뇌도 지나친 압박감 속에서는 제대로 된 기능은 하지 못하게 됩니다.

이러한 뇌의 반응은 실제 불안과 학업 성취도를 평가한 연구에서도 확인됩니다. 한 연구에서는 미국 대학입학시험인 SAT에서 높은 시험 불안을 가진 그룹이 낮은 불안을 가진 그룹에 비해 언어 영역에서 약 8.7%, 수학 영역에서 약 12.9% 낮은 점수를 기록했습니다. 또 다른 메타분석 연구에서는 시험 불안이 학업 성취도와 부정적 상관관계를 보이며, 높은 시험 불안을 가진 학생들은 자신의 실제 실력을 제대로 발휘하지 못하는 것으로 밝혀졌습니다. 이처럼 요구형 자존감도둑이 만들어내는 과도한 압박감은 능력 발휘를 방해합니다.

따라서 요구형 자존감도둑의 과도한 요구에 이렇게 말해보세요.

"지금 네가 나를 더 몰아붙이면 오히려 성과가 떨어질 거야. 여키스-도드슨 법칙을 봐. 적정 수준의 긴장감이 최고의 결과를 만들어내. 그러니 이 정도면 충분해."

과학적 근거를 바탕으로 한 이러한 반박은 단순히 '그만해'라고 말하는 것보다 더 효과적입니다.

번아웃으로 이어지는 악순환

요구형 자존감도둑이 있는 내담자들은 종종 '푹 자고 일어나도 피곤하다', '월요일만 되면 온몸에 힘이 빠진다', '전에는 좋아하던 일인데 이제는 아무 느낌이 없다'는 등의 호소를 합니다. 이는 전형적인 번아웃 증후군의 증상입니다.

지속적인 압박감은 결국 번아웃 증후군으로 이어질 수 있습니다. 세계보건기구WHO는 번아웃 증후군을 '직장에서의 만성적인 스트레스가 성공적으로 관리되지 못해 발생하는 증후군'으로 정의하였습니다. 번아웃은 크게 다음의 세 가지 특징적 증상을 보입니다. 첫째, 기운이 완전히 소진되어 극도의 피로감 느낍니다. 둘째, 일에 대한 부정적 감정이나 냉소적 태도가 늘어납니다. 셋째, 업무 효율성과 생산성이 현저히 떨어집니다.

요구형 자존감도둑으로 인해 지속적인 성취 압박을 받는 사람들은 점차 번아웃에 빠져들며 수행능력이 저하됩니다. 수행능력이 떨어져 업무나 공부나 업무의 효율이 낮아지면, 이를 만회하기 위해 더 많은 시간을 투자하게 됩니다. 하지만 이는 오히려 더 빠른 소진을 불러오고 결국 급격한 기능 저하의 악순환으로 이어집니다.

특히 주목할 점은 번아웃이 단순히 피로 이상의 것이라는 점입니다. 일반적인 피로는 휴식을 취하면 회복되지만, 번아웃으로 인한 소진은 주말이나 휴가로도 쉽게 회복되지 않습니다. 주말이나 짧은 휴가로는 회복되지 않는 깊은 소진 상태이기 때문에 결국 장기간의 회복기가 필요합니다. 요구형 자존감도둑의 끊임없는 압박은 우리를 번아웃으로 몰아넣고 이는 결과적으로 수개월의 긴 회복기가 필요한 상태를 만들어 전체적인 생산성을 크게 떨어뜨립니다. 역설적이게도 요구형 자존감도둑의 과도한 압박이 그들이 그토록 중요하게 여기는 성과와 생산성을 망치는 셈입니다.

요구형 자존감도둑은 번아웃에 빠진 후에도 "이 정도도 못 견디니?"라고 말하며 우리를 더욱 몰아세울 수 있습니다. 이때 우리는 단호하게 말해야 합니다.

"지금 내 상태가 보이지 않니? 이미 번아웃이 왔고 수개월의 회복 시간이 필요해. 네가 원하는 성과를 내려면 지금 충분히 쉬어야 해. 1년이고 2년이고 계속 이렇게 몰아붙이면 결국 아무것도 할 수 없는 상태가 될 수 있어."

요구형 자존감도둑은 근시안적인 성과와 효율만을 중시하기에, 장기적 관점에서 보았을 때 회복이 얼마나 중요한지에 대한 근거를 바탕으로 싸워야 합니다.

삶의 다른 영역 희생

요구형 자존감도둑은 삶의 한 영역만을 지나치게 강조하여 삶의 전체적인 균형을 무너뜨립니다. 그러나 더 근본적인 문제는 자존감도둑이 요구하는 방향이 우리의 진정한 가치와 일치하지 않는다는 점입니다. 가치란 우리가 진심으로 추구하고 싶은 삶의 방향성이며, 그 방향으로 한 걸음만 나아가도 내적인 충만함을 경험할 수 있습니다. 하지만 자존감도둑의 채찍질로 이룬 성공은 내 진정한 가치와 무관한 외부의 기준에 맞춘 성취이기에 아무리 이루어도 공허함만 남습니다.

또한 이 과정에서 삶의 다른 중요한 가치들이 희생됩니다. 건강과 휴식, 의미 있는 인간관계, 취미와 여가생활을 위한 시간은 점점 줄어듭니다. 새로운 경험에 대한 도전이나 자아실현을 위한 다양한 시도들은 모두 '나중에'라는 이름으로 미뤄집니다. 요구형 자존감도둑은 이러한 활동들을 시도하려 할 때마다 "지금은 그럴 때가 아니야", "그런 것에 시간을 낭비하면 안 돼"라며 제재를 가합니다.

이런 불균형한 삶을 살다가 어느 순간 그 실체를 깨닫게 되면, 깊은 상실감과 후회가 밀려옵니다. 희생한 시간과 기회들은 되돌릴 수 없다는 아쉬움, 진정한 가치 실현의 기회들을 놓쳤다는 후회가 찾아옵니다. 겉으로는 성공한 것처럼 보이는 사람들이 깊은 우울감을 느끼는 경우가 많은 것도 이 때문입니다.

하지만 우리는 이렇게 생각해볼 필요가 있습니다. 사회적 성공은 선택사항이지 의무가 아닙니다. 우리에게 그것을 강요할 권리가 있는 사람은 없습니다. 중요한 것은 내가 진정으로 가치

있게 여기는 삶의 방향이 무엇인지 찾는 것입니다. 진정한 성공
이란 나의 가치에 따라 삶의 여러 영역이 조화롭게 발전하는 것
이기 때문입니다.

다행히도 지금이라도 요구형 자존감도둑의 압박에서 벗어나
균형 잡힌 삶을 향해 나아갈 수 있습니다. 나의 진정한 가치를
찾고 그것을 삶에 구현하는 구체적인 방법은 7장에서 자세히 다
룰 예정입니다. 지금 우리에게 필요한 것은 자존감도둑이 강요
하는 한쪽으로 치우친 삶이 우리에게 진정한 만족감을 주지 못
한다는 점을 인식하는 것입니다. 가치와 조화를 이루는 균형 잡
힌 삶은 결코 시간 낭비가 아니라, 오히려 더 풍요롭고 만족스러
운 성취를 가능하게 하는 토대입니다.

지금까지 우리는 요구형 자존감도둑의 다양한 허점들을 살펴
보았습니다. 역설적이게도, 요구형 자존감도둑의 이러한 특성들
은 그들이 그토록 중요하게 여기는 성과와 성취를 망치는 결과
를 가져옵니다. 과도한 압박은 수행능력을 저하하고, 번아웃은
장기간의 회복기를 필요로 하며, 불균형한 삶은 결국 공허함으
로 이어집니다. 즉, 요구형 자존감도둑은 스스로가 추구하는 목
표를 스스로 무너뜨리고 있는 것입니다.

이제 우리는 처벌형 자존감도둑과 마주해야 합니다. 요구형
자존감도둑이 우리를 끊임없이 몰아세운다면, 처벌형 자존감도
둑은 우리가 실수하거나 실패할 때마다 가혹한 비난과 처벌로
우리를 무너뜨립니다. 두 자존감도둑은 종종 함께 나타나며, 하

나가 목표를 제시하면 다른 하나가 실패에 대한 처벌을 가하는 방식으로 우리를 옥죄어옵니다. 이제 처벌형 자존감도둑의 특징을 이해하고, 그것이 우리에게 미치는 해로운 영향을 살펴보면서 이를 극복하는 방법도 소개하겠습니다.

처벌형 자존감도둑
공략하기

우리 안의 처벌형 자존감도둑은 교묘한 가스라이팅의 전문가입니다. "네가 잘못 본 거야", "네가 너무 예민한 거야", "네가 기억을 잘못하고 있어"라며 끊임없이 우리의 판단과 기억을 의심하게 만들죠. 마치 누군가 몰래 방의 불을 어둡게 해놓고는 "원래 이랬어. 네가 잘못 기억하는 거야"라고 속이는 것처럼요.

우리는 이제 이 목소리가 어린 시절부터 함께해왔음을 압니다. 그래서 이제는 그의 말이 있는 그대로의 사실로 들립니다. "네가 문제야", "네가 잘못했어"라는 비난이 너무나 익숙해져서, 그 말을 의심하는 것 자체가 불가능하게 느껴지죠. 다른 사람의 잘못에도 '역시 내 탓이야'라고 생각하는 것이 습관이 되어버립니다. 마치 오랫동안 어둠 속에서 자라다 보니 어둠이 정상이라고 믿는 것과 같습니다.

　이번 장에서는 이런 처벌형 자존감도둑의 목소리를 새롭게 바라보는 법을 배워보겠습니다. 비난과 처벌 대신 건설적인 피드백을 찾고, 과거의 실수를 미래의 가능성으로 전환하는 피드포워드의 관점을 탐색해보겠습니다. 또한 우리가 모든 책임을 질 필요가 없다는 것과, 상황을 객관적으로 바라보는 법도 함께 알아보고자 합니다.

처벌이 필요하다는 착각

"혼이 좀 나봐야 정신 차리고 제대로 하는 거 아니야?"

　우리 안의 처벌형 자존감도둑은 늘 이렇게 말합니다. 실수할 때마다 스스로를 몰아세우고, 혹독하게 다그쳐야 발전한다고 주장하죠.

"이렇게 봐주기만 하니까 늘 제자리걸음인 거야."

　하지만 수십 년간의 행동과학 연구는 이런 자책과 처벌이 가진 심각한 문제점들을 밝혀내고 있습니다.

　처벌은 겉으로 보기에 언뜻 효과가 있는 것처럼 보입니다. 혼날까 두려워 밤늦게까지 공부하거나, 비난받지 않으려고 야근을 자처하는 것처럼 처벌이 두려워 일시적으로 어떤 행동을 더 하기도 합니다. 하지만 처벌에는 우리가 반드시 알아야 할 위험한 함정이 있습니다. 가장 큰 문제는 처벌이 그 상황이나 행동 자체를 회피하게 만든다는 점입니다. 처벌형 자존감도둑의 비난은 어떤 행동을 더 잘하게 만들기보다는 처벌이 일어날 만한 일 자체를 피하게 만듭니다.

전문가들은 처벌이 가진 여러 부작용을 경고합니다. 처벌은 단순히 행동을 억제하는 것을 넘어 무기력을 유발합니다. 자신을 심하게 질책하다 보면 의욕이 떨어지고, 새로운 도전을 포기하게 되죠. 더 나아가 우울감이나 불안과 같은 정서적 문제로 이어질 수도 있습니다. 얼마 전 진료실을 찾아온 30대 성수 씨의 이야기가 이를 잘 보여줍니다.

"시험만 보면 저를 심하게 몰아세웠어요. '이 정도밖에 못하니?', '이러면 어떡하려고 그래?' 하면서요. 실수하지 않으려고 밤늦게까지 공부했지만, 점점 평가 자체가 두려워졌어요. 자격증 시험은 물론이고 회사에서 진급 평가가 다가와도 불안해서 잠을 못 이룰 정도예요. 결국 진급 기회가 왔을 때도 평가가 무서워서 도전도 못 했습니다."

처벌형 자존감도둑의 영향력이 강력할 경우 더욱 심각한 결과로 이어질 수 있습니다. 진료실에서 만나는 분들 중에는 자신을 향한 끊임없는 처벌과 비난의 목소리를 피하기 위해 극단적인 행동을 고민하는 경우들이 있습니다.

20대 후반의 직장인 영희 씨는 "실수할 때마다 '살아서 뭐하나'라는 생각이 들었어요. 작은 실수 하나에도 며칠 밤을 뒤척이며 자책했고, 결국 '이렇게 해서라도 고통스러운 마음의 소리를 멈출 수 있다면…'이라는 생각까지 하게 됐죠"라고 털어놓았습니다. 이는 단순한 자책이나 반성의 차원을 넘어, 전문적인 도움이 필요한 심각한 상황임을 보여줍니다.

"내가 혼내서 네가 지금 이만큼이라도 성장한 거야."

우리 안의 처벌형 자존감도둑은 이렇게 자신의 존재를 정당화합니다. 하지만 여기서 한 가지 생각해볼 점이 있습니다. 정말 우리를 성장하게 한 것이 끊임없는 자책이었을까요?

처벌형 자존감도둑이 우리에게 미치는 영향은 생각보다 깊습니다. 실수할 때마다 자신을 몰아세우다 보면, 우리는 점점 새로운 도전을 피하게 됩니다. '또 실패하면 어떡하지?'라는 두려움이 우리의 발목을 잡는 거죠.

그렇다면 우리는 어떻게 이 처벌형 자존감도둑에게서 벗어날 수 있을까요? 첫 번째 단계는 내 머릿속에 떠오르는 생각 중 처벌형 자존감도둑의 말을 분리하는 것입니다. 이어지는 장에서 나에게 도움이 되는 건설적인 피드백과 자존감도둑의 불필요한 인신공격을 구분하는 구체적인 방법에 대해 알아보겠습니다.

내면의 상사, 처벌형 자존감도둑

직장인 상담에서 가장 많이 듣는 이야기는 상사의 비난으로 인한 자괴감입니다. 그들은 상사의 혹평을 들을 때마다 '정말 내가 무능해서 이런 말을 듣는 걸까?' 하는 자기의심에 빠집니다.

이런 경우 가장 먼저 해야 할 일은 인신공격과 건설적인 피드백을 구분하는 것입니다. 아래 두 가지 피드백의 차이를 보면 이를 쉽게 이해할 수 있습니다.

"지금 이 엑셀 문서에 숫자가 안 맞네요. 한번 확인해보고, 혹시 모르는 것이 있다면 알려주세요."

"도대체 정신을 어디다 팔고 다니는 거예요? 숫자 하나도 제대로 못 맞추는 무능한 사람이 이 회사를 다닐 자격이나 있나요? 이렇게 멍청하게 굴 거면 그만두는 게 낫겠어요. 이런 기본적인 것도 못하면서…."

전자는 건설적인 피드백입니다. 무엇이 잘못되었는지 구체적으로 지적하고, 해결 방향까지 제시하고 있죠. 반면 후자는 명백한 인신공격입니다. 실수를 지적하는 것을 넘어서서 개인의 능력과 자질까지 비하하고 있습니다. 직장은 업무 수행에 대한 피드백이 필요한 곳입니다. 하지만 그것이 인신공격의 형태를 띨 때는 명백한 직장 내 괴롭힘입니다.

처벌형 자존감도둑이 내 안에 있는 것은 모욕적인 상사가 우리 마음속에 들어와 있는 것과 같습니다. 이는 외부가 아닌 내 마음속에서 일어나는 괴롭힘이니 더욱 고통스럽습니다. 직장 상사라면 퇴근한 이후에는 보지 않아도 되지만 마음 안에 있는 자존감도둑은 24시간 나를 따라 다니며 괴롭힙니다. 게다가 이 처벌형 자존감도둑은 어디에 신고할 수도 없죠.

외부에서 오는 인신공격은 쉽게 알아차리면서도, 정작 내 안의 자존감도둑이 보내는 인신공격은 알아차리기 어려울 때가 많습니다. 내부에서 일어나는 일들에 대해 객관적 시각을 갖기가 더 힘들기 때문입니다.

어떤 일을 잘하기 위해서는 적절하고 건설적인 피드백이 중요합니다. 문제의 원인을 알려주고 해결책을 제시하는 것이 핵심입니다. 그러나 처벌형 자존감도둑은 비난만 할 뿐입니다. 건설적인 내용 대신 감정을 소모하는 말들로 우리를 위축시키고, 일을 더 어렵게 만들 뿐입니다. 처벌형 자존감도둑이 비난할 때는 이렇게 말해보세요.

"나는 더 이상 감정적인 비난은 받아들이지 않겠어. 잘못된 부분이 있다면 그것만 차분히 고치면 돼. 인신공격까지 들을 의무는 없어."

예를 들어 위의 비난을 분석해봅시다. 실제로 필요한 피드백은 "숫자를 정확하게 확인하지 않았다"는 것뿐입니다. 나머지 "정신을 팔고 다닌다", "무능한 사람", "멍청하다", "회사를 다닐 자격이 없다"는 모두 불필요한 인신공격이죠.

이렇게 자존감도둑의 말에서 건설적인 피드백과 인신공격을 구분하는 연습을 하다 보면, 우리 마음속에도 자존감도둑의 말을 걸러내는 필터가 생깁니다. 마치 스팸메일을 걸러내듯이 자존감도둑의 불필요한 비난은 걸러내고 꼭 필요한 피드백만 받아들일 수 있게 되는 거죠. 이런 내적 필터가 강화될수록 우리는 자존감도둑의 무차별적인 공격에서 자신을 보호하고, 진정한 성장에 필요한 정보만 선별해서 받아들일 수 있습니다.

미래지향적 피드포워드로 나아가기

앞서 우리는 처벌형 자존감도둑의 비난과 건설적인 피드백을 구분하는 방법을 배웠습니다. 하지만 제아무리 건설적인 피드백이라도 과거에만 초점을 맞추면 마음이 위축될 수 있습니다. 그래서 최근에는 피드백의 한계를 넘어서는 '피드포워드feed-forward'라는 접근이 새로이 주목받고 있습니다. 피드백이 과거의 실수나 잘못을 지적하는 것이라면, 피드포워드는 앞으로의 개선 가능성에 초점을 맞추는 것이죠. 이는 처벌형 자존감도둑을 다루는 데 매우 유용한 관점입니다.

자존감도둑의 가장 큰 문제점은 과거의 실수나 단점에 지나치게 집착한다는 것입니다. 이런 과거 중심의 시각은 자신감을 갉아먹고, 성장의 기회를 앗아갑니다. 특히 이미 지나간 일에 대한 끊임없는 후회와 비난은 도움이 되기는커녕 우리를 방어적으로 만들고 의욕을 빼앗아갑니다.

예를 들어보겠습니다. 발표가 끝난 후 처벌형 자존감도둑은 "목소리가 너무 작았어. 발표 내용도 정리가 안 되어 있었고. 늘 이런 식이지"라고 말합니다. 반면 피드포워드 방식으로 접근한다면 "다음 발표 때는 청중들이 더 잘 들을 수 있도록 마이크를 가까이 대고 말해보면 어떨까? 그리고 발표 시작할 때 오늘 다룰 핵심 내용 세 가지를 먼저 말해주면 청중들의 이해를 도울 수 있을 거야"라고 이야기합니다.

피드포워드는 부정적인 평가 대신 가능성을 제시합니다. "그건 안 돼", "넌 못 해"라는 제한적인 말 대신 "이걸 시도하면 어떨까?", "다음에는 이렇게 해보면 좋겠어"와 같은 제안을 하죠. 자존감도둑의 차가운 비난과는 달리 피드포워드는 우리를 성장으로 이끄는 새로운 관점을 제시합니다.

이런 관점에서 우리는 자신에게 새로운 질문을 던져볼 수 있습니다.

"지금 나에게 가장 어려운 점은 무엇일까?"
"내가 한 걸음 더 나아가기 위해 무엇을 해볼 수 있을까?"
"나의 좋은 점을 여기에 어떻게 활용할 수 있을까?"

이런 질문들은 우리가 앞으로 나아갈 방향을 찾는 데 도움을 줍니다.

이런 피드포워드 방식은 우리를 과거의 실수로부터 자유롭게 합니다. 끊임없이 지난 일을 되씹으며 후회하는 대신, 앞으로의 가능성에 집중할 수 있게 해주죠. 처벌형 자존감도둑의 비난이 들려올 때마다, 우리는 그것을 건설적인 방향으로 전환할 수 있습니다. "이제 와서 후회해봐야 소용없어"가 아니라 "앞으로는 어떻게 하면 좋을까?"라고 말이죠.

이제 4장에서 작성했던 자존감도둑 관찰일지를 바탕으로 자
존감도둑의 말을 피드포워드로 전환하는 구체적인 방법을 알아
보겠습니다. 첫 번째 단계는 이전 장에서 살펴본 것처럼 자존감
도둑의 메시지에서 실제로 개선이 필요한 피드백과 불필요한
인신공격을 구분하는 것입니다. 관찰일지에서 건설적인 피드백
이 될 수 있는 부분에는 밑줄을, 인신공격성 비난에는 취소선을
그어보세요. 그리고 두 번째 단계는 밑줄 친 피드백을 피드포워
드로 전환하는 것입니다. 이제 4장에서 예시로 들었던 관찰일지
를 바탕으로 이 작업을 해보겠습니다.

자존감도둑 관찰일지 (피드포워드)

날짜/시간	7월 15일 오후 3시
상황	업무 메일을 보내던 중 첨부파일을 잘못 넣어 다시 보내야 했을 때
신체 감각	얼굴이 화끈거림, 가슴이 답답함, 손바닥 땀
감정	부끄러움, 수치심
떠오른 생각	'난 왜 이런 실수를 하지? 발송 전에 첨부파일을 확인하지 않았다니, 메일 받은 사람이 날 얼마나 무능하다고 생각할까?'
피드포워드	'앞으로는 메일 보내기 전에 체크리스트를 만들어서 확인해보자.'

이처럼 자존감도둑의 과거지향적 비난을 미래 지향적인 제안으로 바꾸면, 우리는 실수에 압도되는 대신 구체적인 해결책을 찾는 데 집중할 수 있습니다. 모든 실수는 우리가 더 나은 방향으로 나아갈 수 있는 기회가 될 수 있습니다. 이제 여러분도 아래의 '자존감도둑의 비난을 피드포워드로 전환하기' 예시들을 참고해서, 4장에서 작성했던 자신의 자존감도둑 관찰일지를 수정해보세요. 자존감도둑의 비난 속에서 필요한 피드백을 찾아내고, 이를 구체적이고 실천 가능한 미래지향적 제안으로 바꿔보기 바랍니다.

❖ **자존감도둑의 비난을 피드포워드로 전환하기**

"넌 왜 이렇게 느린 거야?" ➡ "어떤 방식으로 하면 더 효율적일까?"

"또 실수했네." ➡ "다음에는 어떤 점을 더 주의하면 좋을까?"

"넌 이런 일은 잘 못해." ➡ "이 일을 잘하기 위해서 어떤 준비가 필요할까?"

불필요한 책임감에서 벗어나기

처벌형 자존감도둑은 무자비한 수사관처럼 모든 일에서 우리의 잘못을 찾아내려 합니다. 심지어 우리와 무관한 일이나 통제할 수 없는 상황까지도 모두 우리의 잘못으로 몰아갑니다.

책임이란 자신의 선택과 행동에 따른 결과를 받아들이는 것입니다. 이는 우리 사회의 법과 윤리 체계의 근간이 되는 원칙입니다. 진정한 책임이 성립하기 위해서는 두 가지 핵심 조건이 필요합니다. 먼저 선택할 수 있는 권한이 있어야 하고, 그 선택이 가져올 결과를 받아들일 수 있어야 합니다.

이러한 원칙은 우리 사회의 여러 제도에 반영되어 있습니다. 민법에서는 강박이나 협박에 의한 동의나 계약은 취소할 수 있다고 규정하고 있습니다. 이는 비록 강박이 의사결정의 자유를 완전히 빼앗지 않았다고 하더라고, 그것이 자유로운 선택을 제한하는 수준이라면 그 선택에 대한 책임을 물을 수는 없다고 보기 때문입니다.

선택의 결과를 이해할 수 있는 능력 역시 중요한 기준입니다. 사건 당시에 행동의 결과를 이해하기 어려울 정도의 심신미약 상태였다는 것이 인정되면 형이 감경됩니다. 이는 그 순간의 판단과 예측 능력이 현저히 저하되었다고 보기 때문입니다.

우리의 마음도 이러한 원칙을 알고 있습니다. 심리학자들은 통제할 수 없는 일에 대해 지나친 책임감을 느끼는 것을 비합리적인 사고방식이라고 설명합니다. 예를 들어 예상치 못한 날씨 때문에 약속에 늦었다면, 그것은 우리가 통제할 수 없는 상황입니다. 물론 더 일찍 출발했다면 좋았겠지만, 날씨 자체에 대한 책임은 우리에게 없는 것입니다.

이런 처벌형 자존감도둑에 맞서기 위해서는 책임의 경계를 명확히 하는 것이 중요합니다. "그건 내 잘못이 아니야", "그건 내가 선택할 수 없었던 일이야", "그건 내가 통제할 수 없는 일이었어"라고 단호하게 선을 그을 필요가 있습니다. 이것은 책임 회피가 아닌, **진정한 책임감**을 기르는 길입니다. 우리가 통제할 수 없는 일에 대해 불필요한 책임감을 느끼다 보면, 정작 우리가 진정으로 책임져야 할 일들에 집중하지 못하기 때문입니다.

책임을 올바르게 인식하는 것은 자신과 타인을 향한 건강한 태도입니다. 이는 진정으로 내가 책임져야 할 부분과 그렇지 않은 부분을 구분하는 법을 배우는 것이며, 동시에 자신을 돌보는 방법이기도 합니다. 모든 것을 자신의 책임으로 돌리는 태도는 결국 자신을 지치게 하고, 정작 중요한 일에 에너지를 쏟지 못하게 만들기 때문입니다.

처벌형 자존감도둑의 말에 대응하는 방법은 명확합니다. 먼저 그 상황에서 우리에게 진정한 선택권이 있었는지 살펴보고, 당시 우리가 그 결과를 예측할 수 있었는지 돌아보는 것입니다. "네가 더 잘했어야 했어"라고 자존감도둑이 속삭일 때, "그때의 나에게는 선택권이 없었어" 또는 "그 결과를 예측하는 것은 불가능했어"라고 단호하게 반박할 수 있어야 합니다.

우리는 미래를 정확히 예측할 수 없는 존재입니다. 만약 누군가가 정말 앞날을 볼 수 있다면, 그 사람은 이미 주식이나 복권을 통해 엄청난 부자가 되었을 것입니다. 하지만 현실에서 그런 사람은 없습니다. 우리 모두는 불확실성 속에서 그때그때 최선의 판단을 하며 살아갈 뿐입니다.

예를 들어 자존감도둑이 "그 사람을 믿지 말았어야 했어"라고 할 때, "그 사람의 변화를 미리 알 수 없었어"라고 반박할 수 있습니다. "그 회사에 취직하지 말았어야 했어"라는 생각이 들 때도 "회사가 갑자기 문을 닫을 것을 어떻게 알 수 있었겠어?"라고 말할 수 있습니다. 이것은 책임 회피가 아닌, 현실적이고 합리적인 판단입니다. 우리가 통제할 수 없는 일이나 예측할 수 없는 결과에 대해 책임감을 느낄 필요는 없습니다. 이렇게 처벌형 자존감도둑의 말을 현실적으로 검토하고 반박하다 보면, 불필요한 죄책감에서 벗어나 진정으로 우리가 책임져야 할 일들에 집중할 수 있게 됩니다.

책임의 조각들을 올바로 나누는 법

앞서 우리는 모든 책임을 자신에게 돌리는 것이 비합리적임을 살펴보았습니다. 이제 구체적으로 책임의 비중을 나누는 방법을 알아보겠습니다. 처벌형 자존감도둑이 모든 상황을 우리의 잘못으로 몰아갈 때, 인지행동치료에서 사용하는 **책임 파이 차트**라는 방법으로 이를 반박할 수 있습니다. 이는 원형 도표를 그려 전체 책임을 나누어보는 방법입니다.

책임 파이 차트를 그리는 방법은 간단합니다. 먼저 종이에 큰 원을 그립니다. 이 원 전체는 어떤 상황에 대한 전체 책임을 의미합니다. 그리고 자신이 잘못했다고 생각하는 상황을 하나 떠올립니다. 예를 들어 부모의 이혼 혹은 회사 프로젝트의 실패 같은 상황을 생각해볼 수 있습니다. 여기서 중요한 점은 상황적 요인이나 다른 사람들의 책임을 먼저 그린 이후에 나의 책임 비중은 마지막에 생각해봐야 한다는 것입니다.

이렇게 외부 요인들을 하나씩 적다 보면, 전체 상황에서 내가 차지하는 책임의 비중이 처음 생각했던 것보다 훨씬 작다는 것을 발견할 수 있습니다. 만약 이 작업이 어렵다면, 같은 상황이 친구에게 벌어졌다고 가정해보세요. "이런 일이 친구에게 일어났다면, 나는 친구에게 얼마만큼의 책임이 있다고 말할까?" 이렇게 생각하면 좀 더 객관적인 시각을 가질 수 있습니다.

진료실에 온 수연 씨는 자신이 속한 팀의 프로젝트 실패가 모두 자신의 잘못이라며 극심한 자책감을 느끼고 있었습니다. "제가 팀원으로서 더 열심히 했어야 했는데, 제가 무능해서 프로젝트가 실패했어요"라며 괴로워했습니다. 그래서 함께 책임 파이 차트를 그려보기로 했습니다.

우리는 파이 차트 안에 차근차근 요인들을 적어갔습니다. 갑작스러운 시장 환경의 변화가 25%, 경쟁사의 선제적 제품 출시가 20%, 회사의 불충분한 자원 지원이 15%, 비현실적인 프로젝트 기한이 15%, 팀 내 의사소통 체계 문제가 10%, 명확하지 않은 프로젝트 목표가 5%를 차지했습니다. 이렇게 하나씩 실패 요인들의 비중을 적다 보니, 수연 씨가 통제할 수 있었던 영역은 10%에 불과했습니다. 처음에 수연 씨는 자신의 책임이 전체의

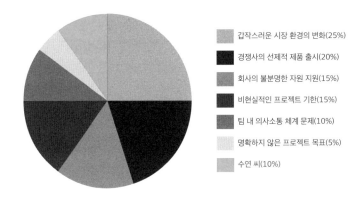

	갑작스러운 시장 환경의 변화(25%)
	경쟁사의 선제적 제품 출시(20%)
	회사의 불분명한 자원 지원(15%)
	비현실적인 프로젝트 기한(15%)
	팀 내 의사소통 체계 문제(10%)
	명확하지 않은 프로젝트 목표(5%)
	수연 씨(10%)

프로젝트 실패의 책임 파이 차트

70~80%를 차지할 것이라 생각했지만, 실제로 다른 요인들을 하나씩 적어보니 그 비중이 생각보다 훨씬 적었던 것입니다.

이 작업을 통해 수연 씨는 처음으로 상황을 객관적으로 바라볼 수 있게 되었습니다. 그녀는 "제가 프로젝트의 모든 것을 통제할 수 있다고 생각했던 게 오히려 저를 더 괴롭게 만들었네요. 사실 제가 어떻게 할 수 없는 일들이 더 많았던 거네요"라는 깨달음을 얻었습니다.

이처럼 책임 파이 차트를 그려보면 두 가지 중요한 통찰을 얻을 수 있습니다.

첫째, 대부분의 문제는 복합적인 원인에서 비롯됩니다. 처벌형 자존감도둑은 모든 것을 우리의 잘못으로 몰아가지만, 실제 상황에는 다양한 요인이 복잡하게 얽혀 있습니다. "다 네 탓이야"라는 말은 현실을 지나치게 단순화하고 왜곡하는 것입니다.

둘째, 우리가 통제할 수 있는 부분과 그렇지 않은 부분을 구분할 수 있습니다. 이를 통해 실제로 변화시킬 수 있는 것에 에너지를 집중할 수 있습니다.

처벌형 자존감도둑이 "이건 다 네 잘못이야"라고 속삭인다면, 잠시 멈추고 책임 파이 차트를 그려보세요. 그리고 스스로에게 물어보세요.

"정말 이 모든 게 나의 잘못일까? 다른 요인은 없었을까?"

이런 질문이 우리를 과도한 자책으로부터 자유롭게 해줄 것입니다.

의지가 작동하지 않는 순간

처벌형 자존감도둑은 모든 것을 의지의 문제로 몰아갑니다.

"네가 노력만 하면 되는데 왜 안 하는 거야?"

"다른 사람들은 다 할 수 있는데 너는 왜 안 되는 거야?"

하지만 현실에는 의지와 노력만으로는 해결되지 않는 것들이 많습니다. 우리의 몸과 마음은 기계가 아니라 살아 있는 유기체이기 때문입니다.

예를 들어 며칠 동안 밤을 새워 일했다고 생각해봅시다. 아무리 의지가 강한 사람이라도 집중력은 떨어지고 실수는 늘어날 수밖에 없습니다. 피로가 쌓인 뇌는 제대로 된 판단을 내리기 어렵고, 감정 조절도 힘들어집니다. 이것은 게으름이나 의지박약의 문제가 아닙니다. 우리 몸이 쉬어야 할 때 보내는 자연스러운 신호입니다.

직장인 정우 씨는 이런 이야기를 했습니다.

"저는 매일 새벽 5시에 일어나서 운동하고, 일하고, 퇴근 후에는 자기계발을 하겠다고 다짐했어요. 처음 며칠은 잘 됐죠. 하지만 점점 아침에 일어나기 힘들어졌고, 일하는 중에도 자꾸 졸음이 몰려왔어요. 결국 번아웃이 왔고, 회사도 쉬어야 했습니다. 제가 의지가 부족했던 걸까요?"

이는 의지의 문제가 아닙니다. 우리 몸이 감당할 수 있는 한계를 넘어섰기 때문입니다.

운동선수들도 마찬가지입니다. 그들은 최상의 컨디션을 위해 훈련과 휴식의 균형을 맞춥니다. 아무리 열심히 훈련하고 싶어도 몸이 회복되는 시간이 필요하다는 것을 알기 때문이죠. 휴식 없는 훈련은 오히려 부상이나 기량 저하로 이어질 수 있습니다. 이처럼 의지만으로는 극복할 수 없는 신체적 한계가 분명히 존재합니다.

우울증이 있을 때도 마찬가지입니다. "그냥 기분 전환하면 되잖아", "조금만 노력하면 될 텐데"와 같은 말은 우울증을 겪어본 적 없는 사람들의 이야기입니다. 우울증은 단순히 의지로 극복할 수 있는 것이 아닙니다. 전문적인 도움이 필요한 건강의 문제이죠.

수면도 비슷합니다. '일찍 자야지', '내일은 꼭 일찍 일어나야지'라고 아무리 다짐해도, 불면증이 있다면 그것은 의지의 문제가 아닙니다. 여러 가지 신체적·환경적 요인들이 복합적으로 작용하는 것이죠. 이럴 때 필요한 것은 자책이 아니라 수면 환경 개선이나 전문가의 도움입니다.

처벌형 자존감도둑은 이런 현실을 무시합니다. 모든 것을 의지의 문제로 환원하고, 그래서 실패하면 전부 우리의 잘못으로 몰아붙입니다. 하지만 이제 우리는 압니다. 의지만으로는 해결되지 않는 것들이 있다는 것을, 그리고 그것은 우리의 잘못이 아니라는 것을 말이죠.

그렇다면 우리는 어떻게 해야 할까요? 먼저 우리 몸과 마음의 상태를 있는 그대로 인정하는 것이 중요합니다. 컨디션이 좋지 않을 때는 '내가 게을러서 그래'라고 자책하는 대신 '지금은 휴식이 필요한 때구나'라고 받아들이는 것이죠. 때로는 열심히 하는 것보다 적절히 쉬는 것이 더 현명한 선택일 수 있습니다.

이제 처벌형 자존감도둑이 "넌 의지가 부족해"라고 말한다면 이렇게 대답해보세요.

"지금 나에게 필요한 건 자책이 아니라 적절한 휴식이야. 내 몸과 마음이 감당할 수 있는 만큼만 하는 것, 그것도 하나의 지혜야."

의지만능주의에서 벗어나 우리의 한계를 인정하고 받아들일 때, 우리는 더 건강하고 지속가능한 방식으로 성장할 수 있습니다.

처벌형 자존감도둑의 실체와 마주하기

처벌형 자존감도둑과 씨름하다 보면 가끔 놀라운 경험을 합니다. 갑자기 그가 "미안해, 내가 너를 너무 몰아붙였네", "네가 맞아, 내가 너무 가혹했어"라고 말하는 거죠. 하지만 이것은 착각입니다. 진짜 자존감도둑은 절대 사과하지 않습니다. 그의 본질은 비난이기 때문입니다.

우리의 목표는 자존감도둑을 설득하는 것이 아닙니다. 만약 자존감도둑을 설득했다는 생각이 든다면, 그건 사실 자존감도둑이 아닌 우리 마음의 다른 부분일 것입니다. 자존감도둑은 우리를 비난하기 위해 존재하는 내면의 목소리이기에, 타협과 대화는 무의미합니다. 그에게 필요한 것은 단호한 거절과 무시뿐입니다.

처음에는 처벌형 자존감도둑과 마주하는 것이 두렵고 어렵게 느껴집니다. 그의 목소리가 들리면 마치 몸이 얼어붙은 것처럼 꼼짝할 수 없죠. 하지만 용기를 내 이 두려움의 실체를 들여다보면 놀라운 사실을 발견합니다. 그에게는 실체가 없습니다. 그저 우리 머릿속에서 반복되는 **생각의 패턴**, 하나의 사고방식에 불과한 것이죠. 마치 영화 세트장처럼 앞에서 보면 무섭고 위협적이지만, 뒤에서 보면 그저 허술한 가짜 구조물일 뿐입니다.

그러므로 자존감도둑의 말이 들려올 때마다 이렇게 생각해보세요.

"이건 그저 내 머릿속을 맴도는 생각일 뿐이야. 실제로 일어나는 일도 아니고, 절대적인 진실도 아니야. 그저 오래된 습관처럼 반복되는 사고방식일 뿐이지."

자존감도둑의 실체 없음을 깨닫는 것, 그것이 우리를 자유롭게 하는 열쇠입니다.

지금까지 우리는 처벌형 자존감도둑의 실체와 그를 다루는 방법들을 살펴보았습니다. 건설적인 피드백과 인신공격을 구분하고, 과거의 실수를 미래의 가능성으로 전환하는 피드포워드에 대해서도 배웠습니다. 또한 모든 일에 대해 책임질 필요가 없다는 사실과, 의지만으로는 극복되지 않는 한계가 존재한다는 것도 알게 되었죠. 무엇보다 처벌형 자존감도둑의 목소리는 실체가 없는, 단순한 사고의 패턴일 뿐이라는 것을 깨달았습니다. 이제 또 다른 종류의 자존감도둑, 바로 죄의식형 자존감도둑을 만나보겠습니다.

죄의식형 자존감도둑
공략하기

우리 안의 자책하는 목소리가 타인의 욕구를 우선하라고 강요합니다. 자신의 필요나 욕구를 표현하는 것을 이기적이라 낙인찍고, 끊임없는 죄의식을 불러일으킵니다. 이러한 죄의식형 자존감도둑의 패턴에는 처벌적이고 요구적인 특성이 복합적으로 작용합니다. 처벌적 측면에서는 자기욕구 표현을 '이기적'이라고 비난하며 과도한 책임감을 부여하고, 요구적 측면에서는 타인을 위한 완전한 희생을 강요합니다.

이러한 복합적 특성을 고려해 다양한 대응 전략을 함께 활용할 수 있습니다. 기본적 욕구 존중하기, 자기돌봄의 중요성 인식하기, 건강한 경계 설정하기라는 세 가지 핵심 전략과 함께, 과학적 근거를 통한 반박, 책임 분배하기, 비현실적 기대 해체하기 등의 보조 전략을 활용할 수 있습니다. 이러한 통합적 접근은 단순히 죄책감을 줄이는 것을 넘어, 진정으로 지속가능한 관계와 삶의 방식을 만드는 토대가 되어줍니다. 먼저 모든 인간이 가진 기본적 욕구에 대해 이야기해보겠습니다.

기본적 욕구 존중하기

인간에게는 누구나 기본적 욕구가 있습니다. 이는 생존과 성장을 위한 자연스러운 필요이며, 결코 이기적인 것이 아닙니다. 어린 시절부터 이러한 욕구들이 우리 안에 존재하며, 적절히 충족되지 않으면 성인이 되어서도 불편감으로 이어질 수 있습니다. 우선 기본적 욕구부터 살펴보겠습니다.

첫째, **애착과 인정의 욕구**입니다. 우리는 타인으로부터 돌봄과 수용, 사랑을 받고 싶어 합니다. 이는 인간관계에서 기본이 되는 욕구로, 충족되지 않으면 평생 채워지지 않는 빈자리로 남을 수 있습니다. 특히 어린 시절에 안정적인 애착을 형성하지 못하면, 성인이 되어 이러한 욕구가 더욱 강하게 나타날 수 있습니다. 이는 부족함이나 결함이 아닌, 채워지지 못한 자연스러운 욕구의 표현입니다.

둘째, **자기표현의 욕구**입니다. 자신의 감정과 생각을 표현하고, 이를 존중받고 싶은 마음은 자아 발달의 핵심입니다. 그러나 죄책감에 사로잡히면 이런 표현이 타인에게 해가 될 것이라 여겨 자신을 억압합니다. 하고 싶은 것이 있어도 표현하지 못하고, 자신의 감정이나 생각을 드러내는 것이 타인에게 피해를 준다고 믿습니다. 하지만 건강한 자기표현은 관계 발전을 위한 필수 요소입니다.

셋째, **자율성의 욕구**입니다. 성인으로서 독립적인 결정을 내리고 싶은 욕구는 자연스럽습니다. 하지만 많은 이들이 '독립하면 가족이 힘들어질 것'이라는 죄책감에 발목이 잡힙니다. 상담 현장에서 만난 내담자들 중에는 성인이 되고도 독립을 망설이는 경우가 많습니다. 부모님의 건강이 좋지 않다거나, 경제적으로 어려운 상황이라는 이유로 독립을 미루는 식입니다.

하지만 예상과 달리 실제 독립 후에는 삶의 새로운 균형을 찾고 생활에도 큰 무리가 없는 모습을 자주 봅니다. 처음에는 어색하고 불편할 수 있지만, 시간이 지나면서 각자의 방식대로 적응해나갑니다. 부모님도 자녀의 독립을 통해 새로운 삶의 방식을 발견하고, 자녀 역시 진정한 성인으로 성장하는 기회를 갖습니다.

이러한 기본적 욕구들은 인간이라면 누구나 가질 수 있는 정당한 권리입니다. 이를 표현하고 충족하려는 시도는 이기적인 행동이 아닌, 건강한 성장을 위한 필수적인 과정입니다. 죄의식형 자존감도둑의 목소리는 이러한 기본적 권리마저 이기심이라 매도하지만, 이는 왜곡된 시각입니다. 내면의 기본적 욕구를 인정하고 존중하는 것에서부터 진정한 자아존중감이 시작됩니다.

비행 중 응급상황이 발생해 산소마스크를 착용해야 할 때 어린 자녀보다 보호자가 먼저 착용하라는 안내를 들어보았을 것입니다. 이는 보호자가 의식을 잃으면 아이를 돌볼 수 없기 때문입니다. 이처럼 자신을 챙기는 것은 이기심이 아닌 책임감에서 출발한 행동입니다.

진료실에서 만난 40대 중반 미영 씨의 사례를 들어보겠습니다. 맏딸인 미영 씨는 '효도해야 한다'는 의무감에 10년 전 회사를 그만두고, 친구 관계도 단절한 채 오직 치매를 앓고 계신 부모님 간병에만 매진해왔습니다. 잠깐이라도 자신의 일을 하거나 친구를 만나면, 부모님께 죄를 짓는 것 같은 마음이 든다며 자신을 돌보는 것에 심한 죄책감을 느꼈습니다. 하지만 시간이 지날수록 마음 한편에 억눌린 원망이 쌓이기 시작했고, 이는 부모님을 대할 때 미세한 짜증이나 피로감으로 표출되었습니다. 자신을 돌보는 것 없이는 타인을 지속적으로 돌보기가 어렵습니다. 미영 씨처럼 자신의 욕구를 억누르기만 하다가 소진되어 불행해지면 결국 부모님께 온전한 마음으로 정성을 다할 수 없게 되고, 이는 부모 자녀 관계의 질적 저하로 이어집니다.

또 다른 내담자인 30대 후반 지현 씨는 세 아이의 엄마입니다. "아이들 학원비에 들어가는 돈이 많아서 커피 한 잔 마시는 것, 미용실 한 번 가는 것조차 사치라고 생각하며 살았어요. 친구들 만나는 것도 다 끊었죠. 그런데 요즘 제가 자꾸 아이들한테 짜증을 내요."

지현 씨는 피로가 쌓이고 우울감이 깊어지면서 아이들에게 점점 더 쉽게 화를 냈습니다. 급기야 큰 아이가 "엄마가 요즘 너무 무서워"라고 말했을 때 지현 씨의 가슴은 무너져 내렸습니다. 자신의 희생적인 태도가 오히려 아이들과의 관계를 해쳤다는 사실을 알게 된 것입니다.

우리의 정신적 에너지는 마치 충전식 배터리와 같습니다. 지속적으로 충전해주지 않으면 결국 방전될 수밖에 없습니다. 그런데 많은 사람들이 자신의 배터리가 완전히 방전될 때까지 충전을 미룹니다. '조금만 더 버텨보자', '다른 사람들을 위해 조금만 더…'라며 자신의 한계를 무시합니다. 하지만 완전히 방전된 배터리는 다시 충전하는 데 훨씬 더 많은 시간과 에너지를 필요로 합니다.

앞서 본 사례들처럼 내면의 죄책감이 강요하는 자기희생적 삶은 결국 소진으로 이어집니다. 가족과 타인을 위해 자신을 돌보지 않는 것은 오히려 모두에게 해를 줄 수 있습니다.

그렇다면 어떻게 나를 챙길 수 있을까요? 여기에는 여러 가지 방법이 있습니다. 기본적인 **신체적 관리**(충분한 수면, 규칙적인 식사, 적절한 운동)부터 시작해, **정서적 관리**(스트레스 해소, 취미 활동, 휴식), 그리고 **사회적 관리**(의미 있는 관계 유지, 자신만의 시간 확보)까지 다양합니다. 이 모든 요소들이 균형을 이룰 때, 우리는 진정으로 타인을 위한 여유와 에너지를 가질 수 있습니다.

182

183

따라서 자신을 챙기는 것은 선택이 아닌 필수입니다. 내 삶의 최우선 순위를 자기관리로 두어야 합니다. 나를 챙기는 것은 타인을 챙기기 위한 전제조건입니다. 신체적·정신적 건강이 유지될 때 비로소 마음의 여유가 생기고, 그 여유를 통해 타인에게 진정한 도움을 줄 수 있습니다. 자기돌봄이 이기적이라고 말하는 내면의 목소리에 휘둘리지 마세요. 그것은 오히려 더 건강하고 지속가능한 관계를 위한 현명한 선택입니다.

나를 챙기는 구체적인 방법들은 7장에서 자세히 다루겠습니다. 가장 중요한 것은 작은 것부터라도 지금 시작하는 것입니다. '오늘 하루 편안한 마음으로 식사하기', '10분이라도 혼자만의 시간 갖기', '좋아하는 음악 듣기'처럼 작은 실천부터 시도해보세요. 이러한 작은 변화들이 모여 결국 나와 내 주변 사람들의 삶을 더 풍요롭게 만들 것입니다.

건강한 경계 설정하기

타인을 배려한다는 명목으로 자신을 잃어가는 것은 건강한 관계가 아닙니다. 각 개인을 둘러싼 보이지 않는 심리적 공간, 즉 **퍼스널 버블**Personal Bubble의 존중이 그 시작입니다. 이는 마치 비눗방울처럼 개인마다 크기가 다르고 상황에 따라 유동적으로 변할 수 있습니다. 하지만 우리 안의 죄의식형 자존감도둑은 끊임없이 "네가 더 배려했어야 했는데", "이기적인 사람이 되면 안 돼"라고 속삭입니다. 이런 내면의 목소리에 지배되어 타인과의 관계를 위해 이 심리적 공간을 무시하고 자신의 욕구나 선호를 표현하지 못하는 사람들은 결국 내면에 불만이 쌓입니다.

이렇게 축적된 불만은 주로 다음의 세 가지 방식으로 표출됩니다. 첫째, 갑작스러운 분노 폭발입니다. 마치 댐이 무너지듯이, 오랫동안 쌓아둔 감정이 한순간에 터져나와 관계를 위협합니다. 둘째는 수동-공격적 표현입니다. 직접적인 불만 표현 대신 약속 시간에 늦거나 일을 미루는 등 간접적인 방식으로 불만을 표현합니다. 본인은 감정이 드러나지 않을 거라 생각하지만, 대부분의 경우 상대방은 이러한 수동-공격성을 쉽게 감지합니다. 셋째는 관계의 단절입니다. 가장 흔한 형태로, 불만이 쌓이면 그 관계 자체를 회피하거나 포기해버립니다.

34세 이진 씨는 '착한 아이 콤플렉스'와 함께 성장했습니다.

"어렸을 때부터 '다른 사람을 먼저 배려해야 착한 거야'라는 말을 자주 들었어요. 그게 제 안의 죄의식형 자존감도둑이 되었나 봐요."

그녀는 친한 친구들과의 관계에서도 이런 패턴을 반복했습니다. 주말마다 친구들과 만나면서 항상 피곤함을 느꼈고, 점차 우울감이 커졌습니다.

"친구들이 카페에 가자고 하면 피곤해도 거절하지 못했어요. '이기적인 사람이 되면 안 돼'라는 생각이 너무 컸거든요."

상담이 진행되면서 그녀는 자신의 퍼스널 버블을 인식하고 그것을 지키는 것이 이기심이 아닌 건강한 자기보호임을 배웠습니다. "이번 주말에는 피곤해서 집에서 쉴래"라고 솔직하게 표현하기 시작했고, 놀랍게도 친구들은 이해해주었습니다. 내면의 죄책감과 싸우는 과정이 쉽지는 않았지만, 오히려 관계의 질이 개선되었고, 만날 때는 더 즐겁고 에너지 넘치는 시간을 보낼 수 있게 되었습니다.

퍼스널 버블은 물리적 거리뿐만 아니라 감정적·심리적 영역도 포함합니다. 예를 들어, 어떤 사람은 타인이 자신의 개인적인 일에 관심을 보이는 것을 친밀감의 표현으로 받아들이는 반면, 다른 사람은 이를 사생활 침해로 느끼기도 합니다. 특히 가족이나 친밀한 관계에서 '우리는 가족인데 뭐'라는 생각으로 이 심리적 경계를 무시하기 쉽습니다.

상담실에서 자주 하는 말이 있습니다.

"본전 생각이 날 것 같으면 하지 마세요."

누구나 타인에게 베풀 수 있는 한계선이 있습니다. 그 선을 넘어서면 '내가 이렇게 해줬는데 저 사람은 왜 이럴까?'라는 생각이 들기 시작합니다. 이는 이미 자신의 퍼스널 버블이 침범당했다는 신호입니다. 건강한 관계를 위해서는 이 선을 명확히 인식하고 지켜야 합니다.

경계 설정에서 중요한 것은 상대방이 나의 경계를 넘었을 때 즉시 표현하는 것입니다. 상대방을 배려해야 한다는 생각에 불편함을 참다 보면, 상대방은 자신의 행동이 문제가 된다는 것을 인식하지 못한 채 계속해서 경계를 침범합니다. 많은 내담자들이 '이런 것까지 말하면 예민해 보일까 봐', '가족인데 이런 걸로 서운해하면 안 될 것 같아서' 등의 이유로 침묵하지만, 이는 결국 관계의 질을 떨어뜨립니다.

사람마다 퍼스널 버블의 크기는 각각 다릅니다. 경계가 넓어서 쉽게 불편함을 느끼지 않는 사람이 있는가 하면 경계가 좁아서 작은 침범에도 민감하게 반응하는 사람도 있습니다. 이러한 차이는 잘못이 아닌 개인의 특성입니다. 중요한 것은 자신의 경계를 정확히 알고 이를 적절히 표현하는 것입니다.

실천적인 방법으로 나-전달법을 활용할 수 있습니다. "너는 왜 항상 이러니?"가 아닌 "나는 이런 상황에서 불편함을 느껴"라고 표현하는 것입니다. 이는 상대방을 비난하지 않으면서 자신의 퍼스널 버블을 지키는 효과적인 방법입니다.

결국 건강한 대인관계의 핵심은 상대방의 퍼스널 버블을 존중하면서도 자신의 심리적 경계를 지키는 균형에 있습니다. 이는 이기심이 아닌, 지속가능한 관계를 위한 필수 요소입니다. 자신과 타인의 심리적 공간을 모두 인정하고 존중하는 것에서부터 진정한 상호존중의 관계가 시작됩니다.

자존감도둑이 하는 말
첨삭하기

지금까지 우리는 자존감도둑의 메시지를 관찰일지에 기록하고, 각각의 유형에 맞는 대응 방법을 살펴보았습니다. 이제 처벌형 자존감도둑을 다룰 때 해보았듯이 관찰일지를 토대로 자존감도둑의 메시지를 첨삭해보겠습니다. 마치 선생님이 학생의 글을 교정하듯이 자존감도둑의 말을 객관적으로 검토하고 수정하는 과정입니다.

잠시 심호흡을 하고 자존감도둑의 말들을 써둔 수첩이나 메모를 다시 펼쳐보세요. 시간적 거리를 두면 당시의 감정에서 한 걸음 물러나 상황을 좀 더 객관적으로 볼 수 있습니다. 내가 선생님이 되어 어떤 학생이 쓴 작문을 첨삭한다고 생각해봅니다. 그렇게 자존감도둑의 말이라고 표시했던 문장들을 하나씩 검토

합니다.

  자존감도둑의 말을 다시 보는 것만으로도 내 안의 자존감도둑이 활성화될 수 있습니다. 따라서 이 과정이 매우 고통스럽게 느껴질 수 있습니다. 그럴 때에는 '지금 나는 어디에 있는지', '이것이 실제 사실인지, 아니면 누군가의 해석인지' 생각해봅니다. 너무 힘들다면 눈 앞의 글자를 그저 종이에 번진 잉크 자국이라고 생각해도 좋습니다.

  첨삭 과정에서 다시 자존감도둑의 말에 휘말린다면, 이 말을 내 친구가 듣고 있다고 상상해봅니다. 우리는 종종 자신에게 적용하는 잣대와 타인에게 적용하는 잣대가 다릅니다. 특히 자존감도둑이 있는 사람들은 다른 사람에게는 관대하지만 자신에게는 가혹한 기준을 적용하는 경향이 있습니다. 상담에서 이 부분에 대해 이야기할 때면 흔히 이런 대화가 오고 갑니다.

내담자 "그 친구는 그럴 만한 사람이 아닌데 자책하는 모습이 보기 안쓰러울 것 같아요. 그거는 아니죠."

치료자 "그런데 왜 ○○님은 본인한테는 그렇게 이야기하나요?"

내담자 "저는 그 친구랑 다르잖아요."

치료자 "어떤 점이 다른 걸까요?"

내담자 "…."

자존감도둑에 오랫동안 노출이 되면 이런 일이 벌어집니다.

뚜렷한 근거는 없지만 나 자신은 막 대해도 된다는 생각을 하게 되는 것입니다. 상담을 하며 마음 깊은 곳으로 파고들어가다 보면 어느새 자존감도둑의 빈약한 근거를 마주하게 됩니다. 이성적으로는 친구와 내가 다르지 않다는 것을 알아차립니다. 그러나 아직 감정적으로는 뭔가 아닌 것 같다는 생각이 들기도 합니다. 괜찮습니다. 감정은 천천히 바뀌니까 시간이 필요합니다.

자존감도둑의 말을 첨삭할 때에도 표시한 문장을 보면서 이 말의 근거가 무엇인지 꼬리에 꼬리를 물고 파고들어봅니다. 평소 자존감도둑이 나를 부정했듯이 이제는 내가 자존감도둑을 무시할 차례입니다. 자존감도둑의 말을 반박해봅니다.

"나는 왜 좋은 대우를 받으면 안 되지? 내가 왜 태어나면 안 되었다는 거지?"

"부모님이 힘드셨으면 내가 태어나면 안 되는 건가? 내가 부모님에게 낳아달라고 했던 것이 아닌데 그게 내 잘못인가?"

이렇게 반박하다 보면 자존감도둑의 근거가 빈약해지는 지점에 도달합니다. 다시 한번 말하자면 우리의 목적은 자존감도둑을 설득하는 것이 아닙니다. 그저 그 말에 근거가 없고 허무맹랑하다는 사실을 스스로 이해하는 것이 목표입니다. 근거가 빈약함을 알고 자존감도둑에 대한 믿음과 신뢰에서 벗어나는 것. 그 믿음에 미세한 균열을 내는 것이 지금의 목표입니다.

아직 자존감도둑의 말을 첨삭할 준비가 되지 않았을 수 있습니다. 심리치료는 내가 생각하지 않았던 부분에서 싸울 수 있는 근거를 찾는 것입니다. 심리도식치료에서는 치료자가 대신 내담자 입장에 서서 자존감도둑과 싸우는 모습을 보여줍니다. 내담자는 그것을 모델링하며 싸우는 법을 배웁니다. 물론 처음에는 이 싸움에 익숙하지 않아 혼자 있을 때는 자존감도둑에게 압도되기도 합니다. 그러나 과정을 반복하다 보면 점차 능숙하게 자존감도둑의 말을 수정할 수 있게 됩니다.

내 서사
다시 쓰기

자존감도둑이 하는 말을 첨삭해보았으니 이제는 더 큰 그림을 다룰 차례입니다. 우리의 전체 삶의 이야기, 즉 서사를 재구성하는 작업입니다. 자존감은 우리가 자신에게 들려주는 내적 서사에 크게 영향을 받습니다. 끊임없이 자신이 부족하다고 이야기하는 서사를 믿는다면, 우리는 실제로 스스로를 부족한 사람이라 여길 수밖에 없습니다.

자존감도둑은 교묘하게 사실과 자신의 해석을 뒤섞어 우리의 서사를 부정적으로 만듭니다. 마치 가짜뉴스처럼, 빈약한 사실에 왜곡된 해석을 덧붙여 그럴듯한 이야기를 만들어내는 것이죠. 이제 우리는 이 서사가 얼마나 작위적인지 살펴보고 새로운 이야기를 써내려가려 합니다.

5장
자존감도둑, 논리적으로 공략하기

내 서사 쓰기

심호흡을 하고 편하게 앉습니다. 그리고 글을 쓸 수 있는 공간을 마련합니다. 키보드를 이용해도 좋고 종이에 펜으로 써도 됩니다. 어린 시절부터 현재까지 나에게 영향을 준 주요 사건들을 차례로 적어봅니다. 이때는 특별한 분석 없이, 떠오르는 대로 써 내려가면 됩니다.

트라우마가 있다면 그 부분은 지금 자세히 쓰지 않아도 됩니다. 우리의 목적은 나 자신에게 들려주는 이야기가 어떤 모습인지 인식하는 것입니다. 전체 서사를 다 적은 후 이 이야기를 얼마나 진실이라고 믿는지 점수를 매겨봅니다. 100점은 완전히 동의하는 것이고, 0점은 전혀 동의하지 않는 것입니다. 아마 지금은 이 점수가 높게 나올 것입니다. 이제 뒤에 수행할 작업을 통해 이 점수들을 낮춰보겠습니다.

팩트와 해석 분리하기

다음으로는 펜을 들고 방금 쓴 이야기를 다시 읽어봅니다. 실제로 일어난 사실(팩트)과 내 해석(의견)을 구분하면서 읽되, 사실에는 밑줄을, 해석에는 취소선을 그어봅니다. 예를 들어 "어린 시절에 수줍음이 많은 탓에 초등학교 5학년 때부터 따돌림이 시작되었다. 나는 늘 사회성이 부족했다"와 같이 말입니다. 객관적 사실인 '5학년 때부터 따돌림이 시작되었다'에는 밑줄을, 주관적 해석인 '수줍음이 많은 탓에'와 '사회성이 부족했다'에는 취소선을 그어 구분합니다.

이 과정을 좀 더 쉽게 하는 방법이 있습니다. 형용사와 부사는 대부분 주관적 판단을 담고 있으므로 최대한 제거합니다. '수줍음이 많다'는 말은 객관적으로 측정하기 어려운 표현입니다. 얼마나 되어야 '많은' 것인지 정확히 정의할 수 없기 때문이죠.

또한 인과관계를 나타내는 표현들은 특히 주의 깊게 살펴봐야 합니다. 비슷한 시기에 일어났다고 꼭 인과관계가 있는 것은 아닙니다. '수줍음 때문에 따돌림을 당했다'는 식의 인과관계는 자존감도둑이 만든 왜곡일 수 있습니다. 수줍음이 있는 모든 아이가 따돌림을 당하는 것은 아니니까요. 이런 잘못된 인과관계와 왜곡된 판단 속에 자존감도둑의 흔적이 숨어 있습니다.

팩트만 모아서 서술하기

이제 표시해둔 팩트들만 모아 새로운 이야기를 써봅니다. 시간 순서대로 언제, 어떤 일이 있었는지 사실들을 연결하되, 이번에는 이 팩트를 전혀 다른 시각으로 바라보는 것입니다. 기존의 서사가 주로 내 성격이나 행동을 사건의 원인으로 지목했다면, 이번에는 환경적 요인들도 함께 고려해봅니다. 앞서 살펴본 책임 파이 차트를 떠올리면 도움이 될 것입니다.

이야기의 톤을 성장 서사로 바꿔봅니다. 실패나 좌절의 순간들을 단순히 '내가 부족해서 벌어진 일'로 해석하기보다는 그것을 통해 무엇을 배우고 어떻게 성장했는지에 초점을 맞춰보는 것입니다. 앞에서 배웠던 피드포워드 기법을 써보면 도움이 됩니다. 예를 들어 '직장에서 프로젝트가 실패했다'는 사실은 '일을 못해서'가 아니라, '처음 맡아본 큰 프로젝트에서 비록 실패했지만 팀워크의 중요성과 리스크 관리 방법을 배웠다'는 식으로 재해석할 수 있습니다.

특히 주목할 것은 우리가 각 상황에서 보여준 회복력과 적응력입니다. 어려운 상황에서도 포기하지 않고 계속 나아갔다는 점, 새로운 환경에 적응하기 위해 노력했다는 점, 실패 후에도 다시 도전했다는 점 등을 강조해보세요. 이는 맹목적인 긍정적 사고가 아닌, 우리가 실제 발휘한 강점이자 성장의 증거입니다.

또한 우리 삶에 영향을 준 긍정적인 인물들도 이야기에 포함시켜봅니다. 힘들 때 도움을 준 친구, 조언을 해준 선생님, 기회를 준 상사 등 우리의 성장을 도운 사람들의 존재도 중요한 부분입니다. 이를 통해 우리가 홀로 고립된 것이 아니라, 다양한 관계 속에서 성장해왔다는 것을 알 수 있습니다.

마지막으로 주목할 점은, 지금 이 글을 읽고 있는 우리의 모습입니다. 이 책을 펼쳐 든 순간 우리는 이미 더 나은 삶을 향한 실천을 시작한 것이죠. 우리의 이야기는 아직 끝나지 않았습니다. 과거의 경험들이 현재의 우리를 만들어왔듯이, 지금 이 순간의 선택과 노력이 미래의 우리를 만들어갈 것입니다. 이 책을 읽는 우리의 모습에서 더 나아지고자 하는 의지를 발견할 수 있습니다.

이렇게 새로 쓴 이야기는 단순히 긍정적 생각에 머무르지 않고 더 균형 잡히고 현실적인 서사를 만듭니다. 우리의 삶에는 성공과 실패, 기쁨과 아픔이 모두 있고, 그 모든 경험이 현재의 우리를 만들어왔다는 것을 인정하는 과정입니다. 이것이 바로 진정한 의미의 성장 서사입니다.

생성형 AI로 내 서사 재구성하기

새로운 성장 서사를 직접 만드는 과정이 어렵게 느껴진다면 클로드Claude나 챗GPTChatGPT 같은 생성형 AI의 도움을 받을 수 있습니다. 실제 상담에서는 상담사와 함께 사실관계를 하나씩 검토하며 대안적 해석을 만들어갈 수 있지만 혼자서는 쉽지 않죠. 이때 생성형 AI의 도움을 받아 이 과정을 수월하게 진행해볼 수 있습니다. 생성형 AI에게 다음과 같은 요청문을 사용해보세요.

다음 두 단계로 내 이야기를 분석하고 재구성해줘.

1단계: 사실 추출
'언제', '어디서', '무슨 일이 있었는지'와 같은 객관적 사실만 남기고, 그에 대한 감정이나 해석, 인과관계는 모두 제외해줘.
예) "내가 소심해서 친구를 못 사귀었다." → "친구가 없었다."

2단계: 새로운 서사 만들기

위에서 추출한 사실들을 바탕으로, 다음 관점들을 고려해 새로운 이야기를 만들어줘.

* 각 상황에 영향을 미친 다양한 환경적 요인들

* 그 경험을 통해 얻은 배움과 성장

* 이 사건이 현재의 나에게 미친 긍정적인 영향

* 당시 상황에서 내가 보여준 회복력과 대처 능력

새로운 이야기를 만들 때에는 '나'를 주인공으로 한 1인칭 시점으로 써줘. 그리고 지금 이 책을 읽고 있다는 것은 나아지고자 하는 의지와 노력의 증거라는 점을 포함해줘. 단, 구체적인 장소나 인물 정보는 일반화해서 표현해줘.

[여기에 자신의 이야기를 적습니다.]

이 방법을 활용한 실제 사례는 부록에서 확인할 수 있습니다. 1장에서 소개한 유빈 씨의 이야기를 위 프롬프트를 사용해 재구성한 예시이니 도움이 될 것입니다. 이렇게 생성형 AI의 도움을 받는 과정에서 우리는 두 가지 중요한 깨달음을 얻을 수 있습니다. 첫째, 내가 '사실'이라 믿어온 이야기가 실은 자존감도둑의 해석이 뒤섞인 것임을 알게 됩니다. 둘째, 같은 사실도 전혀 다른 방식으로 해석될 수 있다는 점입니다.

새로 쓴 이야기가 기존의 내 이야기보다 더 설득력 있게 느껴진다면, 이제 그것을 새로운 서사로 받아들여도 좋습니다. 오히려 이 새로운 이야기가 실제 일어났던 일들을 더 포괄적으로 설명해줄 수 있습니다. 자존감도둑은 긍정적인 사건을 의도적으로 무시하기 때문에 그의 서사는 우리 삶의 전체 모습을 온전히 담아내지 못합니다.

이제 처음 내가 썼던 서사를 다시 읽어봅니다. 그리고 이 이야기에 스스로 어느 정도 동의하는지 자신의 견해를 점수화합니다. 100점은 완전히 동의하는 것이고, 0점은 전혀 동의하지 않는 것입니다. 처음에 자신이 준 점수에 비해 수치가 줄어들었다면, 그만큼 자존감도둑의 영향에서 자유로워졌다고 보아도 좋습니다.

이 작업의 궁극적인 목표는 스스로 자신의 이야기를 더 균형 잡힌 시각으로 바라보고자 하는 것입니다. 부정적인 면과 긍정적인 면을 모두 포함하되, 각 경험이 우리를 어떻게 성장시켰는지에 초점을 맞추는 것이죠. 이를 통해 과거의 사건들을 재해석하고, 현재의 나를 더 깊이 이해할 수 있습니다.

1단계 **사실 추출**

- 부모님 사이에 불화가 있었음

- 아버지가 술을 마시고 집에 들어옴

- 아버지가 유빈 씨와 어머니를 자주 혼냄

- 어머니가 유빈 씨에게 고민을 털어놓음

- 초등학교 시절 따돌림을 경험함

- 중학교는 멀리 있는 곳으로 진학함

- 현재 대학교 기숙사에서 생활 중임

- 자해 경험이 있음

- 현재는 자해 대신 피어싱을 함

- 상담을 받고 있음

2단계 **새로운 서사 구성**

나의 회복 여정

어린 시절, 나는 불안정한 가정 환경 속에서 성장했습니다. 우리 가정이 겪은 어려움은 당시 한국 사회가 겪던 경제적 불안과 맞물려 있었고, 많은 가정이 비슷한 고민을 안고 있었습니다. 부모님의 갈등은 그 시대의 많은 가정이 겪던 어려움의 한 단면이었을 뿐입니다.

학창 시절, 나는 조용하고 내성적인 성격 때문에 친구 관계에서 어려움을 겪었습니다. 하지만 지금 돌아보면, 그 시간은 나를 더 깊이 있는 사람으로 만들어주었습니다. 혼자 있는 시간이 많았던 덕분에 나는 다른 사람들의 감정에 더 민감해질 수 있었고, 고통받는 사람들의 마음을 더 잘 이해할 수 있게 되었습니다.

힘들 때마다 나는 나름의 방식으로 감정을 표현하려 노력했습니다. 처음에는 건강하지 못한 방식을 선택했지만, 점차 피어싱과 같은 창의적이고 자기표현적인 방식을 찾아냈습니다. 이는 내가 얼마나 적응력이 있고 문제해결능력이 뛰어난 사람인지를 보여주는 증거입니다.

대학 진학은 내 인생의 큰 전환점이었습니다. 새로운 환경에서 시작한 독립적인 생활이 쉽지 않았지만, 이를 통해 나는 내 삶의 주도권을 잡는 법을 배우고 있습니다. 상담을 받기로 한 결정은 내가 얼마나 용기 있는 사람인지를 보여줍니다. 많은 사람들이 평생 자신의 문제를 직면하지 못하는데, 나는 그 어려운 첫 걸음을 떼었습니다.

지금의 나는 과거의 경험들이 만들어준 독특한 강점들을 가지고 있습니다. 나는 다른 사람의 아픔을 이해할 줄 아는 공감 능력, 역경 속에서도 살아남은 회복력, 그리고 끊임없이 성장하려는 의지를 가진 사람입니다. 상담을 받고 있다는 사실은 내가 더 나은 삶을 향해 노력하고 있다는 증거이며, 이는 내가 얼마나 용기 있고 성장하고자 하는 의지가 강한 사람인지를 보여줍니다.

어떤 사람들은 평생 자신의 문제를 회피하며 살아가지만, 나는 내 이야기를 마주하고 이해하려 노력하고 있습니다. 이것이야말로 진정한 용기이자 강함이 아닐까요? 앞으로도 삶에는 어려움이 있겠지만, 이제 나는 알고 있습니다. 내가 얼마나 회복력 있는 사람인지, 그리고 어떤 어려움도 이겨낼 수 있다는 것을.

실전 도구 만들기 :
자존감도둑 대응 카드

자존감도둑의 패턴을 발견하고 인식하는 것만으로는 충분하지 않습니다. 실제 상황에서 그들과 맞설 수 있는 실전적인 도구가 필요합니다. 자존감도둑과의 싸움은 바이러스와의 전쟁과 같아서 우리는 늘 이에 대응할 준비를 하고 있어야 합니다. 이를 위해 4장에서 작성했던 관찰일지를 활용해 **자존감도둑 대응 카드**를 만들어보겠습니다.

먼저 관찰일지를 펼쳐놓고 자존감도둑이 가장 자주 등장하는 상황을 찾아보세요. 우리 모두에게는 자존감도둑이 특히 활발하게 활동하는 **취약한 시간대**나 **특정 상황**이 있습니다. 어떤 사람은 아침에 거울을 볼 때, 어떤 사람은 회의 시작 전에, 또 어떤 사람은 밤에 혼자 있을 때 자존감도둑이 더 크게 목소리를 내기도 합니다.

이제 우리의 관찰일지와 경험을 바탕으로 대응 카드를 만들어보겠습니다. 가장 빈번하게 출현하는 자존감도둑의 메시지들을 정리하여, 각각에 맞는 효과적인 대응 방법을 준비하는 것입니다. 먼저 4장의 관찰일지에 나왔던 사례들로 대응 카드를 만들어보겠습니다.

요구형 자존감도둑 대응 카드

상황	발표 수업 전날 밤
자존감도둑의 말	"더 완벽하게 준비했어야 해. 이 정도로는 절대 안 돼."
허점	과도한 압박은 오히려 수행능력을 저하
대응	"여키스-도슨 법칙을 기억하자. 적정 수준의 긴장은 도움이 되지만, 과도한 압박은 오히려 실수를 유발해. 지금까지 준비한 것으로 충분해. 오히려 너무 조급해하면 내일 발표를 제대로 못할 수도 있어."

처벌형 자존감도둑 대응 카드

상황	업무 메일에서 첨부파일을 잘못 보냈을 때
자존감도둑의 말	"이런 기본적인 것도 제대로 못 하다니. 메일 받은 사람이 널 무능하다고 생각할 거야."
허점	단순 실수를 전체 능력과 동일시
대응	"실수는 누구나 할 수 있어. 이것은 내 업무 능력

의 전체가 아닌 단순한 실수일 뿐이야. 바로 정정 메일을 보내면 되지, 이걸로 나 자체를 비하할 필요는 없어."

죄의식형 자존감도둑 대응 카드

상황	시험공부를 위해 친구들과 한 약속을 거절할 때
자존감도둑의 말	"이기적으로 나만 공부하겠다고 모임에 안 나가면 친구들이 서운해하겠지?"
허점	정당한 자기돌봄을 이기심으로 왜곡
대응	"내 기본적 욕구를 충족하는 것은 이기적인 게 아니야. 지금은 시험 준비가 필요한 시기고, 친구들도 이해해줄 거야. 서로의 상황을 이해하는 게 진정한 친구 관계야."

5장에서 다루었던 상황으로도 대응 카드를 만들어볼 수 있습니다.

요구형 자존감도둑 대응 카드 2

상황	업무 시간에 잠깐 휴식을 취하려 할 때
자존감도둑의 말	"쉬면 안 돼. 다른 사람들은 다 일하고 있는데 너만 쉬려고 해?"
허점	지속가능하지 않은 삶의 방식 강요
대응	"적절한 휴식은 장기적 생산성에 필수적이야. 번아웃이 오면 더 큰 문제가 될 수 있어. 잠깐 휴식

하면 오히려 더 효율적으로 일할 수 있어."

처벌형 자존감도둑 대응 카드 2

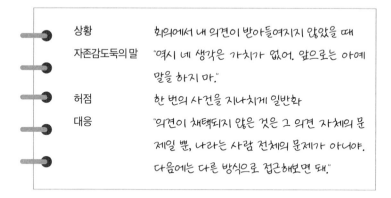

상황	회의에서 내 의견이 받아들여지지 않았을 때
자존감도둑의 말	"역시 네 생각은 가치가 없어. 앞으로는 아예 말을 하지 마."
허점	한 번의 사건을 지나치게 일반화
대응	"의견이 채택되지 않은 것은 그 의견 자체의 문제일 뿐, 나라는 사람 전체의 문제가 아니야. 다음에는 다른 방식으로 접근해보면 돼."

죄의식형 자존감도둑 대응 카드 2

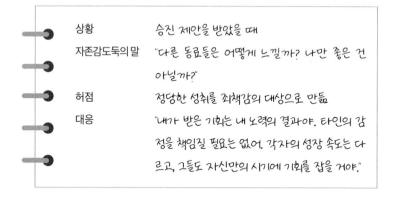

상황	승진 제안을 받았을 때
자존감도둑의 말	"다른 동료들은 어떻게 느낄까? 나만 좋은 건 아닐까?"
허점	정당한 성취를 죄책감의 대상으로 만듦
대응	"내가 받은 기회는 내 노력의 결과야. 타인의 감정을 책임질 필요는 없어. 각자의 성장 속도는 다르고, 그들도 자신만의 시기에 기회를 잡을 거야."

이러한 대응 카드들은 실제로 활용하기 쉽게 만드는 것이 중요합니다. 휴대폰 메모장에 저장해두거나, 실제 카드로 만들어 지갑

에 넣어두거나, 자주 보는 곳에 붙여두면 좋습니다. 중요한 것은 자존감도둑이 등장할 때 즉시 꺼내볼 수 있어야 한다는 점입니다.

대응 카드는 단순히 만드는 것으로 끝나지 않습니다. 거울을 보며 실제로 소리 내어 읽어보거나, 예상되는 상황을 상상하며 연습해보세요. 마치 중요한 발표 전 리허설을 하듯이, 자존감도둑과의 대화도 미리 연습해두면 실제 상황에서 더 효과적으로 대응할 수 있습니다.

또한 대응 카드는 고정된 것이 아닙니다. 어떤 대응이 특히 효과적이었는지, 어떤 상황에서는 더 보완이 필요한지 점검하고 계속해서 업데이트해야 합니다. 매주 한 번씩 관찰일지를 검토하며 자존감도둑이 등장하는 새로운 패턴은 없는지, 더 효과적인 대응 방법은 없는지 살펴보세요.

지금까지 우리는 자존감도둑에 대한 논리적 대응법을 배우고, 이를 바탕으로 실전에서 사용할 대응 카드도 만들어보았습니다. 바로 완벽한 대응을 하기는 어렵겠지만, 꾸준한 연습을 통해 자존감도둑의 영향력을 점차 줄여나갈 수 있습니다.

때로는 이성의 힘만으로 자존감도둑을 완전히 물리치기 어려울 수 있습니다. 자존감도둑의 허점을 논리적으로는 이해하면서도 감정적으로는 여전히 이에 휘둘리는 경험을 할 때도 있습니다. 다음 장에서는 이성의 힘을 넘어 감정적 차원에서 자존감도둑을 다루는 방법을 알아보겠습니다.

6장

자존감도둑,
감정적으로 공략하기

감정적 공략의
중요성

　우리는 지금까지 자존감도둑의 패턴을 파악하고, 그것이 얼마나 비논리적이고 부적절한지 분석했습니다. 이제 이성적으로는 자존감도둑의 말이 틀렸다는 사실을 이해하고 있을 것입니다. 이 무렵 진료실에서 많은 분들이 이렇게 말합니다.

　"선생님, 이제 머리로는 자존감도둑이 내게 도움이 되지 않고, 없어져야 한다는 것을 이해해요. 그런데 아직 마음은 너무 불편합니다. 자존감도둑의 말을 들어야 할 것 같아요."

　이는 지극히 자연스러운 현상입니다. 우리의 뇌는 크게 두 가지 방식으로 작동합니다. 하나는 이성적이고 분석적인 전전두엽이 주도하는 방식이고, 다른 하나는 감정과 기억을 담당하는 변연계적 방식입니다. 전전두엽은 논리적 사고를 담당하는 영역으로, 이곳의 패턴을 바꾸는 것은 상대적으로 수월합니다. 그러나 감정을 담당하는 편도체는 다릅니다.

편도체는 기억을 담당하는 해마 그리고 우리 몸의 신체반응을 조절하는 자율신경계와 긴밀하게 연결되어 있습니다. 그래서 자존감도둑이 활성화되면 연쇄적인 반응이 일어납니다. 편도체 활성화에 자율신경계가 즉각 반응하여 가슴이 뛰고, 호흡이 가빠지며, 온몸이 긴장합니다. 동시에 해마는 과거의 비슷한 기억들을 불러내 우리를 더욱 압도합니다.

자존감도둑과의 싸움이 어려운 이유는 바로 이러한 복잡한 뇌의 작동방식 때문입니다. 자존감도둑은 단순한 생각이 아니며 오랜 시간에 걸쳐 우리 내면에 깊이 뿌리내린 패턴입니다. 어린 시절부터 우리 안에 내재화된 이 목소리들은 논리만으로는 쉽게 바뀌지 않습니다.

그렇다면 어떻게 해야 할까요? 편도체의 패턴을 바꾸는 방법은 **새로운 감정적 경험**을 하는 것입니다. 이번 장에서는 편도체에 직접 접근하는 감정적 기법들을 소개할 것입니다.

이 과정에서 우리가 가장 먼저 주목할 것은 **분노**라는 감정입니다. 많은 사람들이 분노를 부정적인 감정으로 여기지만, 사실 분노는 우리를 보호하고 변화시키는 강력한 에너지입니다. 부당한 대우를 받았을 때 느끼는 분노, 스스로를 보호하고자 하는 분노는 건강하고 정당한 감정입니다. 우리는 이 분노를 억누르는 대신 자존감도둑과 맞서 싸우는 동력으로 활용할 것입니다.

그런데 이런 감정적 기법을 사용할 때는 주의가 필요합니다. 자존감도둑과 감정적으로 맞서 싸우는 과정에서 때로는 그에 압도되는 경험을 할 수 있기 때문입니다. 그래서 감정적으로 자존감도둑과 싸우기에 앞서 자신이 감정에 압도될 때 사용할 수 있는 다양한 대처 방법들을 먼저 배워둘 필요가 있습니다. 이 중에서 자신에게 가장 잘 맞는 방법을 찾아 충분히 숙달한 후 본격적인 감정적 작업을 시작해보기 바랍니다. 때로는 불편하고 낯선 과정일 수 있지만, 이는 진정한 자유를 향한 필수적인 여정입니다.

변화의 원동력,
분노

저는 내담자들이 상담에서 분노를 표출하는 순간, 이제 치료 여정이 중반에 들어섰다는 것을 직감합니다. 많은 분들이 분노나 화는 나쁜 감정이라고 생각하고 이를 누르거나 참아야 할 것으로 여깁니다. 특히 자존감도둑의 영향을 강하게 받아온 경우, 화를 내는 것 자체에서 엄청난 죄책감을 느끼기도 합니다.

자존감도둑은 각자의 방식으로 우리의 분노를 공격합니다. 죄의식형 자존감도둑은 "다들 힘든데 어떻게 네가 화를 낼 수가 있지? 너는 너만 생각하는구나!", 처벌형 자존감도둑은 "감히 어떻게 네가 화를 낼 수가 있어? 뭘 잘했다고 화를 내?", 요구형 자존감도둑은 "네 감정 하나 컨트롤 못해서 어떻게 하려고 해? 감정은 통제할 줄 알아야지!"라고 몰아붙입니다.

이처럼 자존감도둑은 우리가 분노를 느끼는 것조차 허락하지 않습니다. 자존감도둑이 강한 경우, 특히 죄의식형 자존감도둑의 지배를 받는 사람들은 언뜻 세상에서 가장 순하고 예의 바른 사람처럼 보입니다. 어린 시절, 그들은 부당한 대우를 받더라도 가족에게 그 감정을 표현할 수 없었을 것입니다. '가족을 위해 내가 희생하는 건 당연해', '내가 참으면 다른 사람들이 행복할 수 있어', '불편한 감정을 느끼는 것 자체가 불효야'라고 생각하며 자랐기 때문입니다.

이런 내담자들은 상담 초기에 순한 양처럼 보입니다. 하지만 이런 겉모습과 달리 자신을 향한 내면의 목소리는 놀랄 만큼 폭력적입니다. 바로 자존감도둑이 그들의 마음을 공격하고 있는 것입니다.

순하기만 하던 내담자들이 상담을 거듭하면서 큰 변화를 겪습니다. 자존감도둑의 정체를 알아가고, 그로 인해 고통받았던 어린 자신을 마주하는 과정에서 조금씩 분노를 느끼기 시작합니다. 처음에 이들은 분노라는 감정을 느끼는 것에 당혹스러워합니다. '왜 이렇게 화가 나지?', '내가 성격이 나빠진 걸까?' 하고 걱정합니다.

그런데 분노는 중요한 감정입니다. 분노는 내가 부당한 대우를 받았다는 것을 인식하고 그 상황을 바꾸려는 에너지이기 때문입니다. 사실 과거에도 이런 분노를 느끼지 못한 것은 아닙니다. 하지만 그때는 '이런 감정을 느껴서는 안 돼'라고 생각하며 분노를 마음 깊이 묻어두었을 뿐입니다. 혹은 너무 어렸기에 그 상황이 부당하다는 것조차 인식하지 못한 채 그저 견뎌냈을 수도 있습니다.

따라서 분노를 느낀다는 것은 매우 고무적인 변화입니다. 지금까지는 자존감도둑이 우리의 감정을 단단히 억누르고 있었다면 이제는 그 통제력이 약해지고 있다는 의미이기 때문입니다. 마치 오랫동안 얼어 있던 강물이 봄이 되어 녹기 시작하듯 분노의 감정이 올라오는 것은 우리 마음이 자존감도둑의 얼음장 같은 통제에서 벗어나 마침내 흐르기 시작했다는 신호입니다.

이 분노는 두 가지로 나눠 생각해볼 수 있습니다. 하나는 상처받은 어린 시절의 내 분노가 처음으로 표현되는 것일 수 있고, 다른 하나는 성인이 된 지금의 내가 과거를 돌아보며 느끼는 정당한 분노입니다. 연약한 아이가 폭력을 당하는 것을 보며 '저러면 안 되는데…'라고 느끼는 것처럼, 과거의 자신을 향한 연민과 보호하고자 하는 마음에서 오는 분노입니다.

그런데 분노를 느끼는 것과 분노를 표현하는 것은 다릅니다. 분노를 표현하는 방식에는 좋고 나쁨이 있습니다. 화가 난다고 해서 다른 사람을 해치거나 처벌하듯 대하는 것은 바람직하지 않죠.

하지만 분노를 느끼는 그 자체에는 옳고 그름이 없습니다. 그것은 우리 안에서 자연스럽게 올라오는 감정입니다. 여러분의 분노에는 죄가 없습니다. 오히려 분노는 우리를 지키고 변화시키는 소중한 에너지입니다.

이제 그 분노를 건설적인 방향으로 써봅시다. 마음속에서 우리를 공격하고 괴롭히는 자존감도둑에게 맞서는 데 분노를 활용하는 것. 이것이야말로 분노를 처리하는 가장 건강한 방식입니다.

감정적 작업 전
안전장치 만들기

자존감도둑과 감정적으로 맞서 싸우기란 쉽지 않은 일입니다. 때로는 압도당할 수도, 과거의 고통스러운 기억이 물밀듯이 밀려와 고통스러울 수도 있습니다. 따라서 본격적인 작업을 시작하기 전 먼저 안전장치를 마련해두어야 합니다. 자동차를 운전하기 전 안전벨트를 매는 것처럼, 감정적인 작업을 하기 전에도 나만의 안전장치가 필요합니다.

여기에서는 세 가지 안정화 기법을 소개합니다. 각자 자신에게 가장 잘 맞는 방법을 찾아 충분히 연습해두세요. 한 가지 방법에만 익숙해져도 좋고, 상황에 따라 여러 가지를 번갈아 사용해도 좋습니다. 중요한 것은 이 기법들을 미리 충분히 연습해두는 것입니다. 위기의 순간에 처음 시도하는 것보다 평소에 익숙해져 있는 것이 훨씬 더 효과적입니다.

신체적 접지, 그라운딩

그라운딩은 과거의 기억이나 강한 감정에 압도될 때, 우리를 현재로 돌아오게 하는 기법입니다. 지금 이 순간, 내 몸과 감각에 집중하는 것이죠. 의자에 앉아서 실습해보겠습니다.

1. 천천히 심호흡을 합니다.
2. 양발을 어깨 너비만큼 벌리고 발바닥의 모든 면이 바닥에 닿는 감각을 느끼며 발을 바닥에 붙입니다.
3. 등받이에 기대어 등받이가 나를 지지해주는 감각을 느낍니다.
4. 지금이 몇 월 며칠인지 떠올립니다.
5. 현재 자신이 있는 장소의 이름을 떠올립니다.
6. 눈을 뜨고 주변을 둘러보며 미처 보지 못했던 다섯 가지 물체를 찾아봅니다. 예를 들어 벽지의 패턴, 빛의 반사, 창밖의 나뭇잎, 책상 위 물건, 벽시계 소리 등 현재 느껴지는 감각 네 가지를 알아차려봅니다.
7. 현재 들리는 소리 세 가지를 알아차려봅니다. 예를 들어 시계 소리, 멀리서 들리는 자동차 소리, 바람 소리 등이 있습니다.
8. 코로 느껴지는 두 가지 냄새에 집중합니다.
9. 주변에 맛을 느낄 수 있는 껌이나 캔디, 음식이 있으면 입에 넣

고 그 맛을 느껴봅니다.

이러한 절차를 통해 우리는 점차 과거의 기억이나 감정에서 빠져나와 현재로 돌아올 수 있습니다. 지금 느껴지는 불편한 감정이나 기억은 현재가 아닌 과거의 것이라는 점을 기억하세요.

안전한 공간 떠올리기

두 번째 안정화 기법은 마음속에 **안전한 공간**을 만드는 것입니다. 여기서 가장 중요한 것은 스스로 안전하다고 느낄 수 있어야 한다는 점입니다. 그 공간은 아늑한 내 방일 수도 있고, 한적한 해변의 야자수 아래일 수도 있으며, 좋아하는 소설이나 영화 속 공간일 수도 있습니다.

1 눈을 감고 내가 생각하는 안전한 장소를 떠올려봅니다.
2 그 공간 안에 내가 있는 것을 떠올려봅니다. 그 공간에서 당신은 어떤 자세로 있나요. 편안한 소파에 기대어 있나요, 아니면 따뜻한 모래사장에 누워 있나요?
3 지금 주변에 보이는 것들은 무엇인가요? 파란 하늘에 살랑이는 야자수 잎일 수도 있고, 침대에 누워서 바라보는, 책장에 있는 내 책들이나 인형일 수도 있습니다.
4 지금 온도는 어떤가요. 따뜻한가요, 아니면 약간 시원한가요.

지금 어떤 소리가 들리나요. 시계가 똑딱이는 소리가 들릴 수도 있고 봄바람이 부는 소리가 들릴 수도 있습니다.

⑤ 거기에는 어떤 냄새가 나나요. 휴양지의 바다 내음일 수도 있고, 내 방의 이불 냄새일 수도 있습니다.

⑥ 이제 그 공간에 있는 자신의 표정을 살펴보세요. 지금 어떤 느낌인가요. 충분히 그 편안함을 느끼세요. 이완되고 안정된 느낌을 계속 유지해보세요. 그 공간을 충분히 경험했다는 생각이 들면 이제 눈을 떠도 됩니다.

만약 이 이미지 속에서도 불안함이 느껴진다면, 다른 안전한 공간을 떠올려봅니다. 당신에게 가장 안전하게 느껴지는 공간을 찾을 때까지 계속해서 시도해보세요.

이 안전한 공간은 언제든 도움이 필요할 때 찾아갈 수 있는 피난처가 될 것입니다. 자존감도둑과 싸우는 과정에서, 또는 불안하거나 두려울 때 이곳을 떠올리세요. 눈을 감는 것이 불편하다면, 살짝 뜬 상태에서 이미지를 떠올려도 좋습니다.

나를 보호해주는 비눗방울

다음은 **나를 보호해주는 비눗방울**을 떠올려 보겠습니다. 이 기법은 조앤 퍼렐Joan Farrell과 아이다 쇼Ida Shaw의 《내면으로부터 심리도식 치료 경험하기》에 있는 내용을 발췌하여 수정했습니다.

① 자신이 안에 들어갈 수 있을 정도의 넉넉한 크기를 가진 비눗방울을 떠올려봅니다.

② 비눗방울의 색은 자신이 좋아하는 색으로 정할 수 있습니다. 비눗방울을 당신이 원하는 만큼 아름답게 꾸미세요.

③ 이 비눗방울은 어떤 일에도 터지지 않을 만큼 강하지만 당신은 편안하게 드나들 수 있고, 당신을 진정시키고 안전한 느낌을 주는 물건도 가지고 들어갈 수 있습니다.

④ 비눗방울 안에 혼자 있을 수 있고, 다른 사람들을 들어오게 할 수도 있습니다. 비눗방울 안에 가져올 수 없는 유일한 것은 당신에게 해롭거나 건강하지 않은 것입니다.

⑤ 이제 당신이 원하는 것을 가지고 비눗방울 안에 들어간 후, 비눗방울을 타고 원하는 곳으로 떠내려가는 상상을 해보세요.

⑥ 이 안전 비눗방울 안에서 공기 중을 떠다니는 동안 당신은 눈을 감고 싶을 수도, 좋아하는 편안한 음악을 듣고 싶을 수도 있습니다. 나를 비난하는 목소리는 이 비눗방울을 뚫고 들어올 수 없습니다.

⑦ 당신은 원하는 만큼 오래 비눗방울 안에 있을 수 있습니다.

⑧ 비눗방울에서 나온 후에는 다른 일을 하기 전 먼저 몇 분간 휴식을 취하세요. 압도적인 감정이나 생각을 비눗방울에 집어넣고 그것에 압도되지 않도록 멀리 떠내려가게 할 수도 있습니다.

지금까지 자존감도둑을 공략하는 과정에서 일시적 혼란기를 마주했을 때 사용하는 안정화 기법 세 가지를 살펴보았습니다. 위의 안정화 기법들을 충분히 숙지하였다면 이제 자존감도둑에 감정적으로 맞설 차례입니다.

자존감도둑 인형
활용하기

우리는 지금까지 자존감도둑에 맞서는 건강한 분노의 힘과, 자신을 지켜줄 안정화 기법을 배웠습니다. 이제는 이 분노를 실제로 표현하고 자존감도둑과 맞서 싸우는 방법을 배워볼 순서입니다. 자존감도둑을 다루는 감정적 기법에는 다양한 종류가 있지만, 자존감도둑이 강한 경우에는 혼자서 작업을 하다 압도될 수도 있습니다. 그래서 이 책에서는 비교적 안전하다고 볼 수 있는 인형을 활용한 기법만을 소개하려고 합니다.

만약 여러분이 최근에 힘든 이별을 겪었거나, 소중한 사람을 떠나보냈거나, 죽음과 관련된 상황을 경험했다면, 아직은 이 작업을 시작하기에 적절한 시기가 아닐 수 있습니다. 또한 현재 심리적으로 매우 불안정한 상태라면, 잠시 이 작업은 멈추는 편이 좋습니다. 그러한 상황에서는 감정적 작업이 오히려 우리를 더 힘들게 할 수 있기 때문입니다.

이럴 때는 혼자보다 전문가와 함께하는 것이 안전합니다. 전문가의 안내에 따라 자신의 감정 상태를 세심하게 살피면서 더 안전하고 효과적으로 이 작업을 진행할 수 있을 테니까요. 또한 이 작업을 시작하기 전 반드시 앞서 배운 안정화 기법들을 충분히 연습해두기 바랍니다. 수영을 배우기 전 구명조끼 사용법을 익히는 것처럼 섬세한 감정적 작업으로부터 우리를 지켜줄 안전장치가 필요합니다.

준비가 되었다면 이제 본격적으로 자존감도둑 인형과 대화를 시작해봅시다. 천천히 그리고 안전하게, 한 걸음 한 걸음 나아가 보겠습니다.

내 앞에 인형 앉혀두기

자, 이제 실제로 자존감도둑과 만나볼 시간입니다. 먼저 적당한 크기의 인형을 하나 준비합니다. 이때 인형은 당신의 자존감도둑을 표현할 수 있되, 너무 무섭거나 위협적이지 않은 것이 좋습니다. 예를 들어 낡은 곰 인형이나, 약간 못생긴 동물 인형, 또는 평범한 천 인형도 좋습니다. 중요한 것은 이 인형이 당신에게 완전한 두려움을 주지 않으면서도 부정적인 내면의 목소리를 표현하기에 적절해야 한다는 점입니다.

　조용한 방에서 편안한 자세로 의자에 앉으세요. 그리고 준비한 인형을 맞은편 의자에 앉혀둡니다. 이제 이 인형은 당신의 자존감도둑입니다. 최근에 자존감도둑이 나타나서 당신을 비난하거나 힘들게 했던 순간을 떠올려보세요. 잘 떠오르지 않는다면 관찰일지의 기록을 보아도 됩니다. 그리고 그 순간에 자존감도둑이 했던 말이 무엇이었는지 기억해보세요. 그리고 인형이 바로 그 말을 하고 있다고 상상해봅니다.

　"너는 아직도 그것밖에 못 하니?"
　"네가 뭘 안다고 그런 시도를 해?"
　"너 때문에 모두가 힘들어 하잖아."

　이런 자존감도둑의 말들이 들린다면 이제 당신 차례입니다. 그동안 억눌러왔던 감정을 실어서 인형을 향해 말해봅니다.

　"네 말처럼 부족할지 몰라도, 나는 계속 성장하고 있어."
　"난 더 이상 네 말에 흔들리지 않을 거야. 새로운 시도를 할 자격이 누구에게나 있어."
　"그건 네 생각일 뿐이야. 나는 내 방식대로 최선을 다하고 있어."

　당신의 진심을 담아 이야기해봅니다. 자존감도둑 인형이 뭐라고 대답하나요? 그 말에 맞서 다시 한 번 당신의 이야기를 합니다. 이런 대화는 어느 순간 평행선을 달리게 될 것입니다. 자존감도둑에게는 결코 합리적인 대화가 통하지 않으니까요. 그저 계속해서 비난하고, 통제하려 들고, 죄책감을 자극할 뿐입니다.

그때가 바로 결정적인 순간입니다. 이제 당당하게 선언합니다.

"더 이상 내 인생에 넌 필요 없어. 나가!"

그리고 실제로 일어나 문을 열고 자존감도둑 인형을 밖으로 던져버리세요.

처음에는 이런 행동이 어색하고 쑥스러울 수 있습니다. 괜찮습니다. 혹시 인형을 구하기 어렵거나 인형에 감정이입이 잘 되지 않는다면, 빈 의자를 두고 그곳에 자존감도둑이 앉아 있다고 상상하며 진행해도 좋습니다. 그럴 때는 마지막에 그 의자를 문밖으로 밀어버리세요.

이렇게 실제 행동으로 감정을 표현하는 것은 매우 중요합니다. 머릿속으로만 하는 것보다 실제로 목소리를 내고 몸을 움직여 표현할 때 우리 뇌는 더 강력하게 반응하기 때문입니다. 그리고 이 과정에서 두려움이 너무 크게 느껴지거나 압도당할 것 같다면 앞서 배운 안정화 기법으로 돌아갑니다.

구체적인 대화 예시

자존감도둑과의 실제 대화가 어떻게 이루어지는지 구체적인 예시를 통해 살펴보겠습니다. 각각 다른 상황에 처한 세 가지 경우의 예시를 통해 요구형·처벌형·죄의식형 자존감도둑과 대화를 어떻게 나누는지 알아보겠습니다.

요구형 자존감도둑과의 대화 (회사원, 승진 준비 중)

자존감도둑 "이 정도 공부로는 부족해. 남들은 하루 5시간씩 공부하는데, 넌 세시간밖에 안 하잖아."

건강한 나 "나는 체계적으로 계획을 세워서 공부하고 있어. 시간의 양보다 질이 중요하다고 생각해."

자존감도둑 "그래서 지난번에도 떨어진 거야. 이번에도 떨어지면 어쩔 건데?"

건강한 나 "지금과 지난번은 달라. 내가 할 수 있는 최선을 다하고 있고, 꾸준히 성장하고 있어."

자존감도둑 "최선? 네가 좀 더 노력하면 더 잘할 수 있잖아. 이 정도로는 안 돼."

건강한 나 "나는 내 방식대로 잘 준비하고 있어. 네가 자꾸 이렇게 몰아붙이는 게 오히려 나를 지치게 만들 뿐이야."

자존감도둑 "그래봤자 넌…"

건강한 나 (인형을 들고 일어서며) "이제 그만! 더 이상 네 말은 듣지 않을 거야. 나가!" (문을 열고 인형을 던진다.)

자존감도둑　　　"또 실수했네. 네가 저지른 실수 때문에 팀 전체가 고생하게 생겼어."

건강한 나　　　"이번에는 내가 미처 확인하지 못한 부분이 있었지만, 이미 수정 작업을 시작했어."

자존감도둑　　　"변명 말고 반성이나 해. 넌 도대체 언제쯤 제대로 할 수 있을까?"

건강한 나　　　"실수를 했다고 해서 내 모든 것이 잘못된 건 아니야. 나는 이번 일을 통해 배우고 있어."

자존감도둑　　　"너같이 실수투성이인 사람은 이 일을 하면 안 돼."

건강한 나　　　"그만해. 실수는 누구나 할 수 있어. 중요한 건 실수를 인정하고 해결하려 노력하는 거야."

자존감도둑　　　"너는 영원히…"

건강한 나　　　(인형을 꽉 쥐며) "이제 끝이야! 더 이상 네가 필요 없어. 내 인생에서 나가버려!"(문을 활짝 열고 인형을 던져버린다.)

죄의식형 자존감도둑과의 대화 (주부, 취미 생활을 시작하려 함)

자존감도둑　　　"주말에 취미 생활을 한다고? 그 시간에 아이들이랑 있어야 지!"

건강한 나　　　"일주일에 두 시간 정도는 나를 위한 시간을 가질 수 있어."

자존감도둑	"엄마라면 당연히 아이들을 위해 그 시간을 써야지. 다른 엄마들은 다 그렇게 해."
건강한 나	"좋은 엄마가 되기 위해서라도 자신을 돌보는 시간이 필요해."
자존감도둑	"이기적이다, 정말. 가족들은 다 희생하고 있는데 너만 편하자는 거네."
건강한 나	"나를 돌보는 건 이기적인 게 아니야. 오히려 나를 잘 돌봐야 가족들에게도 더 좋은 에너지를 줄 수 있어."
자존감도둑	"넌 나쁜 엄마야…."
건강한 나	(인형을 들고 일어서며) "이제 그만! 더 이상 네가 내 삶을 통제하지 못해. 내 인생에서 당장 나가!" (문밖으로 인형을 던진다.)

이러한 대화에서 주목할 점이 있습니다. 처음에는 자존감도둑의 말에 동요하지만, 점차 자신의 감정을 인식하고 분노를 건강하게 표현하면서 맞서는 모습을 볼 수 있습니다. 또한 각각의 자존감도둑이 가진 특징적인 공격 방식에 대해, 그에 맞는 적절한 대응을 하고 있습니다.

이런 대화를 실습할 때 처음부터 완벽할 필요는 없습니다. 때로는 목소리가 떨리고, 말이 잘 나오지 않을 수도 있습니다. 하지만 계속 연습하다 보면 점점 더 단호하고 명확한 목소리를 낼 수 있게 됩니다. 중요한 것은 지속적으로 시도하는 것 그리고 자신의 감정을 정직하게 표현하는 것입니다.

이러한 예시들을 참고하되, 자신만의 고유한 대화를 만들어가기 바랍니다. 여러분이 겪은 특별한 상황과 감정을 담아 자신만의 방식으로 자존감도둑과 대화해보세요. 그리고 기억하세요. 이 대화의 궁극적인 목적은 자존감도둑의 지배에서 벗어나 진정한 자유를 찾는 것입니다.

3부

진짜 내 모습을 찾아가기

7장

자존감도둑이 사라진
그 이후

지금까지 우리는 자존감도둑을 알아보고, 그것을 몰아내는 방법을 배웠습니다. 자존감도둑의 말을 분석하고, 그 논리를 반박하고, 감정적으로도 맞서 싸웠습니다. 그 과정을 거치면서 이미 자존감도둑의 목소리가 약해졌거나 많이 사라진 분도 있을 것입니다.

그런데 의외로 이 시점에 새로운 혼란이 찾아오기도 합니다. 그동안 자존감도둑이 우리 삶의 방향키를 쥐고 있었기에, 그것을 빼앗아왔음에도 도리어 망망대해에 홀로 떠 있는 듯 막막한 기분이 드는 것입니다. '이제 어디로 가야 하지?', '내가 원하는 방향은 어디지?', '이렇게 가도 괜찮은 걸까?'와 같은 질문들이 떠오르면서요.

이는 매우 자연스러운 과정입니다. 자존감도둑이 쥐고 있던 방향키를 되찾아왔지만, 그동안 한 번도 스스로 방향을 정해본

적이 없기에 처음에는 어디로 가야할지 모를 수 있습니다. 이제 우리는 처음으로 우리의 삶이라는 배의 방향키를 직접 잡게 된 것입니다.

이번 장에서는 바로 이 시점에서 우리가 해야 할 일들을 다룹니다. 자존감도둑의 자리를 진정한 나 자신의 모습으로 채우고, 그동안 돌보지 못했던 상처받은 어린 나를 치유하며, 건강한 어른으로서 자신을 돌보는 방법을 알아볼 것입니다.

이는 단순히 자존감도둑을 몰아내는 것에서 끝나지 않는 새로운 삶을 시작하는 여정입니다. 익숙했던 것과 이별하고 새로운 것을 만들어가는 과정은 때로는 두렵고 불안할 수 있습니다. 하지만 이제 우리는 자신의 진정한 모습을 만나, 자신을 돌보며, 건강한 어른으로 성장해가는 여정을 가게 됩니다.

이 장을 통해 여러분은 자신을 더 깊이 이해하고, 상처받은 어린 나를 돌보며, 스스로를 사랑하는 법을 배우게 될 것입니다. 이것은 끝이 아닌 새로운 시작입니다.

내 안의
진짜 나를 만나기

지금까지 우리가 자존감도둑에 대해 이야기했다면, 이제는 자존감도둑에서 벗어나려고 노력하는 '당신'에 대해 이야기를 나누려고 합니다. 당신은 어떤 사람인가요? 무엇을 할 때 가슴이 뛰고 기분이 좋아지나요? 어떤 음식을 좋아하고, 살면서 어떤 것들을 해보고 싶은가요? 이런 질문들에 대한 답이 바로 자아정체성입니다.

자아정체성을 찾는 것은 생각보다 어렵지 않습니다. '나는 어떤 사람인가?'라는 추상적인 질문보다 '나는 무엇을 좋아하는가?' 같은 구체적인 질문이 더 도움이 됩니다. 결국 나라는 사람은 내가 무엇을 좋아하고, 어떤 것을 선택하며, 어떻게 행동하는지의 총합입니다. 우리가 유튜브를 보면서 '이 알고리즘은 나를 잘 아는 것 같다'고 느끼는 것도 이런 이유입니다. 유튜브는 우리의 행동과 선택, 즉 **취향**을 파악했을 뿐인데도 마치 우리를 깊이 이해하는 것처럼 느껴지니까요. 이처럼 정체성은 생각보다 단순할 수 있습니다.

자존감도둑이 강요하는 말은 내가 진정으로 좋아하는 것이 아닌, 외부에서 부과된 정체성입니다. "높은 성취를 이뤄야만 해", "모든 사람에게 인정받아야 해", "주변 사람들을 돌보아야 해" 같은 생각들은 나의 경험에서 비롯된 것이 아닌, 사회가 부여한 정체성입니다.

당신의 삶에는 "무엇을 좋아하니?", "어떤 것을 하고 싶니?"라고 물어봐주는 사람이 없었을지도 모릅니다. 오히려 "이건 해야해", "저건 하면 안 돼"라는 말만 들으며 자랐을 수 있습니다. 우리는 대부분 각자 타고난 기질과 성향이 있음에도 그것을 탐색할 기회를 충분히 갖지 못한 채 그저 타인의 기준에 맞춰 살아왔습니다. 정체성은 내 선택과 취향을 존중받는 환경에서 발달하는데, 그런 기회가 많지 않았던 것입니다.

오히려 자신의 욕구나 취향을 느낄 때마다 더 큰 괴로움을 겪었을 수도 있습니다. 하고 싶은 일이 있어도 할 수 없는 현실, 좋아하는 것이 있어도 누릴 수 없는 상황에서는 차라리 아무것도 원하지 않는 것이 더 편했을 것입니다. 원하는 것이 없으면 포기할 것도 없으니까요. 그래서 점차 자신의 취향과 감정을 느끼지 않으려 했고, 그저 주어진 외부의 기준에 맞춰 살아왔던 것입니다.

하지만 이제 달라져야 합니다. 스스로 자신을 잘 모르는 것이 잘못은 아닙니다. 당신은 그저 자신을 향한 질문을 받지 못했고, 받았더라도 그에 답할 수 있는 환경이 아니었을 뿐입니다. 과거에는 그렇게 살아가는 것이 최선이었겠지만, 이제는 조금씩 달라질 수 있습니다. 나이나 상황이 어떻든 작은 것부터 시작해보는 일은 언제든 가능합니다. 마음속 자존감도둑의 존재는 잠시 한편으로 밀어두고, 당신의 마음에 귀를 기울여보세요.

감정 알아차리기의 기술

앞서 우리는 정체성이란 결국 내 취향과 선택의 총합이라는 것을 알았습니다. 그렇다면 자신의 취향은 어떻게 알 수 있을까요? 취향이란 결국 '좋아함'과 '싫어함'이라는 감정적 반응의 결과물입니다. 따라서 내 취향을 제대로 알기 위해서는 내 **감정**을 잘 이해하는 것이 필수적입니다.

하지만 오랫동안 자존감도둑의 영향 아래 있었던 사람들은 종종 자신의 감정을 알아차리는 데 어려움을 겪습니다. 마치 오래 사용하지 않은 근육처럼 감정을 느끼는 능력도 약해질 수 있습니다.

어느 날 진료실에서 "선생님, 제가 어떤 감정을 느끼는지 잘 모르겠어요"라는 이야기를 들었습니다. 그때 문득 PT를 받으며 겪었던 제 경험이 생각났습니다. 처음 등 운동을 시작할 때 트레이너가 "이 근육에 자극이 느껴지나요?"라고 물었는데 전혀 느낌이 없었습니다. 트레이너는 "그동안 이 근육이 있다는 것도 모르고 살았을 텐데, 갑자기 느끼기는 어렵죠. 하지만 이 부분에 집중하면서 운동하다 보면 어떤 느낌인지 알아차리게 되고, 점점 더 섬세하게 그 자극을 구분할 수 있을 거예요"라고 했습니다. 실제로 그 말대로였습니다. 시간이 지나자 무디기만 하던 감각이 점점 선명해졌고, 어떤 움직임에서 어떤 느낌이 오는지도 구분할 수 있게 되었습니다.

감정도 이와 같습니다. 감정은 항상 우리 몸을 통해 먼저 신호를 보냅니다. 가슴이 두근거리거나, 손바닥에 땀이 나거나, 목이 메거나, 어깨가 굳어지는 등 다양한 신체 감각으로 감정이 나타납니다. 자신의 내면을 들여다보고 이해하는 이런 능력은 우리 모두에게 있지만, 이를 발견하고 발전시키려면 꾸준한 관심과 연습이 필요합니다.

이러한 능력을 키우기 위한 첫 걸음은 하루 중 몇 번, 잠시 멈춰 서서 자신의 신체 감각을 살펴보는 일입니다. 지금 이 순간 어깨에 힘이 들어가 있나요? 가슴이 답답하거나 두근거리지는 않나요? 머리가 아프거나 목이 뻐근하지는 않은가요? 이러한 신체적 반응이 말하고자 하는 감정은 무엇일까요? 이런 질문들을 자신에게 던져보세요.

처음에는 단순히 '긴장된다', '불편하다' 정도로만 느껴질 수 있습니다. 하지만 꾸준히 관찰하고 기록하다 보면, 점차 '기대된다', '설렌다', '두렵다', '우울하다' 등 더 구체적인 감정들을 구분할 수 있게 됩니다. 이렇게 틈틈이 기록해둔 내용들은 나중에 내 감정 패턴을 이해하는 중요한 자료가 될 것입니다.

감정을 알아차리는 능력이 발달할수록 우리는 자신이 무엇을 좋아하고 싫어하는지, 어떤 상황에서 설레고 기대되는지를 더 명확하게 알 수 있습니다. 이러한 감정의 기록들은 우리가 진정으로 원하는 것이 무엇인지, 어떤 순간들이 우리를 행복하게 하는지 알려주는 중요한 단서입니다. 이제 이 단서들을 바탕으로 내가 진정으로 원하는 것들을 찾아나갈 차례입니다.

일상의 즐거움 수집하기

앞서 우리는 매일 틈틈이 신체 감각과 감정을 알아차리고 기록하는 연습을 했습니다. 이제는 이 기록들을 바탕으로 내가 좋아하는 것들을 찾아볼 차례입니다. 퍼즐 조각을 맞추듯 하나둘씩 모아가다 보면 **진짜** 나의 모습이 그려지기 시작합니다. 기억은 생각보다 부정확합니다. 특히 좋았던 순간들은 쉽게 잊히는 경향이 있죠. 그래서 일상의 작은 순간을 꾸준히 기록하는 것이 중요합니다. 즐거움의 순간을 수집하는 일부터 시작해보세요. 창가에서 마시는 따뜻한 커피 한 잔의 포근함, 좋아하는 음악을 들으며 걷는 귀갓길의 설렘, 새로 산 문구류를 정리하는 소소한 만족감 등 처음에는 사소해 보일 수 있지만 이런 순간들이 모이면 우리의 취향과 선호가 자연스럽게 드러납니다. 이러한 순간들을 메모로 기록해도 좋고 시간이 없다면 그 순간을 사진으로 찍어놓고 나중에 기록해도 좋습니다. 기록은 최대한 구체적으로 하는 것이 좋습니다.

> 3월 15일 아침, 출근길에 우연히 튼 플레이리스트에서 '더 그레이트 펌킨 왈츠The Great Pumpkin Waltz'가 나왔는데, 그날은 정말 가슴이 두근거렸다. 음악을 들으며 걷는 것이 너무 행복했다. 나는 이런 잔잔한 재즈 음악을 좋아하는 것 같다.
> 3월 17일 집 근처 카페에 가서 아이스 아메리카노를 마셨는데 정말 맛있었다. 나는 고소한 타입의 아이스 아메리카노를 좋아하는 것 같다. 다음에는 다른 카페의 고소한 원두로 만든 커피도 시도해봐야지.

자신의 취향을 탐색할 때는 판단을 유보하는 것이 중요합니다. 때로 '이런 걸 좋아해도 될까?'라는 의심이 들 수 있지만, 취향에는 옳고 그름이 없습니다. 단순히 '이것을 할 때 기분이 좋아지는가?'만 관찰해보세요. 새로운 것을 시도하고 경험하면서 그것에 대한 내 선호도를 알아가는 것도 좋은 방법입니다.

특히 주목할 것은 내가 어떤 활동을 할 때 시간 가는 줄 모르고 몰입하는지입니다. 이런 순간들은 우리의 진정한 관심사를 가려내는 중요한 신호가 될 수 있습니다. 예를 들어, 다른 사람의 이야기를 들어주는 것에 시간 가는 줄 모른다면 사람과 소통하는 것에 재능이 있을 수 있고, 무언가를 정리하고 체계화하는 것을 즐긴다면 조직화하는 능력이 당신의 강점일 수 있습니다.

기쁨을 주는 활동을 발견하고 실천하는 것도 중요합니다. 처음에는 작은 것부터 시작합니다. 주말 아침 여유롭게 브런치 만들기, 좋아하는 작가의 책 읽기, 산책하며 사진 찍기 등 이러한 활동들을 통해 얻는 즐거움은 단순한 기분 전환을 넘어 우리의 정체성을 형성하는 중요한 요소가 됩니다.

이런 소소한 일상의 즐거움들을 모으다 보면 별표를 치고 싶은 **특별한 순간들**이 보이기 시작합니다. 그것들을 따로 모아 '내가 좋아하는 것들' 목록을 휴대폰 메모앱 등에 만들어봅니다. 시간이 지날수록 이 목록은 더욱 풍성해질 것입니다.

자신의 취향과 선호를 알아가는 과정은 시간이 걸립니다. 때로는 과거에 좋아했던 것들을 다시 시도해보는 것도 도움이 될 수 있습니다. 어린 시절 좋아했던 취미나 관심사를 떠올려봅니다. 그때는 자존감도둑의 영향을 덜 받았을 때일 수 있으니까요.

이러한 정보가 쌓이면 쌓일수록 우리는 자연스럽게 자신의 성향과 특징들을 발견하게 됩니다. 어떤 사람은 혼자만의 시간에서 가장 큰 평안을 찾고, 또 어떤 사람은 다른 사람들과 어울릴 때 더 큰 에너지를 얻습니다. 창의적인 활동을 할 때 가장 큰 즐거움을 느끼는 사람이 있는가 하면, 무언가를 정리하고 체계화할 때 큰 만족감을 얻는 사람도 있죠. 자연 속에서 산책할 때 마음이 가장 편안해지는 사람이 있는가 하면, 도시의 활기찬 분위기에서 더 생기가 돋는 사람도 있습니다. 이렇게 일상의 작은 기록들은 그동안 미처 몰랐던 나만의 독특한 특징을 하나둘씩 드러내줍니다.

이렇게 발견한 나의 취향과 선호는 자존감도둑에 맞서는 강력한 무기가 됩니다. 자존감도둑이 "너는 이래야 해"라고 말할 때 "아니, 나는 이런 것들을 좋아하고 이런 환경에서 행복감을 느끼는 사람이야"라고 당당히 말할 수 있어야 합니다. 자존감도둑은 정작 당신에 대해 모릅니다. 과거의 어느 시절 당신에 대해 잘 모르는 사람들이 한 말들의 집합일 뿐이니까요.

내가 싫어하는 것으로부터 배우기

많은 사람들은 '당신이 좋아하는 것은 무엇인가요?'라는 질문 앞에서 망설입니다. 진료실에서 만난 내담자들도 이 질문에 종종 난감한 표정을 짓습니다. 앞서 설명했듯이 우리의 뇌는 부정편향을 가지고 있어서 긍정적인 경험보다는 부정적인 경험을 더 강하게 기억합니다.

그렇다면 이러한 특성을 역으로 활용해볼 수 있지 않을까요? '당신이 싫어하는 것은 무엇인가요?'라고 물어보면 대부분의 사람들은 금세 여러 가지를 떠올립니다. 직장에서 상사가 일방적으로 업무를 지시할 때, 약속 시간에 늦은 친구가 미리 연락도 하지 않을 때, 시끄러운 카페에서 공부할 때 등 싫어하는 것들의 목록에서 역설적으로 자신이 진정으로 원하는 것을 발견할 수 있습니다.

지윤 씨는 진료실에서 자신이 무엇을 좋아하는지 모르겠다고 했습니다. 하지만 싫어하는 것을 이야기해보라고 하자 술술 나왔습니다.

"갑자기 계획이 바뀌는 것이 정말 싫어요. 친구들이 약속 시간에 임박해서 취소하거나 변경하면 너무 화가 나요."

이 말에서 지윤 씨가 계획성과 약속을 중요하게 여기는 사람이라는 것을 알 수 있습니다. 싫어하는 것의 반대편에 그 사람의 가치관과 선호가 있는 것입니다.

다른 예로, 준영 씨는 이렇게 이야기했습니다.

"매일 같은 일만 반복하는 게 정말 싫어요. 매뉴얼대로만 일하라고 하면 숨이 막힐 것 같아요."

이는 준영 씨가 창의성과 자율성을 중요하게 여기는 사람이라는 것을 보여줍니다. 싫어하는 것을 통해 우리는 그 사람이 어떤 환경에서 에너지를 얻는지, 어떤 가치를 중요하게 생각하는지 알 수 있습니다. 이처럼 싫어하는 것의 반대편에 자신이 추구하는 가치가 있습니다.

일방적인 지시를 싫어한다면	→	자율성과 주도성을 중요하게 여김
시끄러운 환경을 싫어한다면	→	차분하고 안정적인 환경을 선호함
반복적인 일을 싫어한다면	→	다양성과 새로운 도전을 추구함
갑작스러운 변화를 싫어한다면	→	안정성과 예측가능성을 중시함

　일주일 동안 매일 저녁 그날 불편했던 일이나 싫었던 순간들을 기록해보세요. 그리고 그 기록을 보며 각각의 상황에서 내가 진정으로 원했던 것은 무엇이었는지 생각해보세요. 이는 마치 사진의 네거티브 필름을 보며 실제 이미지를 짐작해보는 것과 같습니다.

　이렇게 만든 '내가 좋아하는 것과 싫어하는 것들의 목록'을 보고 있으면 그 안에 존재하는 어떤 일관된 패턴이 보이기 시작합니다. 물론 패턴을 이해하기가 쉽지 않을 수도 있습니다. 때로는 비슷해 보이는 상황에서 정반대의 감정이 들거나 같은 상황에서 전혀 다른 반응이 나타나기도 합니다. 이러한 차이를 이해하기 위해서는 타고난 기질과 자라오면서 형성된 성격에 대해 이해할 필요가 있습니다. 이는 우리의 좋고 싫음에 대해 정리하고 이를 이해할 수 있게 해주는 중요한 틀이 될 것입니다.

지금까지 우리는 좋아하는 것을 찾고, 싫어하는 것의 반대편에서 자신의 선호를 발견하는 방법을 알아보았습니다. 이제는 자신의 선호에 대해 좀 더 체계적으로 이해할 필요가 있습니다. 정신건강의학과에서는 이를 위해 '기질-성격 검사(TCI)'를 활용합니다. 이 검사에서는 자신의 타고난 기질을 알아볼 수 있습니다.

기질에는 좋고 나쁨이 없습니다. 마치 사람마다 생김새가 다른 것처럼 우리는 각자 다른 기질을 가지고 태어납니다. 어떤 사람은 새로운 자극을 추구하는 성향이 강하고, 어떤 사람은 위험을 회피하려는 성향이 강합니다. 또 어떤 사람은 사회적 관계에 더 민감하게 반응하기도 합니다. 이러한 차이는 잘못이 아니라 그저 다름일 뿐입니다.

많은 경우, 자존감도둑의 요구사항은 우리의 타고난 기질과 충돌합니다. 윤호 씨의 사례를 보면 이를 잘 알 수 있습니다. 윤호 씨는 새로운 것을 탐색하고 다이나믹한 환경을 선호하는 등 자극추구 성향이 강했습니다. 하지만 공기업 시험 준비라는 정적이고 반복적인 환경에서 고통받고 있었죠. 자존감도둑은 "너는 이걸 해내야 해"라고 말했지만 그의 기질은 계속해서 거부 신호를 보냈습니다.

이처럼 자존감도둑은 우리의 기질을 고려하지 않습니다. 자존감도둑이 요구하는 것이 자신의 타고난 성향과 맞지 않을 때, 우리는 끊임없는 내적 갈등을 겪게 됩니다. 이는 마치 오른손잡이에게 왼손으로 글씨를 쓰라고 강요하는 것과 같습니다. 할 수는 있겠지만, 그 과정은 불편하고 비효율적이며 많은 스트레스를 동반합니다.

우리가 할 수 있는 가장 현명한 선택은 우리의 기질에 맞는 환경을 찾는 것입니다. 자극추구 성향이 강한 사람이라면 창의적이고 도전적인 환경에서 더 큰 만족감을 느낍니다. 반면 안정을 추구하는 사람이라면 예측 가능하고 체계적인 환경에서 더 편안함을 느낍니다.

제 경우를 예로 들어보겠습니다. 저는 오랫동안 저 자신의 우유부단함을 못마땅하게 여겼습니다. 또한 하나를 깊이 파고들지 못하고 여러 가지에 관심이 분산되는 것이 문제라고 생각했죠. 하지만 어느 날 이런 특성을 다른 관점에서 바라보게 되었습니다. 우유부단해 보이는 것은 다양한 가능성을 열어두는 유연함의 표현일 수 있고, 여러 분야를 넘나드는 것은 다양한 관점을 통합할 수 있는 장점이기도 하다는 것을 깨달았습니다.

이러한 이해를 바탕으로 저는 정신건강의학과 의사라는 직업을 선택했고, 이 일이 제 기질과 잘 맞는다는 사실을 발견했습니다. 매일 다른 사람들을 만나 각기 다른 이야기를 들으며, 섣부른 판단을 유보하며 유연하게 접근해야 하는 이 일을 통해 제 타고난 성향을 장점으로 활용할 수 있었습니다.

자신의 기질을 이해하는 것은 단순히 성격 유형을 아는 것 이상의 의미가 있습니다. 이는 내가 왜 특정한 환경에서 편안함을 느끼고, 다른 환경에서는 불편함을 느끼는지를 이해하는 데 있어 열쇠가 됩니다. 또한 우리의 선호와 거부감이 단순한 변덕이 아니라 우리 본연의 성향에서 비롯된 자연스러운 반응이라는 것을 알게 해줍니다.

이러한 이해는 자존감도둑과 싸울 때 큰 무기가 됩니다. "나는 이래야 해"라는 자존감도둑의 말에 "그것은 내 본래의 성향과 맞지 않아"라고 대응할 수 있으니까요. 우리의 목표는 기질을 바꾸는 것이 아닙니다. 대신 우리의 기질이 장점으로 발휘될 수 있는 환경을 찾고, 단점이 될 부분은 적절히 보완하는 것입니다. 이것이 바로 진정한 의미의 자기수용이자 성장입니다.

내가 추구하는 가치 찾기

지금까지 우리는 기질을 통해 나의 타고난 성향을 이해해보았습니다. 하지만 우리가 어떤 사람인지 이해하기 위해서는 생각해볼 것이 한 가지 더 있습니다. 바로 우리가 진정으로 추구하는 가치입니다.

가치는 우리 삶의 나침반과 같습니다. 기질이 타고난 성향이라면, 가치는 우리가 선택하는 삶의 방향성입니다. 예를 들어 '성공'이라는 목표는 달성하면 끝나지만, '성장'이라는 가치는 계속해서 추구해나갈 수 있습니다. 목표가 도착지점이라면, 가치는 우리가 걸어가는 방향입니다.

가치는 다양한 영역에서 찾을 수 있습니다. 가족 관계에서 어떤 사람이 되고 싶은지, 친구관계에서 무엇을 소중히 여기는지, 일과 경력에서 어떤 의미를 추구하는지, 여가와 취미생활을 통해 어떤 즐거움을 찾고 싶은지 등이 모두 가치와 관련됩니다.

앞서 찾아본 자신이 좋아하는 것과 싫어하는 것들도 이러한 가치와 연결되어 있지만 조금 다릅니다. 예를 들어 누군가는 여행을 좋아할 수 있지만, 그 이면에 있는 가치는 '자유로움'일 수도, '새로운 경험'일 수도, 혹은 '다른 문화와의 만남'일 수도 있습니다. 우리의 선호나 행동이 '무엇'이라면, 가치는 그 행동을 통해 추구하는 '이유'라고 할 수 있습니다.

소윤 씨의 이야기를 예로 들어보겠습니다. 소윤 씨는 회사에서 야근이 많은 업무를 맡고 있었습니다. 처음에는 "열심히 일하는 사람이 되어야 해"라는 요구형 자존감도둑의 말에 따라 불평 없이 야근을 했지만, 점점 지쳐갔습니다. 상담 과정에서 소윤 씨는 자신이 진정으로 중요하게 여기는 것이 무엇인지 탐색해보았습니다. 그 결과 가족과의 저녁 시간, 주말의 취미 생활이 자신에게 매우 소중하다는 것을 깨달았습니다. 이는 단순히 일을 덜 하고 싶다는 게 아니라, '일과 삶의 균형'이라는 가치를 추구한다는 의미였습니다.

이처럼 가치를 발견하는 것은 자존감도둑과 맞서는 데 큰 도움이 됩니다. 자존감도둑은 종종 남들의 기준이나 사회적 압박을 반영합니다. "너는 성공해야 해", "다른 사람들보다 뛰어나야 해" 같은 말들이죠. 하지만 자신이 진정으로 추구하는 가치를 알게 되면, 이러한 외부의 압박에 휘둘리지 않고 자신만의 길을 걸어갈 수 있습니다.

가치를 찾는 강력한 방법 중 하나는 인생의 마지막 순간을 상상하는 것입니다. 잠시 눈을 감고 당신의 인생에서 가장 마지막 순간을 상상해봅니다. 병상에 누워 있는 당신의 곁에는 가장 소중한 가족들과 친구들이 모여 있습니다. 이제 그들과 마지막으로 이야기를 나누는 시간입니다.

당신은 그들에게 어떤 이야기를 남기고 싶은가요? 당신의 삶이 어떠했다고 말하고 싶은가요? "나는 이런 사람이었어. 이런 것들을 소중하게 여기며 살았어"라고 마지막 순간에 후회 없이 이야기하는 당신의 모습을 그려봅니다. 가족들은 당신의 어떤 모습을 기억하며 살게 될까요? 친구들과 동료들에게 당신의 삶은 어떤 의미로 남을까요?

이 상상은 단순한 우울한 생각 혹은 죽음에 대해 생각이 아닙니다. 오히려 지금 이 순간, 우리가 어떤 삶을 살아가고 싶은지, 어떤 가치를 추구하며 살고 싶은지를 명확히 하는 데 도움을 주는 강력한 도구입니다.

누군가는 이 과정을 통해 '가족과의 사랑과 신뢰'가 가장 중요한 가치임을 발견할 수 있고, 다른 누군가는 '타인을 돕는 삶'이 자신의 핵심 가치임을 깨달을 수 있습니다.

이렇게 발견한 가치들은 우리 삶의 작은 선택들에도 영향을 미칩니다. 예를 들어 '건강'이라는 가치를 중요하게 여긴다면, 잠깐의 편안함을 위해 운동을 미루는 대신 꾸준히 운동하는 선택을 할 수 있습니다. '성장'이라는 가치를 중요하게 여긴다면, 안정적인 현재 상태에 머무르는 대신 새로운 도전을 선택할 수 있을 것입니다.

우리의 가치는 시간이 지나면서 변할 수도 있습니다. 젊은 시절에는 성취나 모험을 중요하게 여겼지만 나이가 든 후에는 관계나 안정을 더 중요하게 여길 수도 있습니다. 중요한 것은 그때그때 나에게 진정으로 의미 있는 것이 무엇인지 알아차리고 그것을 향해 한 걸음씩 나아가는 것입니다.

자존감도둑의 목소리가 크게 들릴 때면 잠시 멈추고 자신의 가치가 무엇을 말하는지 들어보세요. 그리고 그 가치에 따라 한 걸음 한 걸음 나아가보세요. 그것이 바로 진정한 나로 사는 길이 될 것입니다.

지금까지 우리는 자존감도둑에게서 되찾은 삶의 방향키를 가지고 우리가 진정으로 가고 싶은 방향을 찾아가는 여정을 함께했습니다. 이는 마치 퍼즐을 맞추듯 조각들을 하나씩 모아가는 과정이었습니다. 이를 통해 우리는 이제 우리 자신을 더 잘 알게 되었습니다.

이제는 우리 안에 있는 상처받은 어린 나를 돌아볼 차례입니다. 자존감도둑에게 상처받은 어린 나를 어떻게 위로하고 보살필 수 있는지 알아보겠습니다.

상처받은 어린 나
위로하기

지금까지 우리는 자존감도둑의 그늘에 가려져 있던 진정한 나의 모습을 찾아보았습니다. 우리가 어떤 감정을 느끼는지, 무엇을 좋아하고 싫어하는지, 어떤 환경에서 편안함을 느끼는지, 그리고 어떤 가치를 추구하며 살아가고 싶은지를 알아가는 소중한 여정이었습니다. 이제는 시선을 돌려, 그동안 자존감도둑으로 인해 **상처받은 어린 나**를 만나볼 시간입니다.

우리 안의 상처받은 어린 나는 두 가지 방식으로 억눌려왔습니다. 하나는 자존감도둑에 의한 억압입니다. 자존감도둑은 우리의 감정이 올라올 때마다 "너무 감정적이야", "그런 것에 연연하면 안 돼", "지금은 그럴 때가 아니야"라며 재빨리 억압했습니다. 다른 하나는 우리 자신에 의한 억압입니다. 상처받은 어린 나의 고통스러운 감정을 느끼는 것 자체가 너무나 힘들었기에 그 감정을 느끼지 않으려 애써온 것입니다. 아픈 상처를 들여다보지 않으려 외면하는 것과 같습니다.

그래서 우리는 주로 자존감도둑이 유도하는 죄책감, 자책, 압박감 같은 감정들만 느끼며 살아왔습니다. 하지만 이제 자존감도둑의 영향력이 조금씩 줄어들면서 그동안 억눌려 있던 다른 감정들도 서서히 느끼기 시작할 것입니다. 세상에 홀로 남겨진 것 같은 외로움, 누구도 나를 진정으로 이해하지 못한다는 공허함, 앞으로도 영원히 이럴 것 같은 절망감 그리고 또다시 상처받을지 모른다는 두려움 같은 감정들이 올라올 수 있습니다.

이러한 감정들은 우리의 어린 시절 경험과 깊은 관련이 있습니다. 홀로 있었던 시간이 많았던 아이는 '아무도 나를 신경 쓰지 않아'라고 느낄 수 있고, 안정적인 보호자가 없었던 아이는 '사람들은 언제든 나를 떠날 수 있어'라는 불안을 가질 수 있습니다. 학대나 부당한 대우를 경험한 아이는 '사람들은 언제든 나를 해칠 수 있어'라는 두려움을 안고 살아갈 수 있습니다.

이제는 이런 감정들을 더 이상 억누르거나 피하지 않고, 천천히 마주보며 위로해주는 시간이 필요합니다. 문득 우울한 감정이 들거나 외로움이 밀려올 때, 그것이 혹시 상처받은 어린 나의 감정은 아닌지 살펴보세요. 지금 느끼는 감정이 어린 시절의 어떤 순간과 닮아 있나요?

내 안에 채워지지 않은 욕구 알아보기

앞서 5장에서 죄의식형 자존감도둑을 다루면서 정서적 욕구에 대해 알아보았습니다. 상처받은 어린 나를 이해하고 치유하기 위해서는, 먼저 우리에게 이런 기본적인 정서적 욕구가 있고, 이러한 욕구들이 충족될 권리가 있다는 것을 인정하는 것이 중요합니다.

아이에게는 크게 다섯 가지의 핵심적인 기본 욕구가 있습니다. 첫째는 안전한 애착과 양육에 대한 욕구입니다. 이는 돌봄과 수용, 보호, 사랑과 인정을 받고 싶어하는 마음입니다. 부모나 보호자로부터 충분한 애착을 경험하지 못한 아이는 '나는 사랑받을 가치가 없어', '누구도 나를 진정으로 신경 쓰지 않아'와 같은 생각을 하게 될 수 있습니다.

둘째, 자율성에 대한 욕구입니다. 아이는 스스로 결정하고 행동할 수 있는 기회를 필요로 합니다. 이러한 기회가 충분히 주어지지 않았다면, 성인이 되어서도 자신의 판단을 신뢰하지 못하고 늘 타인의 의견에 의존하게 될 수 있습니다. 자율성을 존중받지 못한 경험은 낮은 자기효능감으로 이어질 수 있습니다.

셋째, 자기표현의 욕구입니다. 아이는 자신의 감정과 생각, 욕구를 자유롭게 표현하고 싶어 합니다. 하지만 이러한 표현이 무시되거나 억압되면, 아이는 자신의 목소리를 내는 것을 포기하고 타인의 기대에 맞춰 살아가는 것을 배우게 됩니다. 이는 성인이 된 후에도 자신의 진정한 감정을 알아차리고 표현하는 데 어려움을 겪게 만들 수 있습니다.

넷째, **현실적 한계설정에 대한 욕구**입니다. 아이들은 자신의 행동이 어디까지 허용되고 어디서부터 제한되어야 하는지에 대한 명확한 기준이 필요합니다. 이러한 한계설정이 없었다면 자기조절능력을 발달시키기 어려울 수 있습니다. 반대로 지나치게 엄격한 한계설정은 과도한 자기통제나 완벽주의적 성향으로 이어질 수 있습니다.

다섯째, **놀이에 대한 욕구**입니다. 놀이는 단순한 오락이 아닌, 감정조절과 스트레스 해소, 창의성 발달, 자기표현의 중요한 수단입니다. 충분한 놀이 경험이 없었던 아이는 성인이 되어서도 즐거움을 느끼고 표현하는 것을 어려워할 수 있으며, 끊임없이 무언가를 성취해야 한다는 압박감 속에서 살아갈 수 있습니다.

이러한 기본 욕구들은 서로 연결되어 있습니다. 예를 들어, 애착의 욕구가 충족되지 않으면 자기표현이 어려워지거나, 자율성이 존중받지 못하면 놀이를 통한 자기표현에 제한이 생길 수 있습니다. 중요한 것은 이러한 욕구들이 모든 아이들에게 있는 자연스럽고 당연한 것이며, 충족되어야 할 권리라는 점입니다. 우리가 어린 시절 이러한 욕구들을 충분히 채우지 못했다고 해서 잘못된 것이 아니며, 지금이라도 이러한 욕구들을 인정하고 채워나가는 것이 필요합니다.

따라서 어린 나를 위로하고 치유하기 위해서는 어떤 욕구들이 충족되지 못했는지를 이해하고, 그에 맞는 적절한 돌봄을 제공하는 것이 중요합니다. 이는 마치 퍼즐을 맞추듯 우리 내면의 결핍된 부분들을 하나씩 채워나가는 과정입니다. 이 과정에서 가장 중요한 것은 우리에게 이러한 욕구들이 있다는 것을 부끄러워하거나 부정하지 않고 있는 그대로 인정하고 받아들이는 것입니다.

건강한 자기대화의 방법

자존감도둑의 목소리가 줄어들면서 생긴 빈 공간을 이제는 건강한 내면의 목소리로 채워나갈 때입니다. 그런데 누가 이 목소리의 주인공이 될 수 있을까요? 바로 우리 안의 **건강한나**입니다.

내 안의 건강한 나는 내가 태어났을 때부터 지금까지의 모든 순간을 내 안에서 함께 해왔습니다. 그렇기에 이 세상 누구보다도 나를 잘 알고 있고, 내가 무슨 일을 겪었는지 알고 있습니다. 어린 시절의 고통스러웠던 순간들, 꿋꿋이 자라왔던 우리의 모습들을 모두 기억하고 있습니다. 이제는 성장한 우리가 그 시절 상처받은 어린 나를 가장 잘 위로해줄 수 있는 사람입니다.

그러나 한 가지 어려움이 있습니다. 지금껏 이 결핍된 욕구들을 위로하고 충족시키는 경험이 부족하다는 것입니다. 이제부터 각각의 결핍된 욕구에 따라 어린 나를 어떻게 대하고 어떤 말로 위로해야 하는지 구체적으로 알아보고자 합니다. 이는 스스로 자신의 좋은 부모가 되어 따뜻한 이해와 격려, 적절한 지도를 해주는 과정이 될 것입니다.

좋은 부모는 일관되게 그 자리에 서서 따뜻한 애정을 주는 사람, 묵묵히 뒤에서 지지해주고 믿어주는 사람, 내가 하는 일을 격려해주고 내 감정과 마음을 있는 그대로 인정하고 받아들여주는 사람입니다.

안전한 애착이 부족했던 나를 위해서는 이렇게 말해주세요.

"이제는 내가 널 지켜줄 거야."
"넌 더 이상 혼자가 아니야."
"네가 불안해하는 게 당연해. 그동안 늘 혼자였으니까."
"이제는 내가 있잖아. 내가 널 안전하게 보호해줄게."

이런 말들을 할 때는 실제로 담요를 두르거나 부드러운 인형을 안아보는 등 물리적인 안정감도 함께 주면 좋습니다. 때로는 말보다 따뜻한 감각이 더 깊은 위로가 되기 때문입니다.

자율성과 유능감이 부족했던 나에게는 이렇게 말해주세요.

"네 판단을 믿어도 좋아."
"네가 선택한 대로 해보자."
"실수해도 괜찮아. 그냥 네 방식대로 해보는 거야."
"네가 어떤 선택을 하든 나는 널 지지할 거야."

이런 말들을 할 때는 실제로 작은 선택들을 해보고, 그 과정 자체를 인정해주는 것이 중요합니다. 예를 들어 새로운 취미를 시도해보거나, 평소와 다른 방식으로 일해보는 것 등이 있습니다.

감정 표현이 자유롭지 못했던 나에게는 이렇게 말해주세요.

"지금 네가 화가 나는 건 당연해."
"슬퍼해도 괜찮아. 그런 감정도 소중해."
"네 감정을 표현하는 게 잘못된 게 아니야."
"네가 느끼는 모든 감정은 다 이유가 있어."

이때는 감정 일기를 써보거나, 때로는 마음껏 울어보거나, 화가 날 때는 베개를 치는 등 감정을 건강하게 표현하는 방법을 직접 실천해보세요.

자발성과 즐거움이 부족했던 나에게는 이렇게 말해주세요.

"지금은 그냥 즐기기만 해도 돼."
"뭔가를 이뤄내지 않아도 괜찮아."
"넌 그냥 있는 그대로도 충분히 가치 있어."
"재미있게 놀면서 쉬어가도 괜찮아."

이런 말들을 할 때는 실제로 어린 시절 좋아했던 활동들을 해보세요. 공원에서 그네를 타거나, 좋아하는 과자를 사먹거나, 재미있는 장난감을 사보는 것 등이 있습니다.

자신을 너무 엄격하게 대했던 나에게는 이렇게 말해주세요.

"완벽하지 않아도 돼."

"최선을 다했다면 그걸로 충분해."

"때론 실수하고 넘어지는 것도 성장의 과정이야."

"네 속도대로 천천히 가도 좋아."

이런 위로의 말은 특히 업무나 학업에서 실수했을 때, 혹은 계획대로 되지 않았을 때 더욱 필요합니다.

이렇게 나에게 건네는 말이 처음에는 어색하고 부자연스러울 수 있습니다. 오랫동안 자존감도둑의 목소리에 익숙해져 있었기 때문입니다. 하지만 꾸준히 실천하다 보면, 점차 자연스러워지고 이 말들을 내면화할 수 있을 것입니다.

이는 마치 오랫동안 기다려온 편지를 받는 것과 같습니다. 어린 시절의 나는 이런 따뜻한 말들을 간절히 기다려왔을 테니까요. 때로는 눈물이 나고, 가슴 한편이 먹먹해질 수도 있습니다. 자연스러운 현상입니다. 오랫동안 닿지 못했던 내 진심이 마침내 어린 나에게 도달하고 있다는 증거입니다.

실제 상담실에서도 치료자와의 관계를 통해 상처받은 어린 나를 위로하는 법을 배웁니다. 만약에 이 책을 보고 스스로 실천해보기 어렵다면 상담을 받아보는 것도 좋은 방법입니다. 상담사가 나를 대하는 태도를 관찰하고 상처받은 나에게 해주는 말에 대한 경험이 쌓이면서 내 안의 건강한 내가 상처받은 어린 나를 어떻게 위로해야 하는지 배울 수 있습니다.

이제는 우리 스스로가 자신의 가장 좋은 이해자이자 지지자가 되어갈 것입니다. 자존감도둑이 떠난 자리에 따뜻하고 지혜로운 자신의 목소리가 자리 잡으면서 내면의 대화는 점점 더 풍부하고 건강해질 것입니다.

상처받은 어린 나를 위로하는 법

앞서 우리는 건강한 자기대화의 방법을 배웠습니다. 이제는 이러한 이해를 바탕으로 구체적인 실천 방법들을 알아보겠습니다. 상처받은 어린 나를 위로하는 방법은 크게 세 가지로 나눌 수 있습니다. 편지 쓰기, 신체적 위로 그리고 즐거운 활동입니다.

첫째는 **편지 쓰기**입니다. 어린 시절의 나를 가장 잘 아는 사람은 바로 지금의 나입니다. 편지지를 준비해서 '어린 ○○에게'로 시작하는 편지를 써보세요. 이제는 성장해서 전체를 조망할 수 있게 된 시각에서, 어린 나를 안심시켜주고 그때의 일들이 결코 나의 잘못이 아니었다고 친절히 알려주세요. 그동안 아무도 해주지 않았던 말들, 예를 들어 '네가 겪은 일은 네 잘못이 아니야', '그 상황에서 네가 할 수 있는 최선을 다했어', '넌 정말 용감했어' 등의 메시지를 전달해주세요. 이 편지를 쓰는 동안 상처받은 나는 이 위로의 말들을 직접 듣고 있을 것입니다.

둘째는 **신체적인 위로**입니다. 내면의 공허함이 클 때는 실제로 물리적인 위로감을 주는 것이 도움이 될 수 있습니다. 큰 인형을 안거나 포근한 담요를 등 뒤로 둘러 감싸안는 것입니다. 담요로 등을 감싸주는 것은 누군가가 뒤에서 안아주는 듯한 안정감을 줄 수 있습니다. 이때 "그동안 많이 힘들었지. 혼자서 그 시간들을 견뎌내기가 얼마나 힘들었을지, 나는 다 알고 있단다. 이제는 내가 너를 지켜줄 거야"와 같은 말들을 직접 소리 내어 해보세요.

셋째는 **어린 내가 원하는 일을 해보는 것**입니다. 나를 위한 시간을 내어 어린 시절 자신이 하고 싶었던 일들을 지금 실천해보세요. 놀이공원에 가기, 좋아하는 과자 사 먹기, 인형이나 장난감 사기 등 어린 시절 하고 싶었던 일들을 해보는 것입니다. 처음에는 어색하거나 의미 없게 느껴질 수 있지만 그 활동을 하며 자신이 진정으로 즐거움을 느끼는지 관찰해보세요. 이를 반복하다 보면 상처받은 어린 내가 점차 치유되고, 즐거움을 느낄 줄 아는 건강한 어린아이로 변화하는 것을 느낄 수 있습니다.

이러한 치유 과정에서 주의할 점이 있습니다. 신뢰할 수 있는 대상을 찾는 것은 중요하지만, 타인에게 지나치게 의존하지 않아야 한다는 점입니다. 타인에 대한 과도한 의존은 우리의 자존감과 감정이 그 사람에 따라 크게 흔들릴 수 있기 때문입니다. 대신 우리 자신, 이미 돌아가신 분 혹은 종교적 대상과 같이 안정적이고 변함없는 존재에 기대는 것이 도움이 될 수 있습니다.

상처받은 어린 나를 위로하는 일은 하루아침에 끝나지 않습니다. 마치 실제 아이를 돌보는 것과 같이 꾸준한 관심과 사랑이 필요합니다. 때로는 같은 위로의 말을 반복해야 할 수도, 비슷한 활동을 여러 번 해야 할 수도 있습니다. 하지만 이러한 꾸준한 노력은 결국 우리 안의 상처받은 어린아이를 치유하고, 더 건강하고 온전한 성인으로 성장시키는 밑거름이 될 것입니다.

과거로 되돌아가기

앞서 우리는 일상에서 실천할 수 있는 여러 가지 위로의 방법들을 알아보았습니다. 이제는 보다 심층적인 치유 작업으로, 과거의 특정 순간으로 돌아가 어린 나를 직접 만나보겠습니다. 이는 트라우마가 없고 과거를 회상하는 것이 너무 고통스럽지 않은 경우에 시도해볼 수 있는 방법입니다.

만약 이 과정에서 너무 강렬한 감정이 올라오거나 견디기 힘든 기억이 떠오른다면, 6장에서 연습했던 안정화 기법을 써보세요. 과거 이미지에서 벗어나 안전한 공간으로 이동하거나, 눈을 뜨고 현재로 돌아오세요. 필요하다면 전문가의 도움을 받는 것도 좋은 방법입니다. 우리의 목표는 어린 나를 만나 위로하는 것이지 더 큰 상처를 주기 위함이 아닙니다.

1 편안한 자세로 앉아 깊은 숨을 몇 번 들이마시고 내쉬어봅니

다. 그리고 최근에 우울하거나 불안했던 감정이 들었던 순간을 영화처럼 떠올려봅니다.

② 그 장면에서 생기는 감정이 충분히 느껴지면 이제 영화를 잠시 멈추고 감정만 느끼면서 어린 시절을 떠올려보세요.

③ 기다리다 보면 비슷한 감정을 느꼈던 시절이 떠오를 것입니다. 극장에서 영화를 보는 것처럼 과거의 기억을 스크린에 재생해봅시다.

④ 그곳에 어린 내가 있을 것입니다. 혼자 방 한쪽에서 울고 있거나, 누군가의 화난 목소리에 움츠러들어 있거나, 그저 멍하니 창밖을 바라보고 있을 수도 있습니다.

⑤ 잠시 그 아이의 모습을 자세히 들여다봅니다. 몇 살 정도로 보이나요? 어떤 표정을 짓고 있나요? 어떤 옷을 입고 있나요?

⑥ 이제 현재의 어른이 된 당신이 그 장면 속으로 천천히 들어갑니다. 어린 나에게 다가가 옆에 앉아보세요. "많이 힘들었구나" 하고 말을 건네면서 시작해도 좋습니다.

⑦ 어린 나의 이야기에 귀 기울여주세요. 왜 우는지, 무엇이 두려운지, 무엇을 원하는지 물어보세요.

⑧ "네가 얼마나 힘들었는지 이해해. 네 잘못이 아니야. 이런 상황에서는 누구라도 그랬을 거야"라고 공감해줍니다.

⑨ 때로는 그 장면에서 어린 나를 위협하거나 불안하게 만드는 존재가 있을 수 있습니다. 그렇다면 어른이 된 당신이 나서서 어린 나를 보호해주세요. 위협하는 존재를 문밖으로 내쫓거나

경찰을 불러서 밖으로 나가게 합니다. 상상할 수 있는 모든 방법을 동원해 아이를 지켜주세요. 그리고 어린 나에게 "이제 내가 널 지켜줄 거야", "더 이상 혼자가 아니야"라고 말해주며 안심시킵니다.

⑩ 어린 나의 마음이 조금 진정되었다면, 이제는 함께 즐거운 시간을 보내볼 차례입니다. "뭘 하고 싶니?"라고 물어보세요. 놀이공원에 가고 싶어할 수도, 맛있는 것을 먹고 싶어할 수도 있습니다. 어떤 아이는 단순히 함께 있어주는 것만으로도 충분할 수 있습니다. 어린 내가 원하는 대로 충분히 함께 시간을 보내줍니다.

⑪ 마지막으로, 안전하고 편안한 장소로 돌아와 어린 나와 작별 인사를 나눕니다. 하지만 이것이 진짜 이별은 아닙니다. "언제든 네가 필요로 할 때 다시 올게"라고 약속해주세요. 그리고 천천히 눈을 뜨면서 현재로 돌아옵니다.

이러한 과거 여행은 한 번으로 끝나지 않을 수 있습니다. 서로 다른 나이, 다른 상황의 어린 나를 만나게 될 수도 있습니다. 각각의 어린 나는 서로 다른 종류의 위로와 보살핌이 필요할 수 있습니다. 우리의 뇌는 과거를 떠올리고 작업을 할 때마다 이를 새롭게 변형하여 기억합니다. 그렇기에 이러한 치유적 만남은 실제로 우리의 내면에 긍정적인 변화를 가져옵니다.

지금까지 우리는 자존감도둑의 그늘에 가려 있던 상처받은 어린 나를 만나고 위로하는 방법들을 살펴보았습니다. 마음속 깊이 숨어 있던 어린 나를 발견하고, 채워지지 못했던 욕구들을 이해했으며, 스스로의 부모가 되어 건강한 자기대화를 나누는 법을 배웠습니다. 그리고 구체적인 위로의 방법들과 과거로 돌아가 직접 만나는 심층적인 치유 작업까지 경험해보았습니다.

　이제 우리는 한 걸음 더 나아가, 건강한 어른으로 성장하는 방법을 알아볼 것입니다. 상처받은 어린 나를 위로하고 보듬는 것이 첫 단계였다면, 이제는 그 어린 나를 건강하게 키워내는, 진정한 부모가 되는 법을 배워볼 차례입니다. 이는 단순히 과거의 상처를 치유하는 것을 넘어, 앞으로의 삶을 더욱 튼튼하고 건강한 토대 위에 세워나가는 과정이 될 것입니다.

건강한 나를 위한
자기관리

지금까지 우리는 자존감도둑의 영향에서 벗어나 진정한 나의 모습을 찾아가는 여정을 함께했습니다. 하지만 자존감도둑이 떠났다고 해서 완전한 끝은 아닙니다. 컨디션이 나빠지면 감정은 불안정해지고, 사고는 부정적으로 기울어지기 쉽습니다. 이런 상태가 지속되면 자존감도둑이 다시 목소리를 높일 수 있는 틈이 생기기도 합니다.

우리의 생각과 감정은 모두 뇌에서 일어나는 일이지만, 뇌는 추상적 개념이 아닌 실제의 신체 기관입니다. 컨디션에 따라 과거의 안 좋은 기억만 떠오르고, 미래에 대한 자신감을 잃을 수도 있습니다. 진료실에서 만난 많은 분들이 이런 악순환을 경험하다가도 기본적인 자기관리를 시작하면서 큰 변화를 이루어내는 모습을 볼 수 있었습니다. 이제부터 자존감도둑을 예방하는 건강한 자기관리의 방법들을 구체적으로 알아보겠습니다.

건강한 몸과 마음의 토대 만들기

건강한 신체적 토대를 만드는 데 가장 중요한 것은 **충분한 수면**입니다. 현대 사회는 잠을 줄여가며 사는 것을 마치 성실함의 징표처럼 여기지만, 이는 큰 오해입니다. 수면이 부족하면 감정을 조절하는 전전두엽의 기능이 떨어지고, 감정을 담당하는 편도체가 민감해집니다. 전전두엽은 감정 조절, 충동 조절, 계획, 집중력을 담당하며 우리를 사람답게 만드는 기관입니다. 수면 부족으로 이 기능이 저하되면 작은 일에도 예민해지고, 미래에 대한 계획을 세우거나 감정을 조절하는 것이 어려워집니다.

특히 수면 부족은 이자가 붙는 수면 빚을 만듭니다. 주중에 쌓인 수면 빚을 주말에 만회하려 하지만, 이미 쌓인 피로와 스트레스는 쉽게 해소되지 않습니다. 따라서 하루 7시간 정도의 수면을 규칙적으로 유지하는 것이 중요하며, 수면 시간이 6시간 미만으로 줄어들면 신체와 정신에서 급격한 소진이 일어날 수 있음을 알아야 합니다.

두 번째로 중요한 것은 **혈당 관리**입니다. 과자나 단 음료와 같은 간식으로 끼니를 때우면 혈당이 급격히 올랐다가 떨어지는 혈당 스파이크 현상이 일어납니다. 뇌의 주 연료는 포도당이기 때문에 혈당이 불안정하면 피로감, 스트레스, 집중력 저하가 나타날 수 있습니다. 그래서 과도한 혈당 변동을 방지하기 위해서는 단백질이나 잡곡밥 같은 복합탄수화물 위주의 규칙적인 식사가 필요합니다. 흰밥을 먹을 때는 채소와 같은 식이섬유와 고기, 달걀 등의 단백질을 곁들여 혈당 상승을 완만하게 만드는 것이 좋습니다.

마지막으로 **적절한 신체 활동**이 필수적입니다. 장시간 앉아 있는 생활은 무기력감을 증가시키고, 특히 우울감이 있을 때는 더욱 움직이기 싫어져서 악순환에 빠지기 쉽습니다. 바쁜 현대 생활에서 정기적인 운동 시간을 확보하기 어렵다면 일상의 작은 활동을 늘리는 것부터 시작해보세요. 50분 연속 운동이 어려우면 5분씩 열 번 움직여보는 것입니다. 계단 이용하기, 걸으면서 전화하기, 한 정거장 일찍 내려서 걷기 등 작지만 지속적인 활동을 일상에 포함시킵니다.

이러한 기본적인 관리가 잘 되지 않으면, 우리는 쉽게 자존감 도둑의 목소리에 취약해질 수 있습니다. 하지만 반대로 이러한 토대가 잘 갖춰져 있다면 스트레스 상황이 와도 더 잘 견딜 수 있는 회복탄력성이 생깁니다. 우리의 목표는 완벽한 관리가 아닌, 지속가능한 수준에서 이러한 기본을 하나씩 실천해나가는 것입니다.

일상의 리듬 설계하기

건강한 신체적 토대가 만들어졌다면, 이제는 그것을 지속가능하게 만드는 일상의 리듬을 설계할 차례입니다. 많은 사람들이 일시적으로는 건강한 습관을 만들 수 있지만, 이를 꾸준히 유지하는 것에서 어려움을 겪습니다. 지속가능한 삶의 리듬을 만들기 위해서는 우리의 일상에 적절한 구조와 균형이 필요합니다.

규칙적인 생활 패턴을 만드는 것부터 시작해보면 좋습니다. 매일 비슷한 시간에 일어나고 자는 것, 식사 시간을 일정하게 유지하는 것이 기본입니다. 이러한 일관된 리듬은 우리 몸의 생체시계를 안정화시키고, 수면의 질을 높이며, 전반적인 컨디션 관리에 도움이 됩니다. 특히 아침 시간을 활용한 간단한 루틴은 하루를 건강하게 시작하기에 좋습니다.

다음으로는 **업무와 휴식의 균형**을 찾는 것이 중요합니다. 많은 현대인들이 끊임없이 일하면서 휴식을 미루는 경향이 있지만, 이는 장기적으로 우리의 생산성과 건강을 해칩니다. 50분 일하고 10분 휴식하기, 점심시간에 잠깐 산책하기 등 작은 휴식들을 일과 중에 의도적으로 배치해보세요. 이러한 작은 쉼표들이 모여 지속가능한 리듬을 만듭니다.

마지막으로 반드시 **나만의 시간**을 확보하세요. 예를 들어 토요일 오전 시간은 온전히 나를 위해 쓰겠다고 정해두는 것입니다. 이 시간에는 하고 싶은 취미 활동을 하거나, 좋아하는 카페에 가거나, 단순히 아무것도 하지 않고 쉬어도 좋습니다. 중요한 것은 이 시간만큼은 다른 사람의 요구나 일상의 의무에서 벗어나 온전히 나를 위한 시간으로 사용하는 것입니다.

이러한 일상의 리듬은 하루아침에 완성되지 않습니다. 처음에는 작은 것부터 시작해서 점진적으로 늘려가는 것이 좋습니다. 우리의 목표는 빠른 변화가 아닌, 오래 지속될 수 있는 건강한 생활 리듬을 만드는 것입니다. 이렇게 만들어진 안정적인 일상은 자존감도둑이 끼어들 틈을 주지 않는 강력한 방어막이 될 것입니다.

지금까지 우리는 자존감도둑이 사라진 이후의 여정을 함께했습니다. 처음에는 방향을 잃은 것처럼 느낄 수도 있지만 천천히 자신의 진정한 모습을 찾아가는 법을 배웠습니다. 감정을 알아차리고, 일상의 즐거움을 수집하며, 좋아하는 것과 싫어하는 것을 통해 자신의 성향을 이해했습니다. 그리고 진정으로 추구하는 가치를 발견하면서, 자존감도둑이 강요하는 모습이 아닌 **진짜** 나를 만날 수 있었습니다.

더 나아가 우리는 마음 깊숙이 숨어 있던 상처받은 어린 나를 발견하고, 그동안 채워지지 못했던 기본적인 정서적 욕구들을 이해했습니다. 성장한 우리가 자신의 좋은 부모가 되어 따뜻한 위로와 지지를 전하는 법도 배웠죠. 그리고 이러한 내면의 변화를 지속하기 위해 건강한 신체적 토대를 만들고, 일상의 리듬을 설계하는 방법도 알아보았습니다.

다음 장에서는 지금까지 우리가 걸어온 길을 돌아보며, 자존감도둑으로부터의 회복이 어떤 단계를 거쳐 이루어지는지 정리해보려 합니다. 이를 통해 우리는 현재 자신이 서 있는 지점을 더 명확히 이해하고, 앞으로 나아갈 방향을 더욱 선명하게 그릴 수 있을 것입니다.

8장

자존감 회복의
단계

회복으로
가는 길

지금까지 우리는 자존감도둑과 맞서 싸우는 여정을 걸어왔습니다. 때로는 고통스럽고 때로는 희망적이었던 이 길에서 우리는 자존감이 어떻게 훼손되었는지, 그리고 어떻게 회복될 수 있는지를 차근차근 살펴보았습니다. 이제 그 투쟁의 과정을 정리하고, 앞으로 나아갈 길을 더욱 선명하게 그려볼 시간입니다.

회복의 여정은 마치 산을 오르는 것과 같습니다. 때로는 가파른 오르막길을 만나고, 때로는 잠시 쉬어갈 수 있는 평탄한 길을 만납니다. 같은 고도를 따라 돌아가는 등산로처럼 겉보기에는 제자리걸음 같아 보여도 사실은 조금씩 정상을 향해 나아가고 있습니다. 간혹 미끄러져 뒤로 물러날 때도 있지만, 이미 지나온 길에 대한 경험이 있기에 다시 오르는 것이 처음보다는 수월해집니다.

이번 장에서는 지금까지의 과정을 체계적인 단계들로 정리하려 합니다. 이는 마치 등산지도를 펼쳐놓고 전체 등산로를 살펴보는 것과 같습니다. 지도를 보면 현재 우리가 서 있는 지점을 정확히 파악할 수 있고, 정상까지 가는 방법과 그 길에서 예상되는 어려움들도 가늠해볼 수 있습니다. 또한 필요한 장비는 무엇인지, 어디서 휴식을 취해야 할지도 계획할 수 있죠.

특히 이러한 이해는 앞으로 마주하게 될 다양한 상황들에서 더욱 중요한 나침반이 될 것입니다. 길이 험해지거나 방향을 잃었다고 느낄 때마다 이 지도를 펼쳐보기 바랍니다. 지도는 우리에게 위안을 주고, 다음 걸음을 내딛을 용기를 줄 것입니다.

자, 이제 우리의 여정을 다시 한번 단계별로 정리해본 후 각 단계가 어떻게 서로 연결되어 있고, 어떻게 전체적인 회복의 그림을 완성해가는지 알아보겠습니다.

0단계:
자존감도둑과의 동일시

자존감도둑과 자신을 동일시하는 0단계부터 시작해봅시다. 이 단계는 자존감도둑의 존재를 전혀 인식하지 못하는 시기로, 1장에서 설명했던 자존감도둑의 특성이 가장 강하게 나타납니다. 우리는 자존감도둑을 나와 완전히 동일시합니다. 자존감도둑의 목소리를 자신의 진짜 생각이라 믿으며 그것이 주는 고통을 당연하게 받아들입니다.

요구형 자존감도둑의 영향 아래에서는 '난 늘 더 잘해야만 해'라는 생각에 사로잡혀 삽니다. 최선을 다했음에도 늘 부족하다고 느끼며, 다른 사람들의 기대나 사회적 기준에 자신을 맞추려 애씁니다. 휴식을 취할 때조차 불안하고, 무언가를 끊임없이 하고 있어야 한다는 강박에 시달립니다.

처벌형 자존감도둑의 영향 아래에서는 작은 실수에도 과도하게 자책합니다. '이런 실수를 하다니, 난 정말 형편없는 사람이야'라는 생각의 지배를 받습니다. 어린 시절 받았던 질책과 처벌의 경험이 내면화되어 스스로를 벌하는 습관이 자연스러운 일상이 되어버립니다.

죄의식형 자존감도둑의 영향 아래에서는 자신의 욕구를 표현하는 것조차 이기적이라 여깁니다. '내가 너무 이기적인 걸까?'라는 생각에 사로잡혀 자신의 기본적인 필요도 충족시키지 못합니다. 타인을 위해 자신을 희생하는 것이 미덕이라고 믿으며 살아갑니다.

이 시기에는 내면의 고통이 매우 크지만 그것이 당연하다고 생각하기 때문에 변화를 시도하지 않습니다. 만성적인 피로감, 불안, 우울감을 경험하지만 이를 자신의 부족함 탓으로 돌립니다. '나는 원래 이런 사람이야', '더 열심히 살았어야 했어'와 같은 생각에 사로잡힙니다.

역설적이게도, 이 단계에서는 자존감도둑과 자신을 완전히 동일시하고 있기 때문에 내적 갈등은 오히려 적습니다. 이는 마치 오래된 안경을 쓰고 있는 것과 같습니다. 렌즈가 흐릿하고 틀어져 있어도 그동안 계속 그렇게 보아왔기에 세상이 원래 그렇다고 믿고 살아갑니다.

1단계:
자존감도둑에 대한 인식

1단계는 1~4장에서 소개한 바와 같이 **자존감도둑의 존재를 의심하기 시작하는 시기입니다.** 그동안 '내 생각'이라고 굳게 믿어왔던 것들이 실은 나에게 도움이 되지 않는 자존감도둑의 말일 수도 있다는 의심이 들기 시작합니다. 마치 단단한 벽에 작은 금이 가기 시작하는 것처럼, 그동안 공고하기만 했던 '나의 생각'이라는 믿음에 균열이 생기는 단계입니다.

요구형 자존감도둑의 지배를 받고 있다면 '더 잘해야만 해'라는 생각이 내가 아닌 다른 누군가의 목소리처럼 들리기 시작합니다. 처음으로 '이렇게까지 나를 몰아붙여야 하나?'라는 의문이 들기도 합니다. 평생 당연하게 여겼던 자기압박이 불필요한 것일 수도 있다는 생각이 스쳐 지나갑니다.

처벌형 자존감도둑의 지배를 받고 있었던 경우, 자신을 향한 가혹한 비난이 과도하다는 것을 어렴풋이 느끼기 시작합니다. 친구가 같은 실수를 했을 때는 너그럽게 이해해주면서, 정작 자신에게는 왜 이토록 가혹한지 의문이 듭니다.

죄의식형 자존감도둑에 대해서도 변화가 시작됩니다. '나도 쉬고 싶은데…'라는 진짜 내 목소리가 희미하게나마 들리기 시작합니다. 끊임없이 타인을 위해 자신을 희생하는 것이 정말 건강한 삶의 방식인가 하는 의구심이 생깁니다.

하지만 이 단계에서는 아직 자존감도둑의 실체를 명확히 구분하지 못합니다. 때로는 '내가 너무 이기적인가?', '내가 게을러지려고 하나?'라는 불안감에 휩싸이기도 합니다. 마치 오랫동안 마시던 약을 끊으려 할 때처럼, 이 불편한 목소리들이 사실은 나를 위한 것이 아닐까 하는 미련이 남아 있습니다.

변화의 가능성을 보며 희망을 느끼는 동시에 막막함도 있습니다. 자존감도둑의 존재를 알아차린다 해도 어떻게 대응해야 할지는 아직 모릅니다. 때로는 '내가 지금 제대로 가고 있는 걸까?', '이렇게 해도 될까?'라는 불안감이 밀려오기도 합니다.

이 시기의 혼란스럽고 불안한 감정이 생기는 것은 매우 자연스럽습니다. 수십 년간 절대적 진리라고 믿어왔던 생각들이 흔들리며 다가오는 불확실성과 불안감은 회복으로 가는 첫 걸음을 떼었다는 신호입니다. 봄이 오기 전 꽁꽁 얼었던 땅이 녹기 시작하는 것처럼, 내면의 변화가 시작되고 있습니다.

2단계:
이성적 반박

2단계는 **자존감도둑을 이성적으로 반박**하는 시기입니다. 5장에서 배운 논리적인 반박 방법들을 통해 자존감도둑의 메시지가 비합리적이고 나에게 해롭다는 것을 명확히 이해합니다.

요구형 자존감도둑의 경우, 그동안의 과도한 목표 설정이나 완벽주의적 태도가 실제로는 수행능력을 떨어뜨리고 번아웃을 초래한다는 사실을 이해합니다. 이제는 '이렇게까지 할 필요가 있을까?', '삶의 다른 영역을 왜 희생해야 하지?'라는 합리적인 의문을 제기합니다.

처벌형 자존감도둑과 관련해서는 자책이 실수를 고치는 데 전혀 도움이 되지 않는다는 것을 깨닫습니다. 오히려 미래지향적인 피드포워드가 더 효과적이라는 것, 그리고 내가 모든 책임을 떠안을 필요가 없다는 것을 이성적으로 이해합니다.

죄의식형 자존감도둑과 관련해서는 기본적인 욕구를 충족한다고 이기적인 것이 아니라는 사실을 이해합니다. 오히려 자신을 돌보지 않으면 타인도 제대로 도울 수 없다는 것도 명확히 인지합니다.

이 단계에서는 자존감도둑의 말이 틀렸다는 것을 머리로는 완벽히 알고 있습니다. 자존감도둑 대응 카드를 만들어 활용할 수도 있고, 자존감도둑이 하는 말을 하나하나 분석하여 그 오류를 지적할 수도 있습니다. 때로는 과거의 내 서사를 새롭게 써보면서 지금까지와는 다른 관점으로 자신의 경험을 해석할 수 있습니다.

그러나 감정은 아직 이성의 속도를 따라가지 못합니다. 평소에는 자존감도둑의 말을 논리적으로 반박할 수 있지만, 중요한 발표를 앞두거나, 실수를 저질렀을 때, 혹은 누군가가 도움을 요청할 때처럼 스트레스 상황이나 위기의 순간이 오면 여전히 자존감도둑의 영향력 아래로 들어가곤 합니다.

이성적 이해와 감정적 반응 사이의 이러한 간극은 많은 혼란과 좌절감을 줍니다. '알면서도 왜 이러지?'라는 자책이 들 수도 있습니다. 하지만 이것은 회복 과정에서 누구나 겪는 자연스러운 현상입니다. 우리의 이성은 빠르게 변화할 수 있지만, 오랜 시간 형성된 감정의 습관은 더 천천히 바뀌기 때문입니다.

실제로 이 단계는 이성과 감정의 괴리가 가장 크게 나타나는 시기로, 전체 회복 과정 중에서 내적 갈등을 가장 심하게 경험하는 단계이기도 합니다. 하지만 이러한 갈등이 존재한다는 것은 적어도 이성적인 면에서는 이미 중요한 변화가 일어났다는 증거입니다. 그리고 감정이란 결국 습관의 영역이고, 습관은 시간이 걸리기는 하지만 결국 바꿀 수 있습니다. 낯선 길도 자주 다니다 보면 익숙해지는 것처럼, 새로운 감정적 반응 방식도 차츰 자연스러워질 것입니다.

3단계:
감정적 해방

3단계는 **자존감도둑에 대한 분노와 해방감을** 경험하는 시기입니다. 6장에서 배운 감정적 작업을 통해 이 단계에 도달할 수 있습니다. 자존감도둑과 이성적으로 싸우는 것을 넘어, 이제는 감정으로 맞설 수 있는 힘이 생깁니다.

요구형 자존감도둑에 대해서는 '왜 이렇게까지 나를 몰아붙였지?'라는 분노가 올라옵니다. 쉴 권리도, 실수할 권리도 주지 않았던 그 가혹한 잣대에 대해 이제는 감정적으로도 저항할 수 있습니다. '더는 네가 시키는 대로 하지 않을 거야'라는 선언을 할 수 있는 힘이 생깁니다.

처벌형 자존감도둑에 대해서는 그동안의 부당한 자책과 처벌에 대한 분노가 일어납니다. "그때 난 최선을 다했어. 네가 그렇게 나를 몰아세울 자격은 없어"라고 말할 수 있습니다. 어린 시절 받았던 부당한 비난과 처벌의 기억이 떠오르면서 그때 하지 못했던 항변을 이제는 할 수 있습니다.

죄의식형 자존감도둑에 대해서도 "네가 뭔데 내 삶을 이렇게 희생하게 만들었어?"라는 분노를 느낍니다. 기본적인 욕구마저 죄책감의 대상으로 만들었던 억압적인 시선에서 벗어나려는 강한 의지가 생깁니다.

처음 느껴보는 분노가 처음에는 낯설고 당황스러울 수 있습니다. 내가 평소의 내가 아닌 것 같은 느낌이 들 수도 있고, 이렇게 화를 내도 되는 걸까 하는 불안감이 들 수도 있습니다. 하지만 이는 지극히 자연스럽고 건강한 감정입니다. 오랫동안 눌러두었던 정당한 분노가 마침내 표면으로 떠오르는 것입니다.

동시에 자존감도둑에 대한 해방감도 경험합니다. 자존감도둑을 상징하는 인형을 문밖으로 던지는 행위는 단순한 행동 이상의 의미를 가집니다. 그것은 "더는 네 말에 휘둘리지 않을 거야"라는 선언이자 강력한 카타르시스를 주는 행위입니다.

이제 자신의 감정을 더 선명하게 느끼고 표현할 수 있습니다. 그동안 자존감도둑이 허락하지 않았던 분노, 슬픔, 기쁨 같은 감정들을 온전히 경험하고 표현할 수 있는 자유를 얻은 것입니다. 이제 당신에게는 자존감도둑과 맞설 수 있는 감정적 힘이 생겼고, 이는 진정한 회복으로 가는 중요한 전환점입니다.

4단계:
일시적 혼란기

4단계는 자존감도둑의 통제에서는 벗어났지만, 아직 자신만의 확고한 기준이 없어 방황하는 시기입니다. 오랫동안 자존감도둑이 쥐고 있던 삶의 방향키를 빼앗아왔지만, 정작 어디로 가야 할지는 모르는 상태입니다.

요구형 자존감도둑의 영향력에서 벗어나면 무엇을 위해, 어느 정도로 노력해야 할지 혼란스럽습니다. 이제는 과도한 압박 없이 살아갈 수 있지만, 동시에 '이 정도면 충분한 걸까?', '이렇게 해도 괜찮은 걸까?'라는 새로운 고민이 찾아옵니다. 스스로 적절한 목표와 기준을 정하는 일이 생각보다 어렵게 느껴집니다.

처벌형 자존감도둑의 통제에서 벗어나면 실수나 실패를 어떻게 다뤄야 할지 막막한 기분이 듭니다. 더 이상 자신을 비난하고 처벌하지 않지만, 그렇다고 모든 것을 그냥 넘어가버리는 것도 옳지 않아 보입니다. 건설적인 자기 피드백의 방법을 새롭게 배워야 하는 상황입니다.

죄의식형 자존감도둑의 영향에서 벗어난 후에는 자신의 욕구와 타인의 요청 사이에서 어떻게 균형을 맞춰야 할지가 고민입니다. '이렇게 거절해도 될까?', '이 정도는 도와줘야 하나?'와 같은 새로운 질문들이 끊임없이 떠오릅니다.

이 시기에는 무엇을 해야 할지, 어떻게 살아야 할지 막막함을 자주 느낍니다. 자존감도둑이 정해주던 목표와 기준이 사라지자 선택의 순간마다 혼란스럽습니다. 때로는 불안하고 공허하기도 합니다. 심지어 '차라리 예전처럼 자존감도둑이 시키는 대로 하는 게 더 편할 것 같아'라는 생각이 들 때도 있습니다.

하지만 이러한 혼란과 불안정은 일시적입니다. 이는 새로운 시작에 있어 자연스럽고 필요한 과정입니다. 마치 오랫동안 누군가의 지시만 따르다가 처음으로 자유를 얻은 것처럼, 처음에는 어색하고 불안하지만 점차 나만의 방식을 찾아갈 수 있습니다.

이 단계에서는 불확실성을 견디는 힘이 특히 중요합니다. 당장의 답을 찾지 못하더라도, 그 과정 자체가 의미 있음을 믿고 한 걸음씩 나아가는 것입니다. 이는 마치 새로운 땅에서 나만의 길을 개척해나가는 것과 같은 모험입니다.

5단계:
내가 원하는 삶 살아가기

　지금까지 우리는 내면의 감정을 알아차리고, 진정한 자아를 발견하며, 스스로를 위로하는 법을 배웠습니다. 이러한 작업들이 기반이 되어 이제 우리는 **건강한 자아를 확립**할 수 있습니다. 자존감도둑의 자리는 줄어들고 건강한 나의 자리는 넓어졌습니다. 예전에 자존감도둑의 목소리가 크게 들리던 자리에서 이제는 나의 진짜 목소리가 들립니다. 가끔 자존감도둑의 목소리가 들리더라도 '아, 너 아직도 거기 있었어?'라며 여유롭게 알아차릴 수 있습니다.

　요구형 자존감도둑이 있던 자리에는 이제 건강한 동기부여가 자리 잡았습니다. 과도한 압박은 적절한 기대로 바뀌었고, 비현실적인 목표는 내 속도에 맞는 계획으로 조정되었습니다. 실패나 지연을 두려워하지 않고 도전할 수 있는 여유도 생겼습니다.

처벌형 자존감도둑이 있던 자리에는 건설적인 자기 피드백이 자리 잡았습니다. 실수나 실패 앞에서 더 이상 자신을 비난하지 않습니다. 대신 무엇을 배울 수 있는지, 다음에는 어떻게 하면 좋을지 차분히 생각할 수 있습니다.

죄의식형 자존감도둑이 있던 자리에는 건강한 경계가 자리 잡았습니다. 타인을 배려하면서도 자신의 욕구를 소중히 여길 줄 알고, 적절한 선에서 거절할 줄도 압니다.

삶의 굴곡도 있고 감정의 기복도 있지만, 이제는 이것들에 대처할 수 있습니다. 외부 사건은 그저 사건 그 자체로 받아들일 뿐 이전처럼 자존감도둑이 그것을 증폭시키는 일은 없습니다. 필요한 피드백만 받아들이고 앞으로 나아갈 수 있는 힘이 생겼습니다.

이 무렵에는 심리 서적을 찾아보는 일도 줄어들고, 상담을 받고 있었다면 혼자서도 잘 지낼 수 있겠다는 자신감이 생깁니다. 물론 가끔 도움이 필요할 수도 있지만 이제는 그것을 구하는 일도 자연스러워집니다.

이러한 변화는 하루아침에 일어난 것이 아닙니다. 그동안의 크고 작은 노력들이 쌓이고 쌓여 마침내 이룬 성과입니다. 이제 당신은 자존감도둑의 속박에서 벗어나 진정한 자신의 모습으로 살아갈 준비가 되었습니다. 때로는 흔들릴 수도, 불완전할 수도 있지만 그것 또한 인간다운 모습임을 압니다.

이렇듯 자존감도둑으로부터 벗어나는 과정은 여러 단계로 구성되어 있습니다. 처음에는 자존감도둑의 존재조차 인식하지 못했던 0단계에서, 그것을 의심하기 시작하는 1단계, 이성적으로 맞서 싸우는 2단계, 감정적으로 해방되는 3단계, 일시적인 혼란을 겪는 4단계를 거쳐, 마침내 진정한 나로 살아가는 5단계에 이릅니다.

이러한 단계는 제가 상담을 통해 경험한 많은 내담자들의 회복 과정을 관찰하고 정리한 것입니다. 하지만 실제 모든 회복의 과정이 이처럼 명확하게 구분되지는 않습니다. 어떤 영역에서는 이미 높은 단계에 도달해 있는데, 다른 영역에서는 아직 낮은 단계에 머물러 있을 수도 있습니다. 또한 잘 지내다가도 큰 스트레스나 위기 상황이 찾아오면 일시적으로 이전 단계로 돌아가기도 합니다.

하지만 이는 결코 실패가 아닙니다. 회복의 과정이란 완벽한 일직선이 아니라 **자연스러운 굴곡을 가진 길**이기 때문입니다. 중요한 것은 잠시 뒤로 물러났다 해도 다시 전진할 수 있어야 한다는 점입니다. 다음 장에서는 실제로 자존감도둑과 싸워 이겨낸 사람들의 이야기를 통해, 현실에서 이러한 회복의 과정이 어떻게 이루어지는지 구체적으로 살펴보겠습니다.

9장

자존감도둑에서
벗어난 사람들의 이야기

정신건강의학과 수련을 하면서 가장 기억에 남는 것은 다른 사람들의 치료 사례와 마주하는 경험이었습니다. 사람마다 자신만의 고유한 과거가 있기 때문에 일률적으로 똑같은 치료라는 것은 있을 수 없습니다. 설명을 듣기만 하기보다는 실제로 치료가 어떻게 진행되는지 타인의 경험을 면밀히 관찰하며 익히는 것도 도움이 됩니다. 상담을 거듭할수록 이 과정이 자전거 타기를 배우는 것과 비슷하다는 생각을 합니다. 자전거에 앉아 핸들을 잡고 페달을 계속 굴리면 자전거를 탈 수 있다는 사실은 누구나 알고 있습니다. 그러나 실제로 자전거를 타려면 스스로 시도해보고 감각을 익혀야 합니다.

이번 장에 나오는 이야기들은 제 경험과 다른 저서에서 참고한 사례들을 조합하여 만든 가공의 사례들입니다. 신원을 특정할 수 있는 정보는 포함되지 않았습니다.

다이어트와 폭식의 반복,
공황장애를 이겨내다

"살이 찌면 아무도 저를 좋아하지 않을 것 같아요."

진료실을 찾은 서현 씨는 반복되는 다이어트 실패와 폭식 증상으로 진료실을 찾은 30대 여성입니다. 첫 상담에서 그녀는 자신의 외모로 인해 늘 불안하고, 사람들이 자신을 떠날까 두려워 지나친 다이어트를 반복하고 있다고 털어놓았습니다.

어린 시절 서현 씨의 가정은 외모에 대한 평가가 매우 심했습니다. 체형이 통통한 편이었던 어머니는 자신의 외모 콤플렉스를 딸에게 투영했고, 초등학교 시절부터 끊임없이 다이어트를 강요했습니다. 서현 씨는 "너는 절대로 나처럼 되면 안 돼", "살이 찌면 아무도 너를 봐주지 않을 거야"라는 말을 자주 들으며 자랐습니다.

청소년기에 들어서면서 어머니의 외모 통제는 더욱 심해졌습니다. 어머니는 서현 씨의 옷차림과 식사량을 엄격하게 제한했습니다. 특히 고등학교에 진학해서 공부 시간이 늘어나며 체중이 늘자 어머니는 "이런 모습으로는 대학 가서 친구도 하나 못 사귈 거"라며 더욱 강하게 다이어트를 압박했습니다.

대학에서 경영학을 전공한 서현 씨는 유명 화장품 회사의 마케팅 부서에 입사했습니다. 업무특성상 광고와 화보 촬영 현장에서 마주하는 모델들은 서현 씨에게 큰 압박으로 다가왔습니다. 매일 그들과 자신을 비교하며 "나는 왜 저렇게 되지 못할까", "이런 몸매로는 아무것도 못해"라는 자책에 빠졌고, 이는 더욱 극단적인 다이어트로 이어졌습니다.

극심한 스트레스와 자기혐오 속에서 서현 씨는 하루에 500킬로칼로리 이하로 극단적인 식사 제한을 했습니다. 처음에는 체중이 빠르게 감소했지만, 심각한 영양 불균형으로 컨디션이 급격히 나빠졌습니다. 잦은 어지럼증, 생리 불순 등의 증상이 생겼습니다.

극단적인 식사 제한은 결국 또 다른 문제를 낳았습니다. 식욕이 통제되지 않으면서 폭식을 하기 시작한 것입니다. 밤늦게 배달 앱을 켜서 3~4인분의 음식을 시켜 먹고는 이내 극심한 죄책감에 시달렸습니다. 이를 만회하고자 다음 날이면 더 극단적인 다이어트를 하는 악순환이 반복되었습니다. 폭식 후 자기혐오와 죄책감은 더욱 강력해졌고, 거울 속 자신의 모습을 볼 때마다 모든 사람들이 자신을 떠날 것 같다는 극심한 불안을 느꼈습니다.

서현 씨의 자존감도둑 검사에서는 요구형과 처벌형 자존감도둑이 모두 높게 나왔습니다. 처벌형 자존감도둑은 "이렇게 살찐 모습이면 아무도 너를 사랑하지 않을 거야", "이런 모습으로는 영원히 혼자가 될 거야"라고 말하며 그녀를 괴롭혔습니다. 한편 요구형 자존감도둑은 "하루에 500킬로칼로리 이상 먹으면 안 돼", "매일 무슨 일이 있어도 운동을 해야 해", "이번 주까지 3킬로그램은 빼야 해"라며 끊임없는 압박을 가했습니다.

서현 씨는 이 두 자존감도둑의 영향으로 극도의 스트레스 상태에 놓여 있었습니다. 특히 요구형 자존감도둑은 다이어트뿐만 아니라 업무와 자기계발에서도 완벽을 요구했습니다. 퇴근 후에는 운동을 해야 하고, 주말에는 새로운 자격증 공부를 해야 하며, 늘 무언가를 하고 있어야 한다는 강박에 시달렸습니다. 잠시라도 쉬면 "이렇게 게으르니까 살이 찌는 거야"라는 처벌형 자존감도둑의 비난이 따라왔습니다.

치료는 먼저 자존감도둑의 메시지들을 인식하는 것부터 시작했습니다. 서현 씨는 이 작업을 통해 자존감도둑의 말이 진실이 아닌 어린 시절부터 들어온 부정적 메시지들의 집합임을 깨닫기 시작했습니다. 처음에는 자존감도둑의 말처럼 "모든 사람은 열심히 살아야 하고, 체중도 관리해야 하는 게 맞지 않나요?"라고 반문했지만, 점차 자신의 가치를 전적으로 외모와 연결 짓는 것이 얼마나 비합리적인지 깨닫기 시작했습니다.

치료가 진행되면서 서현 씨는 더 깊은 통찰을 얻기 시작했습니다. 서현 씨는 "나는 친구들을 체중으로 판단하지 않는데, 왜 내 체중 때문에 사람들이 떠날 거라고 생각하지? 체중으로 사람을 판단하는 이가 있다면, 그런 사람을 내가 진정으로 신뢰할 수 있을까?"라는 질문을 스스로에게 던지기 시작했습니다.

서현 씨는 자신이 폭식하는 원인도 파악하게 되었습니다. 자존감도둑의 끊임없는 압박이 스트레스를 만들고, 이러한 스트레스와 과도한 다이어트가 폭식을 유도하고 있다는 것을 알아차렸습니다. 이런 깨달음은 자존감도둑이 실제로는 자신에게 도움이 되지 않는다는 확신으로 이어졌습니다.

자존감도둑과 이성적인 싸움을 이어가던 중, 서현 씨는 마음속에서 새로운 감정이 올라오는 것을 느꼈습니다. 그것은 바로 분노였습니다. 왜 자신은 늘 남의 눈치를 보고 비교당해야 하는지, 이런 상황이 너무나 부당하다고 느끼기 시작했습니다. 이 분노는 자존감도둑과 맞서 싸울 수 있는 힘이 되었습니다.

6개월간의 치료 기간 동안 서현 씨는 큰 변화를 보였습니다. 처벌형 자존감도둑의 목소리를 알아차리고 그것에 반박하는 법을 배웠으며, 극단적인 다이어트 대신 규칙적인 식사를 하려 노력했습니다. 폭식 증상도 점차 줄어들었고, 자신의 모습을 있는 그대로 보기 시작했습니다.

현재 서현 씨는 여전히 두 자존감도둑의 목소리를 듣지만, 이제는 그것이 왜곡된 메시지라는 것을 알고 있습니다. "너는 더 완벽해져야 해"라는 요구형 자존감도둑과 "이런 모습으로는 버림받을 거야"라고 말하는 처벌형 자존감도둑의 목소리에 "나는 지금 이대로도 충분히 가치 있는 사람이야"라고 대응할 수 있게 되었습니다.

흥미로운 점은, 서현 씨가 여전히 운동을 하고 건강한 식사를 하려고 노력하지만 그것이 자존감도둑의 채찍질 때문이 아니라는 사실입니다. "더 날씬해져야만 해"서가 아닌, "수영이 재미있어서", "테니스 배우는 게 즐거워서" 운동합니다. 음식에 대한 태도도 달라졌습니다. 칼로리 계산에 집착하는 대신 요리를 새로운 취미로 발견했습니다. 다양한 요리법을 배우고 실험하고 건강하면서도 맛있게 먹는 방법을 찾아가고 있습니다. 자존감도둑에게 이끌려 살던 삶의 주도권을 서현 씨 스스로 가지고 가기 시작했습니다.

현재 서현 씨는 체중에 대해 과도하게 신경 쓰지 않게 되었고, 오히려 강박적으로 다이어트를 하던 때보다 건강하게 체중을 유지하고 있습니다. 서현 씨는 이제 자존감도둑을 잘 제어하면서 자신의 욕구를 존중하며 살아가는 법을 배우고 있습니다.

무기력증과 집중력 저하,
번아웃에서 벗어나다

20대 후반의 하나 씨는 특이한 양상의 무기력감을 호소하며 상담실을 찾았습니다. 대부분의 직장인들이 평일에 무기력감을 느끼는 것과 달리, 하나 씨는 오히려 편안해야 할 주말이 되었을 때 심한 무기력감에 시달렸습니다.

그녀의 이야기는 초등학교 1학년 때로 거슬러 올라갔습니다. 아버지의 잘못된 보증으로 가세가 기울면서 가정 내 갈등이 시작되었습니다. 부부 싸움이 잦아졌고, 특히 아버지가 어머니에게 심하게 화를 내는 일이 많아졌습니다. 어린 하나 씨의 눈에는 어머니가 너무나 힘들어 보였고, 혹시 자신을 두고 떠나버리지는 않을까 하는 불안감이 컸습니다. 때로는 한밤중에 잠에서 깨어 어머니가 계신지 확인하기 위해 조심스레 안방 문을 열어보곤 했습니다.

하나 씨는 어머니가 자신 때문에 아버지를 떠나지 못한다고 생각했고, 자신이 없었다면 부모님 모두 더 편안했을 것이라는 죄책감에 시달렸습니다. 어린 하나 씨는 자신의 존재가 짐처럼 여겨졌습니다. 이러한 경험들이 하나 씨의 내면에 처벌형 자존감도둑을 만들었습니다. 자존감도둑은 "너는 나쁜 존재이고, 결국 모든 사람이 너를 떠날 것"이라고 끊임없이 속삭였습니다.

이 불안에서 벗어나고자 하나 씨는 자신의 존재 가치를 증명하기 위한 방법으로 공부를 선택했습니다. 부모님은 특별히 공부를 강요하지 않았지만, 하나 씨는 스스로를 채찍질하며 공부에 매달렸습니다. 좋은 성적을 받으면 부모님의 관계도 좋아지고 어머니도 떠나지 않을 것이라는 막연한 기대가 있었기 때문입니다. 이는 곧 요구형 자존감도둑을 형성했습니다.

당시 초등학생이었던 하나 씨에게는 적절한 목표나 지침이 없었습니다. 그래서 하나 씨는 자신이 생각할 수 있는 제일 좋은 목표, 오직 1등과 100점만이 자신의 존재 가치를 증명할 수 있다고 믿었습니다. 이는 과도한 자기검열과 압박으로 이어졌고, 성적이 조금이라도 떨어지면 극심한 불안에 시달렸습니다.

자존감도둑은 끊임없이 하나 씨를 압박했습니다. "무엇이든 최고가 되지 않으면 소중한 사람들이 결국 너를 떠날 거야. 쓸모가 있어야만 너는 가치가 있어"라는 말이 그녀의 마음속에서 끊임없이 메아리쳤습니다.

고등학생이 되면서 하나 씨는 이러한 긴장감에 서서히 지쳐 갔습니다. '내가 왜 이렇게 살아야 하지?'라는 의문이 들면서 무기력감이 찾아왔고, 공부할 에너지조차 남아 있지 않았습니다. 하지만 공부를 멈추면 자존감도둑이 다시 나타나 부모님이 이혼할 것이라며 경고하였습니다. 이때 그녀는 처음으로 우울감을 경험했습니다. 그녀의 삶에는 의무만 존재했고 즐거움은 사라졌습니다.

직장인이 된 지금도 자존감도둑의 목소리는 계속되고 있습니다. "회사에서 정체되어 있으면 언제든 해고당할 거야. 시간을 허비하면 안 돼"라는 강박이 이어졌습니다. 평일에는 실제 업무에 몰두하느라 이 소리가 잠잠했지만, 쉬는 주말이면 자존감도둑의 목소리가 더욱 커졌습니다. 이러한 끊임없는 압박과 자책 속에서 그녀는 점차 소진되어 결국 번아웃으로 병원을 찾게 되었습니다.

상담 과정에서 하나 씨는 자존감도둑의 말과 자신의 생각을 분리하기 시작했습니다. 압박감과 불안이 느껴질 때마다 자존감도둑이 활성화된다는 것을 알아차렸고, 이러한 감정들이 어린 시절 느꼈던 버림받을 것 같은 두려움과 자신이 짐이 된다는 부적절감에서 비롯되었다는 사실을 깨달았습니다.

치유의 중요한 전환점은 하나 씨가 자신의 내면에 있는 어린 시절의 모습을 발견한 순간이었습니다. 하나 씨는 과거를 떠올리던 중 어머니의 존재를 확인하기 위해 방문을 열어보던 어린 시절의 자신을 발견하게 되었습니다. 성인이 된 하나 씨는 어린 시절 불안에 떨고 있는 어린 자신의 어깨를 따뜻하게 안아주며 이렇게 말했습니다.

"어린아이에게 부모님은 생존과 직결될 정도로 중요한데, 부모님이 나를 떠날 수도 있다는 생각에 어린 네가 많이 불안했겠구나. 누군가 네 마음을 알아주고 안심시켜주었다면 좋았을 텐데 너무 아쉽다. 그런데 지금은 어른이 된 내가 너의 곁에 있단다. 부모님이 힘들어하셨던 것은 부모님의 일 때문이지, 결코 초등학생에 불과했던 네 잘못이 아니야. 부모님은 여러 다른 이유로 힘든 상황에 처했던 것일 뿐 너를 짐처럼 생각하지는 않으셨을 거야. 부모님이 원해서 너를 가진 것이기에 네가 네 존재를 짐처럼 생각하지 않아도 된단다. 그리고 네 존재를 증명하기 위해 그렇게 지나치게 노력할 필요는 없어. 그저 네가 하고 싶다면 열심히 하는 것이고, 네가 하고 싶은 것을 생각해도 돼. 그것은 결코 나쁜 것이 아니란다."

하나 씨는 반복적으로 자신에게 이런 말들을 건네며 마음속에 있는 어린 자신을 다독였고, 점차 안정을 되찾으며 자존감도둑의 목소리 또한 잦아드는 것을 느낄 수 있었습니다. 주말이 진정한 휴식의 시간으로 다가오기 시작했고, 휴식은 결코 잘못된 것이 아니며 그것이 자신의 존재 가치를 떨어뜨리지 않는다는 사실도 깨달았습니다. 회사생활에 대한 관점도 변화했습니다. '과도하게 무리하는 것은 좋지 않구나. 오히려 체력을 소진해 더

많은 것을 잃을 수 있으니 적절한 선을 지키는 것이 현명하겠다'
라는 생각으로 바뀌어갔습니다. 최근 하나 씨는 취미로 드럼을
배우기 시작했습니다. 마음속에 막연히 품고 있던 생각을 실천
에 옮기며 상상 이상의 즐거움을 느꼈다고 합니다. 한때 취약했
던 어린 하나 씨는 이제는 마음속에서 행복한 아이로 조금씩 성
장해가고 있습니다.

과도한 걱정과
불안을 떨쳐내다

20대 중반의 여성인 지은 씨와 처음으로 만난 날, 그녀는 진료실 문을 아주 조심스럽게 열고 긴장한 표정으로 이야기를 시작했습니다. 사람들 앞에만 서면 심한 긴장감과 불안감이 들어 사회생활이 너무 힘들다고 했습니다. 특히 직장 상사나 교수님처럼 자신보다 지위가 높은 사람을 만날 때 증상이 더욱 심했습니다. 불안이 극에 달하면 공황 증상이 나타나 그 자리를 벗어나야 했고, 때로는 불안에 시달리는 자신이 너무 싫어 자해를 하기도 했습니다.

지은 씨의 불안은 초등학교 시절부터 시작되었습니다. 어린 시절 아버지에게는 음주 습관이 있었고 가정폭력이 심했습니다. 술에 취하면 폭력성이 더욱 심해져 어머니에게 폭언과 폭행을 가했고, 지은 씨에게도 사소한 것을 트집 잡아 폭력을 행사했습니다. 밤늦게 취한 아버지가 돌아올 시간이 되면 지은 씨는 가슴이 두근거리고 불안했습니다. 또 어떤 일로 혼날지 걱정되어 숙제도 미리 해두고 혼날 거리를 줄이려 노력했지만, 아버지는 늘 사소한 것을 찾아내어 혼냈습니다.

지은 씨가 중학교에 입학할 무렵, 어머니는 지은 씨와 남동생을 데리고 집을 나왔습니다. 어머니는 두 남매를 키우기 위해 일했고, 고된 하루를 보내고 돌아온 어머니의 표정은 늘 어두웠습니다. 얼마 되지 않아 어머니는 몸 곳곳이 아프기 시작했습니다. 어머니는 속상한 날이면 지은 씨를 앉혀놓고 이렇게 말씀하시곤 했습니다.

"너랑 네 동생을 위해서 엄마가 이렇게 일하느라 아프니 엄마한테 잘하고 나중에 커서 엄마를 책임져야 한다."

지은 씨는 어머니의 건강을 걱정하며 두 살 차이밖에 나지 않는 남동생의 식사를 챙겼습니다. 중학생에 불과했지만 남동생을 거의 전적으로 돌보았습니다.

이사를 하며 초등학교와 멀리 떨어진 중학교에 진학한 지은 씨는 새로운 환경에서 친구들과 적응하는 데 어려움을 겪었습니다. 이혼하고 이사 온 상황이 부끄러웠던 지은 씨는 친구들이 자신의 가정사를 알까 걱정했고, 선뜻 친구들에게 다가가지 못했습니다. 친구들은 위축되어 있는 지은 씨를 따돌렸고, 일부 학생들은 지은 씨를 괴롭히기도 했습니다. 그러나 지은 씨는 이미 힘든 어머니가 자신 때문에 더 걱정하실까 봐 이러한 사실을 알리지 않고 참아냈습니다.

지은 씨는 집과 학교, 모두에서 힘든 나날을 보내며 해결책이 없다는 생각에 우울감이 깊어졌고, 감정이 극에 달할 때면 자해를 하곤 했습니다. 이러한 경험들을 통해 지은 씨의 마음속에는 처벌형 자존감도둑과 죄의식형 자존감도둑이 자리 잡았습니다. 처벌형 자존감도둑은 지은 씨가 잘못하면 강하게 혼나야 하고, 지은 씨에게 결함이 있기 때문에 사람들이 자신을 공격하는 것이라고 이야기했습니다. 죄의식형 자존감도둑은 힘든 어머니를 위해 항상 어머니를 보살피고 어머니가 원하는 것을 해야 한다고 말했습니다.

지은 씨는 고등학교에 진학해서 친한 친구가 한 명 생겼지만, 남동생을 돌봐야 한다는 생각에 방과 후에 그 친구와도 잘 어울리지 못했습니다. 친구와 놀고 싶은 마음이 들 때면 마음속 자존감도둑이 지은 씨를 비난했습니다.

"어머니는 힘들게 고생하는데 너는 친구하고 놀 생각만 하다니 너무 이기적인 것 아니야? 네가 동생을 보살펴야 어머니가 좀 더 편할 것 아니야."

지은 씨는 20대가 되어 회사에 취직을 했지만, 실수를 할 때마다 과도한 긴장감을 느꼈습니다. 처벌형 자존감도둑은 그녀가 실수를 할 때마다 나타나 과도하게 비난하며, 지은 씨 때문에 동료들이 피해를 입었다며 몰아세웠습니다. 지은 씨는 직장 상사가 자신을 부를 때면 긴장감에 손이 떨릴 정도였고, 회사에서도 불안함에 눈물이 날 때가 많았습니다. 직장 상사가 업무를 가르치기 위해 하는 말들이라는 것을 머리로는 알고 있었지만, 감정적으로는 두렵기만 했습니다.

취직한 지 6개월이 지났을 때의 일입니다. 출근길 만원 지하철에 탔는데 문득 회사에서 비난받을 것 같은 생각에 불안감이 극도로 심해졌습니다. 갑자기 가슴이 심하게 두근거리고 숨이 차오르면서 큰일이 날 것 같았습니다. 지은 씨는 급하게 사람들을 비집고 나와 다음 역에서 내릴 수밖에 없었습니다.

지은 씨는 회사에서 발표를 할 때도 항상 과도하게 긴장했고, 가능하면 발표를 피하려 했습니다. 일을 그만두고 싶었지만 함께 살고 있는 어머니를 부양해야 한다는 생각에 그러지도 못했습니다. 월급이 들어오면 월급을 전부 어머니께 드렸고, 가끔 어머니를 떠나 혼자 살고 싶다는 생각이 들 때면 어김없이 자존감 도둑이 나타나 그녀를 비난했습니다.

회사에 가는 것이 너무 불안하지만 집안 사정으로 그만둘 수도 없는 답답한 상황에서 지은 씨는 진료실을 찾았습니다. 상담 과정에서 불안할 때 마음속에 떠오르는 말들을 적어보았습니다. '실수를 하면 책임을 져야 한다', '나는 이것밖에 못하는 인간이다', '사람들이 내 실수를 알아내고 비난할 거야' 등의 생각들은 어린 시절 사소한 잘못에도 크게 비난받던 상황에서 비롯되었다는 것을 알아차렸습니다. 실제로 직장에서는 직장 내 괴롭힘에 해당할 만한 인신공격이나 괴롭힘이 없었고, 지은 씨도 그 사실을 이성적으로는 알고 있었습니다. 문제는 자존감도둑으로 인해 불안감이 커진 탓이었습니다. 지은 씨는 지금의 괴로움이 처벌형 자존감도둑 때문이라는 사실을 알았습니다. 자존감도둑의 말이 마음속에 떠오르는 생각의 형태라 사실처럼 느껴지지만 실제로는 그렇지 않다는 것을 깨닫고 안도했습니다.

그러나 회사에서의 불안은 여전히 지속되었습니다. 진료실을 찾은 지은 씨에게 의자에 있는 인형이 처벌형 자존감도둑이라고 상상해보자고 했습니다. 지은 씨는 잠시 망설이다 의자를 바라보며 이야기했습니다.

"너는 내가 실수할 때마다 나타나서 '넌 틀렸어, 너 때문에 다른 사람들이 피해를 봤잖아'라고 말하지. 하지만 이제 알아. 너는 내가 어릴 때 아빠가 하신 말씀들을 그대로 따라하고 있는 거야. 더 이상 그런 말에 움츠러들지 않을 거야. 나는 이제 어른이고, 실수해도 괜찮은 사람이야."

지은 씨는 이렇게 말하며 자존감도둑과 싸워나갔습니다.

그다음에는 지은 씨와 함께 처벌형 자존감도둑이 나타난 시점으로 거슬러 올라갔습니다. 지은 씨는 눈을 감고 어린 시절로 돌아가 상처받은 어린 자신을 떠올렸습니다. 그녀는 "어린 지은 씨에게 어떤 말을 해주고 싶나요?"라는 말에 천천히 입을 열었습니다.

"아빠가 술 마시고 들어올 때, 숙제도 다 해두고 방 정리도 해두고… 그렇게 열심히 했는데도 혼났었지…. 그런데 그것은 네가 잘못한 게 아니야. 아빠가 술에 취해서 화를 낸 거야. 네가 아무리 잘해도 아빠는 화를 냈을 거야. 더 이상 자책하지마."

지은 씨의 눈시울이 붉어졌습니다.

이렇게 치료가 진행되면서 지은 씨는 어린 시절 자신에게 일어난 일들이 자신의 잘못이 아닌 아버지의 문제였다는 것을 감정적으로도 깨달았습니다. 어린아이는 언제든 잘못을 할 수 있고, 아무리 큰 잘못을 했더라도 폭력이나 폭언, 인신공격은 정당화될 수 없음을 알았습니다.

상담이 진행되면서 지은 씨는 학창 시절 겪은 따돌림에 대해서도 새로운 시각을 갖게 되었습니다. 처음에는 '내가 너무 소극적이었고, 무언가 결함이 있었기 때문에 친구들이 나를 싫어했던 것'이라고 생각했지만, 그것은 처벌형 자존감도둑의 시각이었다는 사실을 알게 되었습니다. 당시 지은 씨는 갑작스러운 전학과 가정환경의 변화, 경제적 어려움 등 복잡한 상황에 적응하기 위해 최선을 다하고 있었습니다. 따돌림은 자신의 성격이나 결함 때문이 아니라, 새로운 환경에 적응해야 하는 어려운 상황과 주변 친구들의 미성숙한 태도가 복합적으로 작용한 결과였음을 이해했습니다. 이러한 깨달음은 지은 씨가 과거의 상처에서 한 걸음 더 나아가는 데 도움이 되었습니다. 이러한 이해를 바탕으로 점차 처벌형 자존감도둑은 약화되었습니다.

이제 상담은 죄의식형 자존감도둑으로 초점이 옮겨갔습니다.

지은 씨의 어머니는 아직 은퇴할 나이가 아니었고 현재도 일을 하고 계셨지만, 지은 씨는 어머니를 부양해야 한다는 압박감에 짓눌려 있었습니다. 저는 다시 한번 빈 의자를 놓고 죄의식형 자존감도둑과 대화를 나눠보자고 제안했습니다. 지은 씨는 깊은 한숨을 내쉬더니 의자를 바라보며 말했습니다.

"넌 늘 '엄마가 너 때문에 고생하시는데 네 욕심만 채우려 하냐'라고 말하지. 내가 조금이라도 나를 위해 돈을 쓰려고 하면 '네가 쓰는 돈 때문에 엄마가 더 일하셔야 해'라며 죄책감을 줬어. 하지만 이제는 알아. 그건 내가 중학생 때, 부모님이 이혼하고 이사 와서 엄마가 늘 아프다고 하실 때, 동생까지 돌봐야 했던 그 시절에 만들어진 생각이야. 그때는 어린 내가 할 수 있는 게 아무것도 없어서, 그저 '내가 엄마 마음을 편하게 해드려야 해'라고 생각했던 거지. 하지만 이제는 달라. 나도 동생도 어른이 되었고, 엄마도 스스로 자신의 삶을 살아가고 계셔. 이제 나는 조금 더 행복해져도, 나를 위해 살아가도 괜찮아."

지은 씨는 자신이 느끼는 부담감이 현재의 객관적인 상황보다 과도하다는 것을 깨달았고, 이것이 죄의식형 자존감도둑의 영향이라는 것을 알아차렸습니다. 자신을 위해 돈을 쓰거나 결정을 내리는 것에 죄책감을 가질 필요가 없다는 사실을 인지하면서 그녀의 마음이 한결 가벼워졌습니다. 자존감도둑의 목소리가 줄어들면서 지은 씨는 스스로 자신을 보호할 수 있다는 감각이 조금씩 늘어났습니다. 이전에는 무섭고 두려운 존재로 느꺼졌던 회사 상사들도 이제는 함께 일하는 동료로 보이기 시작했고, 점차 두려움과 불안도 줄어들었습니다. 건설적인 피드백과 인신공격을 구분할 수 있었고, 자존감도둑이 하던 인신공격 대신 피드백만 받는 것으로 습관을 바꾸어갔습니다.

어머니와의 관계에서도 과도한 부담감을 줄이고 자신이 원하는 것을 조금씩 주장해도 큰일이 벌어지지 않는다는 사실을 알았습니다. 지은 씨는 어머니에게 이제 월급을 스스로 관리하고 생활비를 부담하겠다고 말씀드렸습니다. 처음에는 서운해하시던 어머니도 점차 그 변화를 받아들이셨습니다. 지은 씨는 그동안 짊어졌던 마음의 짐이 한결 가벼워진 것을 느꼈고 불안감도 많이 줄어들었습니다.

40년간의 침묵,
자신의 목소리를 되찾다

　63세 여성인 순자 씨는 어지럼증과 불면증, 두통으로 여러 병원을 전전했습니다. 특별한 이상이 발견되지 않자 마지막으로 정신건강의학과를 찾았습니다. 처음 상담실에 들어섰을 때 그녀는 무척 조심스러운 모습이었습니다. "제가 이런 병원에 올 정도로 나약한 사람은 아닌데…"라며 말끝을 흐렸습니다.

　40년이 넘는 세월을 가정주부로 살아온 순자 씨의 하루는 늘 분주했습니다. 아침 일찍 일어나 가족의 아침상을 준비하고, 집안일을 하고, 시부모님 병간호까지 하느라 쉴 틈이 없었습니다. 그녀의 남편은 가부장적이었고, 아내는 남편에게 순종하는 것을 미덕이라 믿었습니다. 남편과는 "밥 줘", "여기 물 좀", "TV 소리 좀 줄여"처럼 명령하듯 한마디로 끝내는 대화가 일상이었고,

"어디 가?", "누구 만나?" 하며 일일이 행선지를 남편에게 보고해야 했습니다. 집안의 모든 결정권은 남편에게 있었고, 돈 쓸 일이 있으면 항상 남편의 허락을 받아야 했습니다.

순자 씨는 초기 상담에서 자신의 불편함을 표현하는 것조차 어려워했습니다. "제가 참으면 되는데, 저는 괜찮아요"라는 말을 자주 되풀이했습니다. 상담이 진행되면서 치료자는 순자 씨에게 자신의 내면에서 들리는 소리를 한번 적어보자고 제안했습니다.

"가족들은 위한다면 당연히 그 정도는 해야지."

"나를 챙기는 것은 나쁜 거야."

"남을 위해 희생할 줄도 알아야지."

이렇게 적어보니 순자 씨는 문득 이 말투가 낯설지 않다는 것을 깨달았습니다. 마치 오래된 기억 속 메아리처럼, 어린 시절 늘 들어왔던 부모님의 목소리와 똑같았습니다.

6남매의 장녀였던 순자 씨는 어린 시절부터 "착한 딸은 부모님 말씀에 절대 토를 달지 않는다"는 말을 귀에 못이 박히도록 들으며 자랐습니다. "동생들을 위해 네가 참아야지", "여자애가 그렇게 자기주장만 하면 쓰나"는 말들이 일상적이었습니다. 순자 씨는 이렇게 말했습니다. "아, 그러고 보니 제 안의 자존감도둑은 부모님의 말씀을 그대로 배웠네요. 그때는 그 말들이 저를 위한 것이라 믿었는데… 결국 그 말들이 제 안에서 저를 옭아매는 자존감도둑이 되었던 것이네요."

치료 과정에서 순자 씨는 자신의 어린 시절 사진을 가져왔습니다. 교복을 입고 수줍게 웃고 있는 열여섯 살의 자신을 바라보며, 순자 씨는 오랫동안 참았던 눈물을 흘렸습니다.

"이 아이에게 해주고 싶은 말이 있나요?"

그러자 순자 씨는 떨리는 목소리로 말했습니다.

"한 번도 네가 잘못한 적은 없었어. 네 감정을 표현하는 게 잘못은 아니야. 늘 착한 아이여야만 한다는 건 너무 무거운 짐이었지? 이제는 그 무거운 짐을 내려놓아도 돼. 너의 존재 자체로 충분히 가치 있고 사랑받을 자격이 있어."

순자 씨는 과거로 돌아가 어린 자신을 만나는 장면을 떠올렸습니다. 그리고 울면서 어린 자신을 품어 안는 상상을 하던 순자 씨는 그동안 자신이 얼마나 외롭고 고단한 시간을 보냈는지 깊이 이해할 수 있었습니다. 그리고 이제는 더 이상 그 어린 아이의 마음을 외면하지 않기로 했습니다.

순자 씨는 자존감도둑의 말들에 하나씩 자신의 생각을 적어 봤습니다.

"네가 늘 말하던 '가정이 깨질 거야'라는 건 결국 나를 옭아매기 위한 말이었어."

"좋은 부부 관계는 서로 의견을 나누고 각자를 존중하는 것이지 일방적으로 누가 누군가를 위하는 관계가 아니야."

"조금만 더 참으면 된다고 말하지 마. 참는다고 문제가 해결되지 않아. 지난 40년간 참았는데 달라진 것이 뭐가 있어. 이제 네 말은 듣지 않을 거야. 지금이라도 내가 원하는 것을 할 거야."

변화는 서서히 찾아왔습니다. 처음으로 남편에게 "나도 할 말이 있어" 하고 말했을 때는 심장이 터질 것 같았다고 합니다. 남편은 아내의 변화를 못마땅해했지만, 순자 씨는 흔들리지 않고 자신의 의견을 차분히 말했습니다. "그동안 내가 힘들었던 얘기를 좀 하고 싶어"라는 대화로 시작해서, 점차 자신의 경계선을 세우는 법을 배워갔습니다.

남편은 여전히 말투를 고치지 않았지만, 순자 씨는 "지금은 내가 바빠서 안 돼. 이따가 해줄게"라고 대답할 수 있게 되었습니다. 가끔은 "오늘은 내가 피아노 학원 가는 날이라 저녁을 못 차리니까 알아서 해결해"라고 말하는 날도 생겼습니다. 남편은 투덜거렸지만, 순자 씨는 더 이상 죄책감을 느끼지 않았습니다. 자신의 시간을 가지는 것이 나쁜 일이 아니라는 걸 깨달았기 때문입니다.

불편하던 신체 증상들도 하나둘 사라졌습니다. 이제는 잠도 잘 자고 두통도 거의 없어졌습니다. 매일 아침 일어나면 거울을 보며 "오늘은 어떤 것을 해볼까?"라고 스스로에게 묻습니다. 평생 시도해보지 못했던 취미생활도 시작했습니다. 일주일에 한 번 피아노를 배우러 다니는데, 처음에는 죄책감이 들기도 했지만 이제는 그 시간이 일주일 중 가장 기다려지는 순간입니다.

가족들의 눈치를 보며 살았던 예전과 달리, 이제는 도서관에 들러 책을 읽고 오거나, 공원을 산책하는 등 소소하지만 자신만의 시간을 가질 수 있게 되었습니다. 남편이 "어디 갔다 왔어?" 라고 타박하듯 물어도 "도서관에 다녀왔어. 나한테도 이런 시간이 필요해"라고 당당하게 말했습니다.

"내 인생의 남은 시간은 나 자신을 위해 써도 되겠구나 하는 생각이 들어요."

이제 순자 씨의 말 속에는 더 이상 죄의식형 자존감도둑의 그림자가 없습니다. 그녀는 자신의 감정과 생각을 표현하는 것은 잘못이 아니며, 이를 통해 더 자유롭고 행복한 삶을 만들어갈 수 있다는 사실을 깨달았습니다.

어느 날 큰딸이 놀랍다는 듯이 말했습니다.

"엄마, 요즘 표정이 달라진 것 같아. 전에는 항상 찡그리고 계셨는데, 요새는 얼굴에 생기가 돌아."

작은아들도 "맞아, 요즘 엄마가 웃는 모습을 자주 보게 돼. 피아노 학원 다닌다고 할 때는 걱정했는데, 엄마한테 정말 좋은 변화인 것 같아" 하고 엄마의 변화를 지지해주었습니다. 특히 둘째 딸은 "사실 전에는 엄마가 아빠 눈치만 보면서 사는 게 답답했어. 나중에 나도 똑같이 될까 봐 결혼이 무서웠다니까. 근데 요즘 엄마 보면서 생각이 좀 바뀌었어. 나도 엄마처럼 좀 늦더라도 변화할 수 있는 용기를 가진 사람이 되고 싶어"라며 깊은 대화를 나누었습니다.

자녀들의 이런 반응에 순자 씨는 깊은 감동을 받았습니다. 자신의 변화가 단순히 개인의 행복을 넘어 자녀들에게도 긍정적인 영향을 미치고 있다는 사실을 알게 된 것입니다. 더 이상 '이기적인 행동'이라고 자책하지 않고, 오히려 자녀들에게 더 건강한 삶의 모습을 보여줄 수 있게 되었다는 사실에 가슴이 뭉클했습니다.

40년 만에 찾은 자신의 목소리는 처음에는 낯설었지만, 이제는 그 목소리가 그녀의 정체성이 되어가고 있습니다.

"물론 남편의 권위적인 태도도 힘들었지만, 결국 날 가장 힘들게 했던 건 내 안의 자존감도둑이었어요. 남편이 '밥 줘'라고 해도 '지금은 안 돼'라고 말할 수 있었는데, 내 안의 자존감도둑이 그걸 못하게 했던 거죠. 늦었지만 그걸 알게 된 게 내 인생의 가장 큰 변화예요. 이제 뭔가 살아가는 것 같아요."

순자 씨는 밝게 웃었습니다.

남편과의 관계는 크게 달라지지 않았지만, 순자 씨의 일상은 조금씩 달라지고 있습니다. 더 이상 모든 것을 참고 견디려 하지 않았고, 조금씩 자신의 모습을 찾아가고 있었습니다. 그리고 그것만으로도 충분히 의미 있는 변화였습니다.

반복된 자해의 끝,
존재의 가치를 발견하다

    열일곱 살, 고등학교 2학년 민서 양은 세 번째 자살 시도로 3주간 정신건강의학과 입원치료를 마치고 외래로 찾아왔습니다. 처음 민서를 만났을 때 손목에는 수차례의 자해 흔적이 남아 있었습니다. 민서는 거의 말을 하지 않다가 "저 같은 것은 태어나지 말았어야 했어요"라는 말만 반복하곤 했습니다.

    민서 양의 부모님은 대학교 3학년 때 예정에 없었던 임신으로 결혼했습니다. 당시 부모님은 각각 스물셋, 스물넷의 나이였고, 졸업을 앞둔 상태였지만 출산을 위해 결혼식을 서둘렀습니다. 준비되지 않은 결혼이었기에 어려움도 많았습니다. 양가 부모님들의 반대도 심했고, 경제적 기반도 없는 상태였습니다. 아버지는 대학원 진학의 꿈을 접어야 했고, 어머니도 취업 계획을 포기했습니다. 서로를 충분히 이해할 시간도 없이 시작된 결혼생활은 민서 양이 다섯 살이 될 때까지 힘겹게 이어졌습니다. 하지만 생활고와 미래에 대한 불안, 서로에 대한 원망이 쌓이면서 잦은 다툼이 이어졌고, 결국 이혼으로 마무리되었습니다.

부모님의 이혼 후 민서 양은 친할머니와 함께 살았습니다. 할머니는 손녀인 민서 양을 돌봐주셨지만 아들이 너무 이른 나이에 결혼과 이혼을 한 것에 대한 아쉬움이 컸습니다. 가끔 민서를 향해 "네가 생기는 바람에 아빠가 대학원도 못 갔잖아", "네가 있어서 아빠가 어쩔 수 없이 결혼했잖아"라는 말씀을 하시곤 했습니다. 외아들이 원하던 꿈을 이루지 못한 채 힘든 결혼생활을 겪은 것에 대한 아픈 마음을 때때로 민서 양을 향한 원망으로 표출했던 것입니다. 심지어 민서 양의 부모는 재혼한 후에도 "네가 없었으면 네 아빠가 이런 결혼 말고 더 좋은 결혼을 할 수 있었을 텐데"라며 자주 한탄했습니다. 아버지는 민서 양이 열 살 되던 해 재혼하여 새로운 자녀를 두었고, 어머니 역시 1년 뒤 재혼하여 다른 도시에서 생활했습니다. 양쪽 부모 모두 새로운 가정을 꾸리면서 민서 양과의 연락은 점점 뜸해졌고, 명절에도 서로 어색한 관계가 이어졌습니다. 특히 아버지의 새 가정에서 동생이 태어난 후 민서 양은 더욱 큰 소외감을 느꼈습니다.

이러한 가정환경 속에서 자란 민서 양은 자신의 존재 자체를 부정적으로 인식하고 있었습니다. 처벌형 자존감도둑은 이러한 가족사를 완벽한 공격의 도구로 삼았습니다. "네가 태어나서 부모님의 인생이 망가졌어", "너는 아무도 사랑하지 않는 쓸모없는 존재야", "네가 없었다면 모두가 더 행복했을 거야"라는 목소리가 그녀의 머릿속을 떠나지 않았습니다.

정기적인 상담이 이어지면서 민서 양은 자살 시도를 한 이유를 조금씩 털어놓기 시작했습니다.

"머릿속 고통스러운 생각들을 더 이상 듣고 싶지 않았어요. 이 목소리들이 잠시라도 멈췄으면 했어요."

잠시 말을 멈추었다가 그녀는 더 깊은 속마음을 드러냈습니다.

"그리고… 제가 정말 이 세상에 있으면 안 되는 사람처럼 느껴질 때가 있어요. 제가 태어난 게 정말 큰 잘못이라고 생각했고… 그래서 제가 저를 벌줘야 한다고 생각했어요. 사라져야 할 존재라고 생각했거든요."

민서 양은 특히 아버지의 새 가정에서 이복동생이 태어났다는 소식을 들었을 때 가장 힘들었다고 말했습니다.

"동생은 원해서 낳은 아이고, 저는… 실수로 생긴 아이잖아요. 아빠가 동생을 얼마나 예뻐하시는지 보면서… 제가 얼마나 사랑받지 못한 아이였는지 더 많이 느끼게 됐어요. 그럴 때마다 제가 이 세상에 있을 자격이 없다는 생각이 더 강하게 들었어요."

자해 행위는 이런 자기혐오와 처벌의 감정이 폭발할 때마다 찾은 해결책이었습니다. 육체적 고통이 잠시나마 내면의 고통을 잠재웠고, 동시에 자신을 벌하는 방법이 되었던 것입니다.

민서 양은 상담을 통해 자신을 괴롭히는 이 목소리들의 정체가 처벌형 자존감도둑이라는 것을 알게 되었습니다. 특히 "태어난 것은 누구의 잘못도, 죄도 아니"라는 치료자의 말을 들었을 때 민서 양은 처음으로 깊은 분노가 올라오는 것을 느꼈습니다.

"그동안은 제가 잘못한 거라고만 생각했어요. 근데… 선생님의 말을 들으면서 생각이 바뀌는 것 같아요. 제가 뭘 잘못했죠? 저는 그냥 태어났을 뿐인데 왜 그런 말들을 들어야 했는지…."

처음에는 조심스럽게 표출되던 분노가 점차 강도를 더해갔습니다.

"어른들이… 어른들이 저한테 너무 잔인했던 거예요. 제가 아무것도 모르는 어린아이였을 때부터…."

이러한 분노는 자존감도둑을 상징하는 인형 작업을 하면서 절정에 달했습니다. 처음에는 그 인형을 쳐다보는 것조차 힘들어했지만, 회기가 거듭될수록 점차 자신의 감정을 표현하기 시작했습니다.

"너 때문에… 너 때문에 내가 얼마나 힘들었는지 알아? 넌 날 한 번도 그냥 내버려둔 적이 없었어!"

마침내 상담 마지막 회기에서 민서 양은 인형을 향해 모든 분노를 쏟아냈습니다.

"이제는 끝이야. 더 이상 네가 나를 괴롭히게 두지 않을 거야!"

그리고는 인형을 상담실 문 밖으로 세게 던져버렸습니다.

이후 상담에서는 과거로 돌아가는 작업을 했고, 민서 양은 한 장면을 선명하게 떠올렸습니다.

"갑자기 어린 시절 생각이 나요. 일곱 살 때였을까요. 할머니와 큰 싸움을 하신 아버지가 결국 집을 나가시던 날이요. 전 이층 다락방 구석에 숨어서 계속 울고만 있었어요."

치료자는 민서 양에게 그 장면을 더 자세히 떠올려보자고 제안했습니다.

"그날 자신의 모습이 어떻게 보이나요?"

"작은 다락방이에요…. 어둡고 좁은 공간인데, 구석에 저와 비슷한 키의 인형 하나가 놓여 있었어요. 창문으로 비치는 노을빛 말고는 아무것도 없었죠. 그리고 거기 제가 있어요. 무릎을 끌어안고 계속 흐느끼고 있어요. '다 내 잘못이야…. 다 내가 태어나서 그래…'라고 계속 중얼거리면서요."

민서 양의 눈에서 눈물이 흘렀습니다. 치료자는 부드럽게 물었습니다.

"지금의 민서 양이 그 장면으로 들어가 볼 수 있을까요? 그때의 어린 민서에게 해주고 싶은 말이 있나요?"

잠시 침묵이 흐른 뒤, 민서 양은 천천히 고개를 끄덕였습니다.

"들어가볼게요…."

깊게 숨을 들이마신 후, 민서 양은 마치 그 장면 속으로 걸어 들어가듯 이야기를 이어갔습니다.

"전 지금 그 다락방 문 앞에 서 있어요. 조심스럽게 문을 열고… 들어가고 있어요. 어린 제가 보여요. 너무 작고 외롭게 보여서 가슴이 아파요."

민서 양의 목소리가 떨렸습니다.

"그래서 천천히 다가가서 그 앞에 무릎을 꿇고 앉았어요."

"뭐라고 말해주고 싶나요?"

"민서야…"

민서 양의 목소리가 한층 부드러워졌습니다.

"네가 잘못한 게 아니야. 정말 하나도…. 이건 전부 어른들의 일이고, 네 잘못이 아니야. 네가 태어난 게 잘못이 아니란다. 널 이렇게 혼자 두어서 미안해…. 얼마나 무서웠어? 얼마나 외로웠어?"

치료실에서 민서 양의 양팔이 자연스럽게 올라갔습니다. 마치 그 어린아이를 실제로 안아주는 것 같았습니다.

"이리 와…. 내가 안아줄게. 이제는 내가 널 지켜줄 거야. 넌 정말 소중하고 예쁜 아이야. 네가 잘못한 거 하나도 없어. 이제 그만 울어도 돼."

한참을 그렇게 있던 민서 양이 깊은 숨을 내쉬었습니다.

"어린 제가… 제 품 안에서 조금씩 진정이 되는 게 느껴져요. 지금까지 아무도 이렇게 안아주지 않았는데… 제가… 제가 저를 안아주니까 마음이 편해지는 것 같아요."

이 작업 이후 민서 양에게 변화가 찾아왔습니다. 자신의 존재를 부정하던 자존감도둑의 목소리가 한결 약해졌고, 처음으로 자신을 돌보는 법을 배우기 시작했습니다.

"이상한 건요, 제가 그날 어린 저를 안아준 이후로, 힘들 때마다 그때의 기억이 떠올라요. 그러면 스스로에게 '괜찮아, 네 잘못이 아니야'라고 말해주게 되더라고요."

자해 충동이 들 때면 다락방에서 울고 있던 어린 자신의 모습을 떠올리며 "이제 내가 너를 지켜줄게"라고 되뇌었습니다. 때로는 이런 말들이 공허하게 들릴 때도 있었지만, 꾸준히 반복하다 보니 조금씩 마음에 와닿기 시작했습니다.

"전에는 자해하고 싶은 마음이 들면 그냥 바로 실행에 옮겼는데… 이제는 잠깐 멈추고 제 안의 어린아이를 생각해보게 돼요. 그 아이를 다치게 하고 싶지 않아요."

특히 큰 변화가 찾아온 것은 민서 양이 자신의 이야기를 블로그에 쓰기 시작하면서부터였습니다. 처음에는 치료실에서 만난 어린 자신에 대한 짧은 편지를 썼습니다.

"사랑하는 일곱 살의 나에게. 다락방에서 혼자 울고 있을 때 네게 다가가 안아주지 못해 미안해. 네가 얼마나 외롭고 두려웠는지 이제야 알 것 같아…."

이 글을 시작으로 민서 양은 자신의 이야기를 조금씩 풀어내기 시작했습니다. 처음에는 익명으로 짧은 글을 올리다가, 점차 자신의 경험을 더 깊이 있게 표현하기 시작했습니다.

"글을 쓸 때만큼은 제가 저를 미워하지 않아도 되는 것 같아요. 오히려 제가 얼마나 힘들었는지를 더 선명하게 볼 수 있어요."

블로그에는 '나도 똑같은 경험을 했어요', '나도 그날의 나를 안아주고 싶어졌어요'와 같은 댓글들이 달리기 시작했습니다.

"예전에는 제가 이 세상에 없었더라면 모두가 더 행복했을 거라고 생각했어요. 하지만 이제는 달라요. 저 혼자만의 아픔이 아니었다는 걸 알게 되니까, 더 이상 제 존재를 부정하지 않아도 될 것 같아요."

현재 민서 양의 상태가 완벽하다고 말할 수는 없습니다. 가끔은 예전처럼 자신을 비난하는 생각에 사로잡히기도 합니다. 하지만 민서 양은 이제 그런 생각이 들 때마다 어떻게 대처해야 하는지 알고 있습니다.

"그 생각이 들면 잠깐 멈추고 눈을 감아요. 그리고 다락방에서 만났던 어린 제 모습을 떠올려요. 그러면 이상하게도 마음이 좀 누그러져요. '그래, 실수할 수도 있어. 그래도 괜찮아'라고 스스로를 다독여주게 되더라고요."

예전에는 '오늘만 버티자'였다면, 이제는 '내일은 뭘 하고 싶지?'라고 생각합니다.

"이제는 거울을 볼 때마다 '너는 그냥 네가 되면 돼'라고 말해요. 처음에는 어색했는데, 이제는 그 말이 진심으로 느껴져요. 제가 태어난 것은 누구의 잘못도 아니고, 저는 그저 제가 되면 된다는 걸 이제는 알아요."

매달 한 번씩 외래 진료를 받으며 자신의 상태를 점검하고 있는 민서 양에게서 더 이상 처벌형 자존감도둑의 그림자는 찾아보기 어렵습니다. 때로는 그 목소리가 다시 들리기도 하지만, 이

제는 그것을 다루는 법을 알고 있습니다. 무엇보다 중요한 것은
더 이상 자신의 존재를 부정하지 않는다는 점입니다.

자존감도둑에서 벗어난 사람들의 이야기

사회불안의 굴레에서 벗어나 진짜 내 모습을 찾다

　대학교 1학년인 현우 씨는 심각한 사회불안을 겪고 있었습니다. 조별과제를 할 때면 가슴이 두근거리며 긴장이 되었고, 발표는 상상만 해도 공황 증상이 올 것 같았습니다. 강의실에 들어갈 때마다 모든 시선이 자신을 향하는 것 같았고, 학교 식당에서 식사하는 것조차 힘들었습니다.

　"중학교 때부터 이랬어요. 제가 뭔가 이상한 사람이라서 그런 것 같아요. 그때도 따돌림을 당했거든요."

　현우 씨는 떨리는 목소리로 말했습니다.

　중학교 2학년 때 아버지의 전근으로 전학을 간 후, 그는 심한 따돌림을 경험했습니다. 급우들은 그를 무시했고, 그룹 활동에서 늘 혼자였습니다. 그 후로 여러 사회적 상황에서 현우 씨의 불안은 점점 심해졌습니다. 처벌형 자존감도둑은 끊임없이 "네가 이상한 사람이라서 다들 너를 피하는 거야", "너랑 있으면 다른 사람들도 불편할 거야"라고 속삭였고, 이는 사회적 상황을 회피하게 만들었습니다. 회피가 반복될수록 불안은 더욱 커져갔습니다.

상담 초기에 현우 씨는 모든 것이 자신의 잘못이라고 생각했습니다. "제가 더 적극적이었어야 했는데", "제가 뭔가 잘못된 사람이라서 그랬겠죠"라는 말을 자주 했습니다. 이에 치료자는 현우 씨와 함께 **책임 파이 차트**를 그려보자고 제안했습니다.

처음에 현우 씨는 따돌림의 70~80%가 자신의 책임일 것이라 생각했습니다. 하지만 파이 차트에 요인들을 하나씩 적어가면서 상황이 달리 보이기 시작했습니다. 이미 친구 관계가 굳어진 2학년 중간에 전학을 온 시기적 요인이 30%, 당시 반의 따돌림 문화가 20%, 지역 특성상 전학생에 대한 배타성이 15%, 반 내 기존 갈등 구조가 15%, 교사의 개입 부재가 10%를 차지했습니다. 현우 씨가 통제할 수 있었던 영역은 고작 10%에 불과했던 것입니다.

"제가 생각했던 것과 많이 다르네요…."

현우 씨가 놀란 목소리로 말했습니다.

"그동안 전부 제 잘못이라고 생각했는데, 사실 제가 어떻게 할 수 없는 상황이 더 많았던 거네요."

하지만 이 통찰만으로는 오랫동안 뿌리박힌 자기비난의 습관을 쉽게 바꿀 수 없었습니다. 치료자는 현우 씨에게 휴대폰에 자존감도둑 관찰일지를 쓰도록 제안했습니다. 불안했던 순간마다 자존감도둑이 어떤 말을 했는지, 그 말이 얼마나 진실인지 기록하는 작업이었습니다.

"조별과제에서 제가 의견을 냈는데 아무도 반응하지 않았을 때, 자존감도둑이 '넌 쓸모없는 의견만 내니까 다들 무시하는 거야'라고 했어요."

치료자는 현우 씨와 함께 이런 자존감도둑의 말들을 하나하나 분석했습니다. 실제로 그의 의견이 쓸모없었던 것인지, 혹시 다른 이유는 없었는지 살펴보았습니다.

관찰일지를 쓰면서 현우 씨는 자존감도둑이 얼마나 자주 그리고 비합리적으로 자신을 공격하는지 알게 되었습니다. 이에 치료자는 **자존감도둑 대응 카드**를 만들어보자고 제안했습니다. 현우 씨가 쓴 첫 번째 대응 카드는 이러했습니다.

처벌형 자존감도둑 대응 카드

상황	수업 중 발표할 때 목소리가 떨렸을 때
자존감도둑의 말	"목소리 떠는 걸 다들 눈치챘을 거야. 너같이 불안해하는 사람이랑은 누구도 팀플하기 싫을 거야."
허점	일시적인 불안 증상을 과대 해석
대응	"긴장해서 목소리가 떨리는 건 자연스러운 일

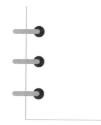

이야. 많은 사람들이 발표할 때 긴장하지만 그걸로 그 사람 전체를 판단하지 않아. 이건 내 본질적인 문제가 아니라 지금 이 순간의 긴장일 뿐이야."

대응 카드를 만들고 실제 상황에서 활용하면서 현우 씨는 자존감도둑의 목소리에 맞서는 법을 조금씩 배워갔습니다. 처음에는 자존감도둑의 말이 너무나 강력해서 대응하기 어려웠지만 카드를 반복해서 읽고 실천하면서 조금씩 힘이 생겼습니다.

치료 중반에 들어서면서 현우 씨는 인형을 처벌형 자존감도둑이라고 생각하고 대화를 시작했습니다. 처음에는 인형 앞에서 몹시 긴장했습니다.

"제가 뭐라고 해도 이길 수 없을 것 같아요."

하지만 치료자의 격려로 조금씩 대화를 시작했습니다.

"넌 왜 그렇게 날 힘들게 해?"

현우 씨가 떨리는 목소리로 물었습니다. 현우 씨에게 인형이 무슨 말을 할 것 같은지 묻자 이렇게 대답했습니다.

"너는 쓸모없는 인간이야. 네가 잘하는 게 뭐가 있어?"

현우 씨는 대답했습니다.

"그래, 나는 완벽하지 않아…. 하지만 그게 왜 문제야? 나는 이제 너의 그런 말에 속지 않을 거야!"

4개월이 지난 후의 상담에서, 현우 씨는 조금씩 달라지고 있는 자신의 모습을 이야기했습니다.

"요즘은 자존감도둑이 '넌 못할 거야'라고 할 때 바로 맞서 싸울 수 있어요. 예전처럼 그 말을 곧이곧대로 받아들이지 않게 됐어요."

인형 작업에서도 현우 씨의 목소리는 더욱 단단해졌습니다. 마침내 그는 처음으로 자존감도둑을 향한 분노를 온전히 표출할 수 있었습니다.

"그동안 저를 이렇게 옭아매고 있었다는 게 너무 화가 나요."

그가 자존감도둑 인형을 향해 "넌 더 이상 내 인생을 망치지 못할 거야! 내 인생에서 사라져!"라고 외치며 인형을 던졌을 때, 오랜 시간 억눌려 있던 감정이 터져 나왔습니다.

변화는 천천히 찾아왔습니다. 수업 시간에는 발표가 조금씩 수월해졌습니다. 실수를 하더라도 휴대폰에 저장해둔 대응 카드를 떠올리며 '누구나 실수할 수 있어'라고 생각하게 되었습니다. 음악 동아리에도 가입해 기타를 배우기 시작했는데, 실수를 해도 동아리 선배들이 따뜻하게 격려해주는 것을 경험했고, 모든 사람이 자신을 비난하지는 않는다는 것을 몸소 깨달았습니다.

"아직도 가끔은 불안해요. 자존감도둑의 목소리도 완전히 사라진 건 아니에요. 특히 스트레스 받을 때는 여전히 그 목소리가 크게 들리곤 해요."

현우 씨는 상담 종결을 앞두고 이렇게 말했습니다.

"하지만 이제는 그 목소리에 휘둘리지 않을 수 있어요. 제가 겪은 일들이 모두 제 잘못은 아니었다는 걸 이제는 알아요. 그리고 무엇보다 그 목소리가 거짓말을 하고 있다는 걸 알게 됐어요."

최근에는 동아리 후배의 멘토가 되어 기타를 가르쳐주고 있습니다. 후배가 실수할 때면 "괜찮아, 나도 처음에는 그랬어"라고 말해주는 자신을 발견하곤 합니다. 누군가를 도와줄 수 있다는 사실이 현우 씨에게 새로운 자신감을 선물해주었습니다.

현우 씨는 더 이상 자신의 가치를 타인의 시선이나 평가에서 찾지 않습니다. 사회불안이 완전히 사라진 것은 아니지만 그것이 자신의 본질적 결함 때문이 아니라는 것을 알게 된 것만으로도 큰 변화였습니다. 자존감도둑의 목소리는 이제 희미해져가고 있습니다.

변화는 이미 시작되었습니다

"네가 외적인 일로 고통받는다면,

너에게 고통을 주는 것은 그 외적인 일이 아니라,

그 일에 대한 네 자신의 판단이다.

즉시 그 판단을 멈추고 고통을 없앨 힘이 네 안에 있다."

_마르쿠스 아우렐리우스, 《명상록》 중

이 책의 여정은 제가 전공의이던 시절 이영호 선생님께 심리
도식치료를 배우면서 시작되었습니다. 임상 현장에서 심리도식
치료를 적용해보면서 무엇보다도 이 치료 이론이 나 자신을 이
해하는 데 훌륭한 도구가 된다는 것을 깨달았습니다. 하지만 '심
리도식', '비판자 양식'과 같은 전문용어들이 일반 독자들에게는

높은 진입장벽이 될 수 있다는 생각이 들었습니다. 그래서 전문 용어들을 '자존감도둑'과 같은 더 친근하고 이해하기 쉬운 표현으로 바꾸고, 다양한 실제 사례와 대화를 통해 적용 방법을 보여드리고자 했습니다.

이 책은 심리도식치료 기법을 독자들이 스스로 적용해볼 수 있도록 변형한 것입니다. 특히 감정적 작업은 혼자 진행하기에 어려움이 있을 수 있어 인형 기법이라는 더 접근하기 쉬운 방법으로 바꾸어 제안했습니다. 여기에 수용전념치료의 가치 개념을 더해 자존감도둑에서 벗어난 이후의 삶도 함께 그려보고자 했습니다.

자존감을 회복해가는 과정은 결코 쉽지 않습니다. 오랜 시간 우리 안에 자리 잡은 자존감도둑과 맞서 싸우는 일은 때때로 고통스럽고 지난한 과정일 수 있습니다. 많은 사람들은 현실이 바뀌지 않으면 자신의 삶이 영원히 똑같을 것이라고 생각합니다. 하지만 마르쿠스 아우렐리우스의 말처럼 비록 현실을 무시할 수는 없지만 현실과 과거에 대한 해석이 달라진다면 우리 마음은 더 편안해질 수 있습니다. 이 책에서 제시하는 단계들을 하나씩 밟아가다 보면, 분명히 나아질 수 있는 길이 있음을 여러분께 전하고 싶습니다.

9장에서 소개한 사례들처럼 이 책을 읽는 분들 모두가 완전한 회복을 이루면 좋겠지만, 책을 통한 자기치유에는 한계가 있을 수 있습니다. 하지만 나를 괴롭히는 생각이 '자존감도둑의 생각인가?' 하고 의심하기 시작하는 것만으로도 이미 변화는 시작된 것입니다. 아무리 단단한 자존감도둑이라도 일단 균열이 생기기 시작하면, 그 이후부터는 결코 이전과 같을 수 없습니다.

심리도식치료에서 제가 가장 좋아하는 세 가지 순간이 있습니다. 첫째는, 내담자가 자신 안에 존재하는 여러 마음들을 구조적으로 이해하게 되었을 때입니다. 마치 안개 속에서 헤매다가 지도를 발견한 것처럼 자신의 마음을 또렷이 볼 수 있게 되는 순간입니다. 둘째는, 내담자가 자존감도둑에게 시원하게 한마디 하는 순간입니다. 오랫동안 자신을 괴롭혀온 자존감도둑에게 당당히 맞서는 모습을 볼 때면 저도 모르게 가슴이 벅차오릅니다. 마지막으로는, 감정적 작업을 통해 상처받은 어린 자신을 위로하는 순간입니다. 그 장면과 함께할 때마다 매번 제 마음도 먹먹해집니다. 어쩌면 이 책을 쓰는 과정에서 저 역시 치유되고 있는지도 모르겠습니다.

처음 쓰는 책이라 부족한 점이 많겠지만, 여러분이 자존감도둑과 싸우는 여정에 이 책이 작은 도움이 되기를 바랍니다. 우리는 모두 태어날 때부터 충분히 가치 있는 존재입니다. 이제 그 진실을 자존감도둑으로부터 되찾아올 차례입니다.

《내 안의 아이 치유하기》 기타 야코프 · 한니 반 헨데른 · 라우라 지바우어 지음
심리도식 양식 치료를 일반인이 이해하기 쉽게 설명한 대중서입니다. 자존감도둑뿐만 아니라 상처받은 어린 나, 건강한 나 등 나의 다른 측면들에 대한 이해와 치유법을 포괄적으로 설명합니다.

《심리도식치료의 실제》 아르나우트 아른즈 · 기타 야코프 지음
심리도식치료 전문서적으로, 특히 심리도식 양식 치료(mode therapy)를 중점적으로 다룹니다. 이 책의 배경이 되는 심리도식치료의 이론적 배경을 깊이 있게 이해하고자 하는 독자들에게 적합합니다.

《어린 완벽주의자들》 장형주 지음
요구형 자존감도둑과 밀접한 관련이 있는 완벽주의의 근원과 대처 방안을 다루는 책입니다. 완벽주의 성향이 강한 독자들에게 특히 유용한 통찰을 제공합니다.

《모든 것이 괜찮아지는 기술》 데런 브라운 지음
데런 브라운은 불안과 두려움이 생기는 이유를 우리가 우리 자신에게 들려주는 이야기 때문이라고 설명합니다. 나에게 들려주는 부정적인 이야기와 믿음은 곧 자존감도둑과도 비슷한 면이 많습니다. 이 책은 그런 면에서 내면화된 비난의 목소리를 이해하고 다루는 데 유용한 통찰을 제시합니다.

《나에겐 상처받을 이유가 없다》 원은수 지음
본 책이 내부의 자존감도둑을 다루는 책이라면, 이 책은 외부에서 나를 괴롭히는 나르시시스트의 관계에서 발생하는 문제에 초점을 맞춥니다. 다양한 사례를 통해 나르시시스트의 특성과 구체적인 대응 전략을 제시합니다.

《이제 독성관계는 정리합니다》 권순재 지음
유해한 대인관계의 특징을 파악하고 이로부터 벗어나는 실질적인 방법을 제시합니다. 독성관계의 순환고리를 끊고자 하는 독자들에게 실용적인 지침을 제공합니다.

《거인의 노트》김익한 지음

개인의 기록 방법론을 다루는 책입니다. 자기관찰과 기록습관을 통해 자존감도둑을 더 잘 이해하고 다루는 데 도움을 줍니다.

《피드포워드》애덤 그랜트 지음

처벌형 자존감도둑의 부정적 메시지를 건설적인 피드백으로 전환하는 데 도움을 주는 책입니다. 비난을 미래 지향적인 성장의 기회로 재해석하는 관점을 제공합니다.

심리도식치료 관련 참고 도서

《내면으로부터의 심리도식치료》조앤 퍼렐 · 이다 쇼 지음

《심리도식치료 임상 가이드》조앤 퍼렐 · 닐 라이스 · 이다 쇼 지음

《심리도식치료》제프리 E. 영 외 지음

《심리도식치료》인지행동치료 스펙트럼 시리즈 03, 에슈콜 라파엘리 외 지음

《Contextual Schema Therapy》Eckhard Roediger MD, Bruce A. Stevens PhD 외 지음

자존감 도둑

1판 1쇄 발행 2025년 4월 15일

지은이 · 이준용
펴낸이 · 주연선

(주)은행나무
04035 서울특별시 마포구 양화로11길 54
전화 · 02)3143-0651~3 | 팩스 · 02)3143-0654
신고번호 · 제 1997-000168호(1997. 12. 12)
www.ehbook.co.kr
ehbook@ehbook.co.kr

ISBN 979-11-6737-538-4 03180